JN261221

JUST. JOKES
社会評論社

発朗

藤代尚文編

20文字以内のダジャレ・おやじギャグ・死語・流行語・時事ネタ・ブラックユーモア・パロディ・誤変換・誤植・誤読・誤聴・あて字・韻文・回文・アナグラム・リエゾン・撞着語・なぎなた読み・スプーナリズム・ベタ語・対義結合・一発ギャグ集

ASHOCK 11239
Tech Ver.1 標準搭載

Nipple Computer
Compatible with Windown7
おかしい日本語 ASHOCK

まえがき

　受け取った手紙に、何の脈絡もなく**「素潜り」**とだけ書いてあったとします。あなたはどのように感じますか。

　感じ方は、人により様々だと思います。多くの人は、「意味わかんねー」としらけてしまうと思います。一方で、「えっ？何？」と最初は戸惑うものの、前触れもなく「素潜り」という言葉が現れたというその意味不明さに、思わず「フフフ……」と笑ってしまう人もいるでしょう。この本の編者は後者のタイプの人間でした。1990年代前半の高校生時代、このような「一目見ただけで、つい笑ってしまう短い言葉」(以後、「お言葉」とよぶ) に興味をもち、同じ感性をもつ友人とともに、面白いと感じる「お言葉」を出し合って遊ぶようになりました。

　1990年代後半、インターネットが誰にでも使えるようになり、編者のような一般庶民でも世界中へ情報を発信することが可能となりました。友人と遊んでいる頃、「お言葉」を多くの人々に紹介できればいいなと思っていましたが、インターネットを使えばそれが実現可能となったのです。数ヶ月間準備したのち、1998年1月1日にWEBサイト「一発朗」(http://homepage2.nifty.com/naofuji/) を開設し、まずは本サイトのトップページにて、著者が面白いと感じた「お言葉」を毎週更新してゆきました。さらに、一般の方でも「お言葉」を投稿・掲載できるようにしました。

　サイト開設から10年以上経過し、編者と一般の方が投稿した「お言葉」の数は、開設当初の予想を凌駕して1万件を超えました。編者が当初考えていた「お言葉」は、上述の通り意味不明な面白さをもつものだったのですが、一般の方から投稿される「お言葉」はダジャレ、回文、アナグラム、語呂合わせ、時事ネタ等、様々なジャンルにわたり、その世界の広がりに驚くばかりでした。WEBサイト「一発朗」に投稿された「お言葉」のデータベースは、ある意味、人類の共通の財産ではないかと思います。年を追うごとに、このデータベースを後世にしっかりと残すことが、編者に与えられた使命であると思うまでに至りました。

　しかし、インターネット上で「お言葉」のデータベースを恒久的に公開できるかというと、それには懸念があります。編者の人生経験では未来のことなど全く予測がつかないもので、WEBサイト「一発朗」を管理している編者が交通事故で昇天してしまったり、編者の自宅が火事になってWEBサイトを運用している自宅サーバーが焼けてしまったり、編者が経済的に困窮してインターネット接続ができなくなってしまったり、etc...で「お言葉」の公開が不可能になるかもしれません。一方、紙媒体の書籍に残すことができれば、WEBサイト「一発朗」が消滅したとしても、「お言葉」は公開され続けることになります。また、ある意味「編者や投稿者の皆様がこの時代を生きてきた『証』」になるとも思います。

　上記の考えにもとづき、WEBサイト「一発朗」に投稿された膨大な「お言葉」を紙媒体に残すことを試みたのが、本書です。本書を全部読むのは大変ですが、宝探しと思いながら読み進めて頂ければ幸いです。あなたの感性に合った面白い「お言葉」が、この本のどこかで見つかることでしょう。

目次

- **2** まえがき
- **4** 投稿のルール
- **5** Web サイト管理の裏話
- **6** 編者・編集者セレクション
- **8** 記
- **13** 数
- **17** A
- **26** あ
- **65** か
- **102** さ
- **137** た
- **168** な
- **180** は
- **215** ま
- **233** や
- **241** ら
- **248** わ
- **252** 一発朗を支えるサーバーのおはなし
- **254** 投稿者
- **262** あとがき

この本の見方

得	WEB サイト「一発朗」で 2010 年 7 月 6 日までに獲得した点数
投	投稿者の番号。投稿者名と番号の対応表は、巻末参照
藤	WEB サイト「一発朗」の管理人かつ本書の編者である藤代のお気に入り
濱	本書の編集者である濱崎のお気に入り
お言葉	WEB サイト「一発朗」に投稿された 20 文字以内一発ギャグ

※得点が3点以上、藤代のお気に入り、または濱崎のお気に入りについては、強調表示をしました

※お言葉は五十音順に掲載しておりますが、プログラム処理の都合上、一部前後しているものがあります。予めご了承ください

●投稿のルール

当サイトのトップページ (http://www.ippaturo.atnifty.com/cgi-bin/index.cgi)、または携帯用投稿ページ (http://www.ippaturo.atnifty.com/t.htm) から、「お言葉」を投稿することができます。名前やメールアドレス等の登録は一切必要ありませんので、誰でも気軽に投稿できます。ただし、下記ルールの厳守をお願いしております。

■「お言葉」の文字数は、全角 20 字 (半角 40 字) までとします。制限文字数を超えると、プログラムが自動的に「ゆずぼん」に書き換えます。また、空白で投稿すると、プログラムが自動的に「味ぼん」に書き換えます
■投稿者名の文字数は、全角 10 字 (半角 20 字) までとします。制限文字数を超えると、プログラムが自動的に「名前長すぎ大王」に書き換えます
■以下に該当する「お言葉」は、管理者の判断により削除します
 - 下品なもの
 - 性的表現を含むもの
 - 他サイトの宣伝等、商業目的のもの
 - ある人物・団体に対する中傷語句を含むもの
 - その他、閲覧者に不愉快を与えるものと管理者が判断したもの
■ 削除対象となるお言葉を繰り返し投稿する方に対しては、投稿禁止の措置をとります
■ 1 日の投稿件数は、4 件までとします

● 採点のルール

投稿された「お言葉」に対しては、各「お言葉」の近くにある「良」ボタンを押すと採点することができます。採点は、誰でも行うことができます。ただし、下記ルールの厳守をお願いしております。

■自己採点は、禁止とします
■「お言葉」1 つに対して、ひとり 1 点まで採点可能とします

上記ルールは、2003 年に完成しました。それ以前に投稿されたものについては、ルールが守られていないものがあります。本書を作成するにあたり、全てのお言葉をチェックし直し、ルールが守られていない「お言葉」を排除しました。一方、得点の方は修正するのが難しいため、ルール違反があったと思われるものも、そのままにしました。

● WEBサイト管理の裏ばなし

■基本はプログラムにおまかせ

最近、ブログや Twitter など、誰でも簡単に使える WEB サービスが充実しています。これらのサービスを利用すれば、世界中の人から自分のページへの書き込みを受け付けることができます。しかし、当サイトをスタートさせた 1990 年代、他人の投稿を受け付ける仕組みを実現するのは、容易ではありませんでした。

当サイトは、編者の完全自作プログラムで「お言葉」の一般投稿を実現しました。現在運用中のプログラムが完成するまで、約5年もかかってしまいました。一方、完全自作のメリットで、全て自分の望み通りの機能をつけることができました。投稿処理、採点処理、統計処理など、人の判断を必要としない処理はすべてプログラムにおまかせ。長期間ほったらかしでも、大丈夫です。

■不適切投稿の削除

時々、内容が不適切な投稿があります。投稿された「お言葉」の意味をプログラムに判断させることは難しいので、人間の判断が必要となっています。内容が不適切であると感じた「お言葉」については、管理者権限で削除しています。しかし、言葉の意味が不適切であることに単純に気付かず、見逃してしまうこともあります。見逃しを気付いた方は、メールやサイトの掲示板でお知らせ頂けますと幸いです。

■アクセス禁止

残念なことに、自己採点をしたり、不適切な投稿を何度も繰り返すなどして、サイトを荒らす人がいます。問題児には、断固たる対応をとります。まず、当サイトのトップページに、大きな文字で「自己採点禁止」などと表示し、自制を促します。それでもやめない場合、IP アドレス等の個人を特定する情報を収集し、その人からの投稿・採点を完全に遮断します。現在でも5人ほど、アクセス禁止となっています。尚、「ごめんなさい」と謝って頂ければ解除しますので、該当の方は是非ご連絡を。

■嫌がらせへの対処

過去に、サイトの掲示板に嫌がらせの書き込みを続ける人がいました。厄介なことに、このような人は複数の端末からアクセスしてくるので、完全にアクセスを遮断するのが困難でした。このような場合はじっと耐え、学校や勤務先からアクセスしてくるのを待ち、「○×さんは、□△大学の図書館からアクセスしているんですね」(実例)のような書き込みをします。すると、嫌がらせは二度と来なくなります。尚、問題がない方については、ここまでの情報収集はしませんので、ご安心を。

編者・編集者セレクション

藤代尚文セレクション２０

投稿者	お言葉	解説
横須賀の英雄	谷亮子、馬肉で驚異的な回復	時事ネタの代表。アテネオリンピック時、患部への湿布代わりに馬肉を使用。
まんにら	落合福嗣	中日・落合監督が溺愛する息子。生まれ変わったら、彼のように甘やかされたい。
ひみつ	ニビル星の接近	謎に満ちたパナウェーブ研究所。2003年5月15日、惑星ニビルの地球接近を阻止。
中田浩	腰洗い漕	子供の頃は必要性がわからなかったけど、今なら分かる気がする設備です。
おどやん	オッペン化粧品	ネーミングに趣がある商品名の一例。どんな年代層の人が買っているのでしょうか。
ポチ	インドの悲しい歌	男性歌手 Chaha Hai Tujhko の悲しい歌を聴いてみました。すみません、笑いました。
まぐろ	これはアリコのCMです	説明なしでもアリコのCMと分かるけど、あえて表示しているところに趣がある。
ちわわ	空中元彌チョップ	痛い人ネタの一例。彼の人生を、これからも温かく見守ってゆきたい。
オッペケペ〜	スネ夫は留守ざます。	学生時代、習字で「スネ夫」と書いたことがあるくらい、スネ夫は好きです。
ナイスマン	ジェット浪越	ジェットコースターを恐れる日本指圧協会元会長。エンペラー吉田と共に大好きでした。
ニコア	トミーズ健	売れない相方ネタの一例。笑っていいとも！でタモリに激怒され、全国区から消える。
燃える闘魂	又吉 イエス	首長・衆参選挙に全敗中の、世界経済共同体党党首かつ唯一神。まさにネ申。
みすたあ青木	チビノリダー、海にもぐる	チビノリダー演じた伊藤淳史、漫☆画太郎先生原作の映画「地獄甲子園」にも出演。
13	ＤＡ．ＹＯ．ＮＥ	一発屋ネタの一例。EAST END × YURIの第1シングル。第3シングルは「何それ」。
羅理恵	光ヶ丘スペルマン病院	仙台市の病院。名前がイカしていますが、まじめなキリスト教系の病院のようです。
あーやん	ミスターレディ	死語ネタの一例。はるな愛、マツコ・デラックスも該当するんでしょうね。
※	Ａさんは大喜びです	某法律事務所のCM。芸人ではなく、AさんをCMに起用するところに趣がある。
いちろう	トッピー４	鹿児島〜種子島を結ぶ高速船。現在は改名し「トッピー７」。名付け親に会いたい。
yam	ホワイティ梅田	利用客日本最大の大阪の巨大地下街。最近までお笑い芸人の名前と思ってました。
ぼりかいん	ゲイモス	クソゲーネタの一例。「たけしの挑戦状」ほどメジャーではないところに、趣を感じる。

本書の編者・藤代と編集者・濱崎のお気に入りの「お言葉」を、解説つきでセレクトしました。一発ギャグ「お言葉」の理解のお役に立てば幸いです。

濱崎誉史朗セレクション２０

投稿者	お言葉	解説
いちろう	プロ猿ファー・ゴル	プロの猿？ サーファー？ ゴルゴ？ 表意文字を含んだスプーナリズムに抱腹絶倒。
中田浩	半チャーハン大盛り	だったら最初から普通のチャーハンにしておけばいいじゃん！ 秀逸な自家撞着フレーズ。
お茶	図解 和英辞典	「日本ではこう言います」的イラスト付の辞書か？ orカバー、目次、奥付等が図で解る？
横須賀の英雄	帰還者トーマス	プライベートライアンの様な兵隊イメージと機関車トーマスの顔面が交差し、笑える。
みすたあ青木	勝手にシンダバッタ	思い込みが激しくて勝手に死に急いだバッタの光景が浮かぶ。流行歌からの乖離に不条理。
みすたあ青木	カメハメ波の練習をしているこども	いた、いた。瞬間移動の練習している子どももいた。子どもってバカだなー。
ワニアン	国鉄千葉駅前駅	「国鉄千葉駅駅前で待ち合わせね」。実在した何とも不可解な駅。今は京成千葉駅。
あーやん	ホームレス中高年	ブラックユーモアな一品。パロディ、ダジャレ、社会風刺を兼ね備えた痛烈ギャグ。
あーやん	イエガネーゼ	シロガネーゼ、アシヤレーヌに対する情け容赦ない諧謔精神。AERA的シャレに感銘。
※	ロバート・デ・ニート	ニートとは正反対的な頼りがいのあるタフガイと現代日本の社会病理の認知的不協和。
yoccyann	マッチョが売りの少女	可憐なメルヘン少女が筋肉ムキムキのボディービルダーに置き換わり失笑。
燃える闘魂	ギャル中曽根	バーコードハゲ・80年代首相イメージが強すぎる中曽根とフードバトラーギャルのコラボ。
ワニアン	月火水木金正日	社民党が土曜日の名称を変えようとしたが、北朝鮮の独裁者の名前になっている。有名。
ぽりかいん	キムシティ	要するに平壌。Sim Cityのシャレ。サダムシティ、サドルシティを連想してしまう。
yam	サダムスファミリー	サダム、ウダイ、クサイ・フセイン・ファミリーとアダムスファミリーの融合が絶妙。
ぽりかいん	それでは、新郎・妊婦の入場です。	出来ちゃった結婚夫婦の結婚式。オヤジギャグ的・綾小路きみまろ流漫才に拍手。
毎日チェック	国際宇宙ステーション殺人事件	世界最極端の密室殺人事件として想像力を掻き立てるホラーサスペンス風ギャグ。
おどやん	2階だけバス	2階の下に車輪が付いてて一階とは別に動いているのか？ 下はタクシーとか自家用車？
HN さー	中トトロ 二人前	想像するだけで怖らしい。たった一文字で子どもの夢を粉砕するショッキング系詩植ギャグ。
おまる	恩人を夢みる人じゃない物	これってどういう意味?! 日本語になってなさ過ぎてウケる。機械翻訳調名文。

記

投	濱	藤	得	お言葉
5			0	2%
1			1	3 ←口笛を吹くドラえもんの口
4			0	50 80 よろこんで!!
25			2	403 Forbidden
4			1	『偽』
1			1	雪　國
4			2	最高、最高、柴咲コウ尾行
20			1	！（びっくりマーク）
24			0	(　。。　) スライム
186			0	(？)ご無礼！！
100			0	(´⊆`)ネットアイドル始めました。
20			0	('台')v
6			2	(°∀°)
24			0	(0д0)／「よぅ・・俺、ルフィ
19			1	(有)照英
9			0	(上底＋下底)×高さ÷
1			1	(腕組みしながら)「別に。」
270			2	(業界用語)トラーのマネ
5			1	(社)佐賀県エルピーガス協会
1			0	(掌底＋家庭)×タカさん÷ニンッ♪
56			1	＊連結受信中
2			1	〜　魂をコンドルにのせて　〜
18			0	Ⅱコンのマイクで歌う奴
6			1	㈱バンザイ
25			1	｜「す、すごい妖気だ！」
100			1	´←アクサンテギュ、プラム
5			4	'97つり手帳
46			0	"紙の子"
3			0	"シャチホコ"えびふりゃあ
9			1	「１０年に１人」今年5人目
3			0	「Ｃ１０００」ハウス
736			0	「GOZA」ゴザ！
40	●		1	「Ｓａｎｔａ　Ｆｅ」
8				

52		0	「あ、マーガリン！」
4		0	「愛．地球博」
3		1	「愛のメモリー」シゲル
48		0	「青ちゃん、谷亮子だ」
98		1	「悪魔将軍様バンザーイ！」
32		1	「明日使えるものばかりでしたね」
15	●	5	## 「あっ、ハムの人だ！」
9		0	「あべ」のママ
77		0	「アルゴリズムたいそう終わり！！」
6		0	「あんた名義の恋」、名義変更。
14		0	「アンナ・・・お前ばかだよ・・(泣)」(羽賀)
10		0	「今更な話」略して・・
33		0	「今は肉球のもとしか考えられません」
64	●	3	## 「イラク人のことが嫌いになれない」
4		2	「ウチのお母さん学研のおばさんなんだー」
85	●	1	「うどん de スカイ」の商品企画会議
363		1	「うどん人」って結局ドコの人よ？
4		2	「海雪」ジェロ
318		0	「うん」邪魔ラミー
95		3	「エスタークって仲間になるの？」
20		3	「えっ・・！？何ちょんぺ？」
98		1	「おーい、これ貼っといて」
163		0	「お母さん、私のステテニ知らない？」
21		2	「お客さん、終点だよ！」
13		0	「小倉智昭」で Yahoo 検索
21		0	「乙葉、増毛の技術にちょうせ〜ん」
20		0	「男塾塾長、江田島平八である！」
563		21	「俺が法律だ！」
4	●	0	「オロナインください」「何個ぅ？」
3		0	「開星論」のＵＦＯ党
4		1	「帰りにもあげ買ってくるねー！」
21		1	「神の国」発言
4		0	「神のみそ汁」
77		0	「ガラガラガラガラ〜」
3		0	「ガンジー・カレー」＠インド
7		1	「かんたん英会話」が、むずかしい
4		0	「ギキニン飲んでじきに良くなれ」
21	●	2	「議長ーーーーッ！」
21		2	「きっかけは〜、岩手めんこいテレビ！」
4		0	「ギャルル」
128		2	「今日の当り目」でもらえるライオン製品
58		0	「くしゃみ」をして、脱臼
48		0	「クリエイトです」「採用〜！」
3		0	「原因は郵政」論

3		0	「元気が出るテレビ」by 元気がないたけし
15	●	1	**「健康のためなら死ねる」**
3		0	「堅忍不抜」の精神
3		1	「心の安らぎ」を感じました
16		2	「コンペイで〜す!」と唱和したい楽太郎。
10		0	「さそり座の女」落選
21	●●	1	# 「サマワ」じゃないです「サマーワ」です
48	●	0	**「しかも掛け捨てじゃない!」**
4		0	「篠沢教授に全部。」
98		3	**「じゃあ、メルアドは?」**
3		0	「シャープ」の〇〇〇課長
10		1	「将来は二人で喫茶店」
13		0	「ジョジョ」とは呼ばれていない
69		2	「新ウナコーワホット」
27		0	「すっぺ〜多英!」をもう一度
4		2	「聖子ちゃんカットにしてください。」
69		0	「世界に1つだけの鼻」
3		0	「戦車ぶつけたから振り込め」
112		4	**「そうくるか、京セラ」**
14		3	**「そうだー!」(国会時)**
14		1	「それでも俺、いつまでも待ってる・・・(泣)」(羽賀)
33		3	**「それをすてるなんてとんでもない!」**
3		0	「竹島、韓国に譲れば・・」 朝日新聞
33		1	「たっこで〜す!!」
6		1	「ダブル」、そして間髪入れず「搾り」
3		0	「超、気持ちいい」
112		3	**「ちょちょいのジョイやで!」**
77		0	「着いたーー」(さよなら人類)
77		3	**「つまらん!お前の話はつまらん!!」**
112		1	「てじな〜にゃ!」
4		0	「ではその一部始終を見よ。」
4		1	「東京だわー」
48	●	0	**「徳さんのクイズダービー」**
4		0	「トンボ鉛筆」
6		0	「肉」文字焼
4		0	「悩殺令嬢」
10		0	「呑んで」*3 「呑まれて」*1
33		2	「パ・リーグならノンプロ行きます」
3	●	0	**「配管工になるのも立派」(英皇太子)**
4		0	「爆弾低気圧」
21		3	**「外れるのはカズ、三浦カズ」**
3		0	「働け」に立腹
21		0	「バッジェ〜ロ!バッジェ〜ロ!」
10			

42	0	「はらたいらさんに３０００点」
36	0	「火遊び」発言
67	0	「髭男爵」ひぐち君が年内結婚へ
15	0	「ピザって１０回言って！」
58	2	「ファッションセンター」しまむら
4	0	「風説の流布」
4	0	「フェロモン男爵」
4	1	「冬のソナタ」ツアー
33	0	「ブロンズセイントごときが」
48	0	「ペコちゃんのほっぺ」で食中毒
10	0	「僕を見てくれ」
21	0	「マーちゃん、ごめんね！」
1	0	「マイケル富岡の夜は更けて」ｂｙ野沢直子
4	0	「真央の目標は真央。」
42	0	「まぐろ！！」御期待下さい
4	● 1	**「まことちゃん御殿」**
21	1	「ミキティーが触ると傷が治るよ！」
112	0	「ミクロの汚れが残ってますよ」
15	1	「ミス・核」コンテスト
4	0	「都はるみのコンサート行かない？」
16	0	「みりん」って１０回言って！
4	2	「娘ももう、中国製になりました。」
21	0	「メイビー、キミは俺を好きになる」
3	0	「飯はまだですか？」
48	0	「森田さんお天気ですか？ ワァ〜！」
77	0	「問題るるる♪」
442	0	「ヤナギサ〜ワ　タマ〜ダ　　　巻」
16	● 2	**「よいしょ。」は膝の叫びかもしれません**
3	1	「ヨン様と歩きたい」by 大阪府・太田知事
4	0	「楽天」改め「落胆」
4	1	「ワールドカップが観たかった。」
387	0	「私だけでできる事ではなかった。」
4	● 0	**「私のしごと館」**
54	● 1	**「私の名前はハニーハンター」**
1	0	『４億円を１０００万にして欲しい』
1	1	『ＨＯＮＧ　ＫＯＮＧ』の『Ｇ』って…
4	0	『いたいけな夏』
4	0	『美味しゅうございます』　ｂｙ岸　朝子
1	0	『お手やわらかに』　唄：夏木マリ
8	0	『俺は絶対テクニシャン』
4	0	『漢字カケナ〜イ！』ｂｙヒルマン監督
1	0	『北区』を忘れてた！
10	0	『ぐふふふふぅ〜♪』　ｂｙ篠原ともえ
8	0	『君が見えない』
26	0	『月刊ミセリ』
70	1	『ゲロゲ〜ロ』ｂｙ　青空球児・好児
8	0	『小泉式政治』に挑戦状
8	1	『ゴーヤーマン』
2	0	『国会に卍固め』byA. 猪木
1	1	『さよなら大助な人』 by 花子＊花子

1	●	0	『地獄見せちゃるけのぉ』 竹原慎二
6	●	0	**『シッコ Sicko』**
1		0	『タッチー』と呼ばれていた頃の細川たかし
1		0	『ちょっとアータ！！』by 塩沢とき
8		0	『ちょっとだけ休憩してく？』『しない。』
595		0	「途中下車」のナレーター
1		0	『どんなもんじゃい！』by 亀田興毅
1		0	『ノーマネーでフィニッシュです』吉田栄作
20		2	『はい、おつり３００ガバスね』
1		0	『歯痛い』by 沢田知可子
1		1	『ひどいよ、姉さん！』　　by　カツオ
8		0	『ピンポンて言うな！』 by 卓球部員
8		0	『奮起せよ！』唄：ソニン
1		0	『メソポタミア・ダンス』渡辺真知子
8		0	『モミアゲは？』　『あ、普通で。』
1		0	『良いことした』
1		1	『幼稚でした』
4		0	『ライブハウス武道館へようこそ！！』
2		0	『リゾ・ラバ』
69		0	・・・ってゆ～じゃな～い♪
4		0	×→雑種　○→ミックス犬
36		1	× -GUN
25		2	●●●●（ラーメンマンの傷）
9		1	○●○●○●○●○●○●○　ぬけぬけ
9		0	○肉○食→焼肉定食
60		3	\ ショップたけふじぇ
6		1	§
9		0	・「がんばれ日本」中松氏の商標
26		0	・・・・ふぃっ！・・・・ふぃっ！
43		1	・・・俺、父さんと会ってみる！」
11		1	・・・こんなんでしたけど。
32		0	・・・ってゆ～じゃな～い♪
9		0	…背番号、おはこ。
1		0	☆つのだひろ☆　←間違い
6		1	♪ NOVA しようかどうしようか考え中
32		0	♪あ～ どうして～ こんなに～ 苦しいの～
32		0	♪あいつの名は、ポリ～スメ～ン
1		1	♪嘘ついたら針千本トーマス
137		0	♪おーおーきなしっぽの平井堅
137		0	♪おーおーきなのっぽの平井堅
137		0	♪おーおーきなマッポの平井堅
4		0	♪おっサカナくわえた サザエさん
140		0	♪男はオ～オカミ
113		2	♪おぶついれの～長谷川～＊ ˆ ー ˆ ＊♪
21		1	♪俺とお前と～、テリーマン～
42		0	♪携帯買うならエ～イデン
98		0	♪競輪場に来いけ栄子　チャリ～ン♪
52		0	♪ゴーヤーよい子だ寝んねしなー♪
47		0	♪さ～だこ～さ～だこ～たっぷり～貞子～
7		0	♪サル・ゴリラ・天然児～
64		0	♪就職希望だ～わ～
12			

19	2		♪照英
9	1	●	♪ドリーム／吉幾三
2	1		♪波乗りデニー
21	1		♪ねっておいしい、ねるねるね〜るね
32	1		♪野間　野間　遺影 v(^o^)
169	0		♪ハゲざんす〜
169	0		♪ハゲざんす〜　（アデランス）
32	1		♪バルナス　もすかうの味ぃ〜
3	0		♪肥満児オールザビーポー
7	0		♪変なおじさん、だこら、全裸おじさん〜
54	0		♪ポパイ・ザ・セーラームーン
32	3		♪マイヤヒ〜　My Yahoo!
252	80		♪ミルキーは〜馬場の味〜♪（はぅあ!?）
456	0		♪メガネは〜顔の一部です〜
106	0		♪めちゃうま一過労○¦ ̄¦＿
25	0		♪目を閉じておいでよ♪
3	0		♪わ〜れるわ〜れる　お　も　い
52	0		♪私のお墓の前で撮らないで下さい〜

数

3	0		012-123
2	0		0938(W一重)
600	5		0点かよ (>_<)
26	1		0点覚悟
2	0		1！2！バン！ダァーッ！（By 第一パン）
113	1		1.2.さんっっ!!!
9	0		1／1へぇボタン
2	0		1／3の純情な浣腸
9	1		1／3の順調な肝臓
95	2		1−1の最初のクリボー
10	1		10・26バレンタインデー
60	0		1000取り合戦
112	1		100tハンマー（シティーハンター）
36	1		100人隊　川崎徹隊長
58	1		100人乗っても・・・大丈夫っ!!

7		0	100万円クイズハンター
4	●	1	**100万円ショップ**
345		0	100万円天　クイズハンター
95		1	101回目の風呂坊主
10		0	101つ子
15		1	101匹王ちゃん
710		0	105円ショップ（税込み）
21		3	**10円くれ（Ｍｒオクレ）**
7		1	10点！10点！10点！
61		0	10日でおぼえる
48		1	10万43歳
7		0	11.p.m.　シャバダバッ　ドゥ〜ワ
36		1	11PM
7		0	12月なのに、25℃
7		3	**12年間待ってたぞ！浦和レッズ！！**
31		0	130R
171		0	15分で煙草3本
7		0	16才までカニカマをカニだと思ってた
1		0	16文キック
1		0	16文キック　ｂｙ　和田アキ子
37		1	16連射
367		1	16連打（ばね式）
9		1	175R-130R=45R
1		0	17歳にしてリウマチ＆通風
16		0	18900円ぽっきり
19		0	1999年7月だったよね。
570		2	19番ホール
8		1	1ヶ月1万円生活（16人家族で）
34		1	1件あたりの平均点:0.3928571428571428571439点
27		1	1限目はサボろう・・・授業仕分け
42	●	0	**1コ、2コ、サンコン**
370		3	**1ショットチャット**
3		0	1日教授
39	●	1	**1日署長の午後半休**
4		1	1年9ヶ月ぶりのキッス・・・　きついよ。
74		0	1ヒューマン
125		0	1マイケル♪
7		0	2/11吉野家1日だけ牛丼復活！
38		0	2005年ピッコロ誕生
7		1	2006年トリノ冬季五輪
767		0	20才のスク水
51		1	21エモン
42		0	21エモン・ドラえもん・ホリエモン
54	●	1	**21世紀の裕次郎**
52		0	22世紀まで生き抜こう！
13		0	244ENDLI-x
10		0	24時間アップテンポな騒音
23		0	24時間かけて自分の声で時報作った感動

数

10	0	**24 時間テレビの翌日**
30	0	2500万円
3	0	2585グラム
7	0	25試合で6億5千万円（佐々木主浩）
84	0	27時間観続けた！
34	0	27時間テレビ（26時間30分CM）
23	0	298円の弁当
9	3	**2辺とその間の角がそれぞれ等しい**
1	0	# 2階だけバス
3	1	2回目のマツケンサンバ
552	1	2号
33	3	**2コンのマイクみたいな奴っすわ**
45	1	2時間チャージ10秒キープ
1	1	2段ベッドの上をGET
4	1	2ちゃんねらー
30	0	**2度あることは3**
23	1	2度あることはサンドアーム
13	0	2ヶ所ボーン！
7	0	**2度目の見直し、また違う**
71	0	2ペソ
8	0	2問目でドロップアウト
38	0	3.2.1. 発する発する
9	0	30cmものさし
3	0	30女、オンラインゲーム上で物盗み捕まる
100	0	322円貸して下さい。
19	3	**32分割＝浅井慎平**
3	0	3400万寄付 vs 5億4000万儲け
10	0	36歳なのでニート卒業
5	11	# 3DO
17	0	3Dハゲ
79	0	3ちゃんねる
17	0	3歳にはまだ早い
39	2	3日に1回は口笛吹いてます
8	1	3日連続でカレー
4	0	3人サンヨー
399	1	3年B組金髪先生
29	0	3年B組辮髪先生
1	1	**3年毎に現れる10年に1人の逸材**
86	2	3年すい組　金ハイ先生
70	0	3番ガルベス　4番ミセリ　6番アニマル
50	1	3秒ルール
13	2	41歳の母
9	0	# 42.195kg
52	0	4314＝ダヴィンチ・コード
1	0	46分テープ

37		1	48倍速対応クリック
10		0	4月2日生まれの発育状態
20	●	1	**4様。**
10	●	2	**4大会連続銅メダル**
27	●	0	**4年後までの強化ソチ**
27		0	4年に1度の中津江村
10		0	50人目の赤穂浪士
3		0	50マソですぞ、ミラーマン
4	●	1	# 53歳のハローワーク
2		2	55歳店員:「僕、アルバイトォォォオ!!」
36	●	1	**5円ハゲ**
27		0	5月、つい立ち
78		0	5月じゃなくていま勝負しろよ
36		3	**5分前行動**
1		0	5本指ソックス
19		0	5厘アフロブーム
1		0	600こちら情報部
7		0	6分+3分=3点
13		0	7HOUSE
294		1	7階からジョニー大倉
77		7	**7へぇ**
10		0	7枚でトップ賞
245		1	8×4
9		1	80+4
67		0	8192階建ての塔
96	●	0	**8時59分60秒**
1		0	8時だョ全員集合
38		0	8時ちょうどのあずさ2号
3		0	8歳少女が犬と強制結婚
2		1	8トラ(カラオケ)
39		0	8番・キャッチャー・呂比須
10		0	8番ライト 犬
46		0	8割同じ問題
240		0	9045XY
130		0	9チャンネルの「Qちゃん寝る」見るわー
21		2	9点(針すなお)
9		0	9歳の青汁
1		0	∞プチプチ

数

A

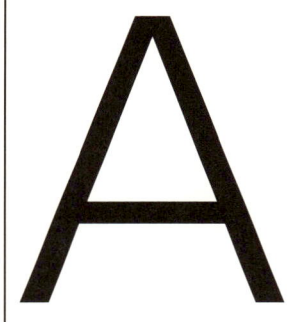

8	0	Ａ・ＪＡＲＩ
1	0	ＡＢＣＤＥねんぴ
8	0	ＡＢブラザーズ
1	0	AB ブラザーズ
12	0	AB フレックス
303	1	ACE SHOJI JO
9	1	Ahoo!JAPAN
15	0	Air-K
2	1	**AIWA**
78	1	ＡＫＢ衆参トリプル選挙
12	0	ALSOK ダッシュ
9	2	AM1192kHz　鎌倉放送
2	0	ANECAN
11	0	ASKA with チャゲ
50	0	ATOS「列車接近自動放送」
411	2	ａｕ　ｒｅｖｏｉｒ
3	0	au シカ
13	1	**A さんは大喜びです**
180	0	A ボタンのゴム、替え時刑事
180	0	A ボタンのゴム、替え時でか
4	0	Ｂａｂｅ
2	0	BABY ヒーハー
8	1	ＢＡＫＡちゃん
1	2	Ｂａｎ 8×4
107	0	BANZAI！（↓間違えた。すいません）
125	0	BAR
766	1	beautiful なお花が many
11	0	BEGIN（裕ちゃん似）
2	0	BEN(野球用品メーカー)
3	0	BENDI vs BANDAI
4	1	ＢＥＳＴＹＯ
9	2	between 冷静 and 情熱

4		0	BKA48
8		0	BOSSジャン
44		0	BOSSの屁理屈
2	●	0	**BOY NEETS GIRL**
13		0	Boyo-Bozo
32		0	BSE 牛歩戦術
1	●	1	**BUCK-TICK**
27	●	0	**B級久留米**
27	●	0	**B級スルメ**
8		0	Bクイック
12		1	Bダッシュ
128		0	B-脱臭
21		0	Bダッシュジャンプ
8	●	0	**C．W．ニコル**
235		0	C.W.ニコル with T
6		2	C:\
8		0	CASIO
5		1	C-C-B
2		0	cdma-One
6		0	CDチェンジャー
36		0	CELLULAR(セルラー)
2	●	2	**CHAGE & 泰葉**
5		0	Challenge!（内田裕也とフラワーズ）
369		0	cloud
1		0	CoCo壱番館
56		0	cosmos
2		0	CR 森進一・昌子
19		1	CR MC AT
15		1	CR 水前寺清子
32		2	CR・松居直美
12		0	CR石破茂
2		6	**CR一家心中**
2		0	CR今林 大
2		4	**CRウサマ・ディンラディン**
2		3	**CR押尾 学**
12		1	CR小沢一郎
2		1	CRおふくろさん
2		2	CR来生たかお
2		0	CR琴光喜
2		3	**CRさよなら大好きな人**
2		5	**CRジェンキンス氏**
300		0	CR笑点
47		2	CR仕分け人蓮舫
29		0	CRにおわなっとう
5		11	**CR華原朋美とみなしごハッチ ZV**
391		1	CR林家ペー・パー子
2		1	CR瞳をとじて
18			

2		4	**ＣＲ寛平笑劇場Ｖ**
22		2	CR冬のソナタ
2		1	CR 松本智津夫
2		0	ＣＲムルアカ氏
2		1	ＣＲルーシー・ブラックマン
11		0	ＤＡ　パンチョ
36	●●	1	**DA. YO. NE**
8		0	ＤＡＳＨ村
50		1	DCカード
657		0	dear woman
13		2	DHCフォーメーン！
2		0	DJ OZURA
47		0	DJ　OZMAの行く末
13		0	DJケオリー
48		0	D-MAT
2		0	DO THE ド根性
11		0	ｄｐｓ
71		0	Ｄｒ．ドリル
5		7	**Dr.MISO**
6		2	Drow four (UNO)
22		0	DSがばいばあちゃん
3		0	DVのボーカル「安全地帯」
556		1	D木伏
59		0	D木伏　好きなもの：ミリタリーグッズ
6		0	Eステテコパンツ
20	●	1	**E.YAZAWA**
5		2	ECCジュニア
36		0	EE JUMP
92		1	ＥＥジャンプ
1		0	ＥＭＯＹＡＮ．ＣＯＭ
13		0	ENDLICHERI☆ENDLICHERI
4		1	EPO
3		0	ＥＳ細胞つくった
7		0	EXPO'85 つくば科学博
43		1	Eジャン　Gジャン　最高ジャン
12		1	E電
9		0	F1 vs 戦闘機
125		0	F1スーパーフグリ
3	●	2	**ＦＢＩ超能力捜査官**
10		0	FCザヴィエル
19		0	ｆｅａｔ　教頭先生
11		0	feat.若旦那
24		0	ＦＦ卍（ファイナルファンタジー１０）
2		1	FIELD OF VIEW『突然』
2		0	FILD OF VIEW
319		0	Folder5も楽器持とうよ！
3		0	FreeKaneko.com
33		0	Fuu...バカツクバカツク！
5		2	FX長者老夫婦

1		0	G1クライマックス
14		0	GAO
108		0	glico
60		1	GOING STEADY を強引にスタディと読んだ兄
10		0	GW中も職場でネットサーフィン
17		0	Gコード予約
25		1	G党
8		0	Gメンvs香港マフィア
1		0	HJungleWith t
15		0	haru_mi冬号
6	●	2	**HB**
16		0	HBK：ひとし・ボッシュート・草野
97		1	HEATH
35	●	2	**ＨＥＬＬＯ注意報**
782		0	Hey
4		0	Hey!Sey!JUMP
3		2	HG（29）腰痛
3		0	HG「この人には絡んじゃいけない」
2		4	**H－ＢＥＳＴ（花＊花ベスト盤）**
76		1	HIDE
685		0	Hi-Ho!
2		0	HIPPS
12		1	HITOE'S 57 MOVE
35		0	HO！
15		1	HOME MADE 華族
13		1	HOME MADE 家族
3		1	HONDA vs. HONGDA
2		1	HOW MANY いい顔
796		0	HP467jp
11		2	HYPER100
34		1	I use futon.
6		3	**I am 凹**
2		0	I was gay(ガブ)
111		0	I will be packed
5		1	I am 日本人
19	●	1	**I＋I＝田**
58		0	Iam えーっと stuedent
2		2	IDO
46		0	ID野獣
30		0	ikinari
3	●	0	**I'm sorry Japan**
32		1	IN A BEAUTY ～美しさは内面から
20		0	ING
3		1	IQレスラー SAKURABA
48		0	IT(イット)革命
35		0	J．K．ローリングアタック
1		0	JACK JACK
17		0	JADA
8		0	JAROって何じゃろ？

5		0	JASDAQ
6		0	JINRO
4		0	JOYと梅しゃん
44		1	JRおすすめの旅
5		2	JR貨物
12	●	2	**JR最強線**
7		0	JR福井駅お守り「すべらサンド」
3		0	JRボーリング大会
1		0	JUDO
1		0	JUN SKY WALKER(S)
13		0	Just ホロリ
6	●	0	**Jビーフ**
13		0	J麺
5		27	**Jリーグカレー**
4		0	KABAちゃん
37		0	KAMISAMA（チョコ味）
1	●	0	**KAN 『丸いお尻が許せない』**
6		4	**KATSUO（カツオ）**
774		0	Kazoo
55		1	KEN・志村
12		2	KGB48
1		0	kobaryu
197	●	1	**KONISHIKI**
68		0	KOUDA&
34		1	KSD
91		0	KUYURA
4		1	KY(空気読めない)
4	●	1	**KY（空気読める）**
1		0	L.カゼイ・シロタ株
77	●	0	**L⇔R**
22	●●	1	**L・Lブラザーズ**
8		0	LEE ×40
20		1	Lesson1『しこみ』
4		0	Let's go!アビバ
2		0	LIMIT OF LOVE 雲丹猿
114		0	LL Brothers
8		1	Long long あご
1		0	LOTTE クイッククエンチ
13		0	Love肌
80		1	LOVEマシーン
17		0	LUNA SEA
3	●	2	**Lモード**
3		0	M.シューマッハのチワワ盗まれる
2		0	m.c.A.T：「ファンキー・ガッツマン！」
5		3	**m.c.A・Tの俺様を信じろっ！**

2		0	M.C.JUNG
1		0	m一風呂
17		0	MADE IN OSUGI
21	●●	1	**MajiでKoiする5秒前**
4		0	MAMA 2
22		0	MAX
154		0	MC小宮
5		36	**MCハマー**
9		0	MCハマコー
1		0	MDじゃなくカセットにダビングして。
17		0	meatball
40		0	Melty Love
60		2	MENの達人
3		1	m-flo loves AKIKO..
30		0	MFT
1		2	MICHIKO LONDON
2		0	Mike
3		1	mixi八分
4		1	MK(モテて困る)
2		1	MK5
36		1	MOON CHILD
121	●	1	**MOTTAINAI**
19		0	MR．A専用棒
5		13	**Mr.オクレ**
15		1	Mr.オクレディブル
72		1	Mr.オクレの診療所
73		0	Ｍｒ．サタン
47		3	**my name 伊豆**
327		18	**MYチン**
15		0	M字ビターンマッチ
26		1	Mマウス
197		0	N・TAKADA
30		0	NANA実写版に宮崎あおい
17	●		**new 癌**
41		0	NEWエログランド
108		2	NHK教育ってグッチ裕三歌いすぎ！
4		0	NHKタイガードラマ（修羅場）
62	●	0	**NHKなら見てません!!**
10		0	NHKも民営化
3		0	Nice to neet you!
229		3	**NINJO～熱き血潮～**
18		1	nintendogs
1		0	NINTENDOどぇ～す
7		0	nixi
36		1	NNN24
22			

2		2	NO MORE 倉井
2	●	0	**NO more 悩み無用**
19		0	ＮＯ　ＭＯＲＥ　阿藤　海！
9		0	North Korea ではなく DPRK でお願いします
746		1	NOVA ウナギ
19		0	ＮＯＶＡに通いだしたデーブ・スペクター
4	●	1	**NTT コドモ**
27	●	0	# NTT どこの？
58		1	oh！kawa ホームセンター
277		0	OH！MY コンブ
9	●	0	**Oh! 貞治**
165		9	**Ｏｈ！ヤミー！ヤミー！**
75		0	OH- 今日もすね毛にアリが舞いこんできたぜ。
2		0	ＯＪ．シンプソン
36		3	**ＯＫ墨汁**
11		2	ＯＫ牧場
54		0	ＯＬＡＰ（オラップ）
2		0	Ｏｎｅカップ
21		0	ＯＰＤ（大阪パフォーマンスドール）
5		1	ＯＰＥＣ
26		0	Orgasmus
3		1	Otaku University
9		0	out of 眼中
5		10	**OYAJI DANCERS**
1		0	O 脚
89		0	O 億
17		0	O 型の台風 7 号
17		0	P＆G
19		2	Ｐ２０６を拾った。
57		1	PC エンジン２００５
96		0	Pekoe Tea
8		0	PEZ、PEZ、みんなの PEZ ♪
25		0	Piko hit sacrifice fly. Osugi scored.
23		0	PS 2 のメモリ - カ - ドの破損データ
5		7	**PTA**
10		0	PTSD
109		2	Ｒ 25
1		0	ＲＡＰで加トちゃん
2		0	RAZZ MA TAZZ
2		0	ＲＣサクセション
1		2	Re: 加護
12	●	0	**Red Hat Inax（抗菌 OS)**
37		0	RENDA！！（連打）
5		2	REX 恐竜物語
13		1	RPG 伝説ヘボイ
13		0	S・K・ホ
3		1	SAETEOMIN

3		2	SAMも同意
3		1	SANY vs SONY
8		0	SAYAKAの陰にギタリスト
9		1	SAYONARA　HOME　RUN
26		0	SCARS（笑）
642		0	segawa
98	●	1	**SF= 少し不思議**
13		1	SGGK森崎
21		4	**Shall we カズダンス？**
8		0	Shall we 談志
759		1	shazna
4		1	SHAZNA
428		0	SHEILAだと思ったらフィフィ
255		1	Shiftキーがない
13		0	SHIHOの声
8	●	1	**SHOW-YA**
12		2	SIAM SHADE
103		0	SINJOマネキン
5		2	SONOKO
3		1	SONY vs. SQNY
2		0	SONYイヌ型ロボット Aibo
5		14	**SPEAK LARK**
24		1	SPEED、毎年復活
13	●	2	**SPEED 離婚**
73		1	STF
2		0	STF弁当
161		0	STO
40	●	0	**STOP ザ 万引き**
3		0	SUMO最強
3		0	SUPER AGURI Formula 1
5		6	**sushi 花館**
2	●	0	**SUZUKI_ カルタス**
1		1	SUZUKIジムニー
96	●	1	**SYD　（＝佐野厄除大師）**
63		0	t.A.T.u.「ゴメンナサイ」11回
2		0	T．UTU
3		0	T-1グランプリ
655		0	TAKA
5		1	TAKA-Q
1		0	TAN TAN たぬき
30		0	TATUYA
2		0	T-BOLAN:「話したくはない」
77		0	TBS 「海まで5分」
26		0	TBS系ドラマ『憎しみに微笑んで』
9		1	TDK（東武動物公園）
34		0	THE 抵抗勢力
61		0	THE FINAL
5		1	THE 四川省

A

24

670		0	The ざる
224		2	The・ナベツネ
1		2	Theかぼちゃワイン
9		1	This 伊豆 a pen.
9	●	3	**TKC全国会**
2	●	0	**TO BE CONTINUED:「逃げたりしない」**
11		0	tohko
2		2	TOKIO:「ハートを磨くっきゃない」
11		1	Toshi
5		8	**TOTO スーパー陸上**
3		0	TOYOTA に神風アタック
2	●	1	**trf(トリュフ)**
9		3	**TRY 人**
95		2	TU-KA 敗北宣言!
7		0	TVブックメーカー
2		0	TWINZER
15		0	T - 岡田
36		1	Tバック
13		0	Tボラン
9		0	UCLA
4	●	0	**UDON**
63		1	UFO(ウーフォー)
59		1	UFOキャッチャーに九千円つっこむ。
2	●	0	**UHA 味覚糖**
59		0	UN'z
13		0	U子さん
4		1	V6 地球守り隊
10		0	V9エースvsV9主砲
19		5	**V05は毎朝2本使います。**
2		0	Vシネマの帝王:竹内 力
9	●	0	**V六**
2		0	W(あひる&ダルビッシュ)
1		0	WaT
56		1	WAはようございます
742		0	Webネーム
494	●	9	**Welcome to California!!**
6		0	WHO AM I?
57		0	Wiiリモコンでシャカシャカポテトを降る
57		0	windows ビスたん
149	●	2	**with ナオミ・キャンベル**
22		0	With 象
4	●	0	**W 浅野**

25

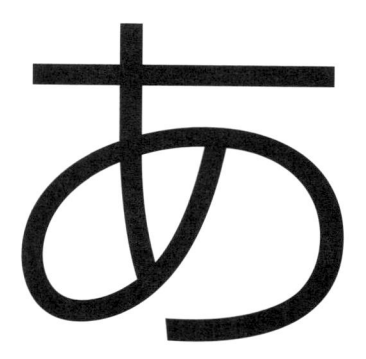

115	3	**X JAPANN の YOSHIDA**
2	0	X PAPON
6	0	X-BODY
7	2	XO 醤
18	0	X - GUN
56	0	xyz
56	0	Y=U ようやく復活。みなさん覚えていらっしゃる？
34	0	Y2K（2000年問題）
9	0	Yahoo!BB スタジアム
13	3	**yeah！めっちゃ堀江**
3	0	YO-YO GIRL COP
2	4	# YONESUKE
1	0	# YOSAKOI
12	0	You been death （郵便です）
3	1	YOU ARE SHOCKED!
25	0	Yours is mine.Takeshi insists.
9	0	Yuji
40	2	YUOもやっちゃいなよ！！
2	0	ZEEG
19	1	ZONO．net
16	0	Z会 VS Z帝国
9	2	Z会3年
25	4	# ε ε（のび太 - 眼鏡なし）
6	0	π
6	1	Ω

あ

3	0	あ 福王ね
3	0	あ ラルフのほうだった
299	0	あ！カチンと来た！
4	0	**あ、そう 太郎。**
83	0	あ、それロン

26

69		1	あ〜な〜た〜の髪の毛ありますかぁ〜?
641		11	**あ〜野沢菜食いてェ〜な〜!**
1		1	あ・え・い・う・え・お・あ・お
1		0	あ・ら・かると
21		1	ああ言えば上祐
92		0	ああいえば上祐
47		0	ああ言えば上祐・・・なつかすぃ〜
70		2	ああ言えば醤油
12	●	2	**アーガスの戦士**
10		1	あーちーちーあーちー
6	●	2	**アーチャリー**
44		0	あーっとうっかりベジタベル
9		2	アーノルド・シュワルツェネッガー
36		0	アーノルド坊や
70		0	アームストロング・オズマ
4		0	アーメンそうめんイカそうめん
99		0	アーメンタンメンチャーシューメンゴメン
24		2	アーロンのかっこいいサングラス
273		3	**愛**
80		0	アイ アイ アイ ライク ENKA
17		0	愛愛 地球吐く
27	●	0	**愛?愛?さあ?**
13		0	アイアムイガワ
5		2	アイアンコング
4		1	アイーン少年合唱団
1		0	あいおい損保
1		0	哀歌(エレジー)
5		1	愛川欽也
1		0	哀川翔　VS　aiko
138	●	1	**愛犬ペス**
36	●	1	**愛甲　猛**
5		9	**愛甲失踪**
11		0	あいこ様似
53		0	アイシャドウを忘れたゆうたろうが熱唱
4		1	愛人撲滅隊
2		0	アイスGUY
7	●	0	**アイス食べ放題**
1		0	会津磐梯山
15		1	愛染恭子容疑者
4		0	愛ソレ
36		0	あいだ　もも
1		0	愛知圏突入
3		0	愛知に「南セントレア市」誕生!
731		0	愛知万博
7		1	あいつ、いつも試食の所にいるよな
93		0	あいつテクってんで!!
40		0	あいつとララバイ

13	●	1	**アイツのウワサでチャンバも走る**
44		0	あいつはもう剥けている
221		0	あいつはラララ
56		0	愛と書いてめぐみ。
9		0	愛と勇気だけが友達
30		0	愛と勇気と受験戦争
13		2	アイドル超人
39	●	0	**アイドル二度寝ドッキリ**
36		0	アイネ
8		1	愛のブロッコリー
24		0	愛のままにわがままに僕は君だけを味付けない
24		2	愛のままにわがままに僕は君だけを味付けない海苔
2	●	1	**愛のメモリー**
1		0	愛海苔
682		0	アイバー
79		1	相原勇
2	●	1	**相原勇 改め YASUKO**
22	●	1	**相原勇、元気です。**
5		2	アイボン
13		0	アイラービュー！
2		2	アイルトン・タカ
23		1	アイロンに日本酒を使うので香水はいらない
23		0	アイロンの蒸気（温泉の素使用
57		0	アイロンレース（地面にアイロン）
39		1	アインシュタインの結果論
3		0	アウアウアー　by 井沢
9		0	アウトソーシング
2		2	あおい 輝彦
5		1	青い三角定規
8		0	青い瞳の聖ライフ
51	●	1	**青いブリンク**
11		0	青木政司　87歳
7		0	青汁入り鼻汁
62		1	青汁ソムリエ
5	●	15	**青空カラオケ**
9		0	青空教室
20		0	青竹を足して2で割ったような性格
5		12	**青粒**
8		0	青葉城恋唄
31		1	青森山田
8		0	青森山田隆夫高校
1		0	青森山田は今夜がヤマだ
4		1	青山テルマ
13		0	青山の就活スーツ
24		0	赤いきつね(シャア専用)と緑のたぬき
2		0	赤いきつねと緑のタモリ
69		1	赤いキツネに緑のタヌキ

あ

28

90	0	赤い目をしたボビー
1	0	赤かぶ検事奮戦記
8	0	赤カリー　黒カリー
24	0	赤毛のアントニオ・バンデラス
56	0	赤コーナー260バウンドォ〜、アントニオ馬場ぁ〜！！
1	0	赤坂御用地に不時着
36	0	赤潮
109	2	アガシ初戦敗退
14	0	明石家電視台
30	0	赤ずきんチャチャ
120	0	赤タモリ
14	0	赤ちゃんグッズ（対象年齢0〜45歳迄）
31 ●	1	**赤ちゃんまん**
14	0	赤名　リカ
10	1	赤の宿泊券が緑に移動
93	0	赤の戦士
1	0	赤パジャマ青パジャマシャバダバ
4	0	赤福
2	0	赤福名物「まき直し」
7	1	赤札堂
1	0	赤べこ
2	1	赤ヘル打線
1	0	赤マムシ三太夫
8	0	アカムラサキブルーハゲアタマ
2	0	あがりた亜紀
8	0	灯りをつけましょボンジョビに〜♪
29	2	明るい農村
2	0	あき 竹城
1 ●	0	**空き巣の宮殿下**
3	0	秋田魁新報
9	1	飽きた新幹線
167	1	秋山　銀花
81	0	彬 vs 徹
3	0	明かされる鬼教師の過去
44	0	諦めの会議
4	0	アクアチェック
57	0	アクアブルーが静かに 闇の中で光ってる
11	0	アグー（黒豚）
3	1	悪瓶
13	1	悪質宇宙人
7	0	握手拒否の岐阜市長、自滅
57	0	アクションスクリプト3で挫折
1	0	アクセルホッパー
4	2	アクタガー龍之介
21 ●	0	**アグネス・チャンさん**
26	0	アグネスデジタル
29	0	アグネスベジタブル
16	0	アクマイト光線
2	0	悪魔城ドラキラ
1	1	悪魔のイナバウアー

29

2	0	悪役商会
20	1	アグレッシヴ
31	5	**曙**
3	1	曙「相撲をナメるな」
33	1	曙＝スーパー百貫おとし
6	0	曙 1.3 倍速
38	1	曙 VS 亀仙人
31	1	曙 vs ムタ
1	0	曙が代々木でグレート・ボノに変身か！？
1	3	**曙よりモリマンの方が少しだけ強い説**
38	1	**あけましてとじまして**
285	1	揚げまりも
106	1	揚げまん
36	1	アゴ 勇
46	0	あごあご戦隊　シャクレンジャー
67	0	あごわれのザキやま
8	0	朝丘雪路がイエローキャブ入り
1	0	麻垣晋蔵
707	2	浅香唯　すこし大人のシルエット
13	0	朝活
19	0	朝からヌンチャク。
30	0	朝から布団四枚
5	12	**浅草キッド**
4	0	朝ズバ
45	0	朝青龍≒朝赤龍
3	0	朝青龍 vs 内館委員
92	1	朝青龍レッドカード！
21	0	朝だ！生です旅サラダ
2	1	浅田飴
58	1	浅田尿酸
58	0	浅田農産会長無念・・・
21	0	浅田のおっさん（浅田農産）
104	2	浅野史郎さんのハートに火をつける会
2	2	朝のポエム
1	0	朝のホームルーム
39	1	朝昇龍 CM 出演決定（カーナビ中のみ放送）
98	1	朝の連続テレビ小説　「ええにょぼ」
18	7	**旭イヒ成**
4	1	アサヒ芸能
110	0	麻布八番
755	1	朝まで生国会
42	0	朝まで生テレビ
2	0	浅見 千代子
23	0	朝飯を遅めに食べて、昼まで食事を我慢する
36	0	麻世だけ
2	1	あさりど
5	18	**鯵**
196	0	あじｐ・・・間違えた・・・ゆずぽん
103	1	亜細亜大 C 判定

3		0	アシアナ航空
41		0	アジアの忠臣蔵
80	●	1	**アジアめん**
81		1	味いちもんめ（中居君）
5		1	味皇
6		1	味皇料理会
3		0	あしきりできっとカットされちまうぞ
76		0	足癖一
1		0	足首から下は地井武男
107		0	あしたがＲ？さぁ？
11		1	あしたのジョーをブッ叩いて入店禁止
10	●	1	**明日のラッキーカラーは透明！**
86		2	明日は、アピタ。あさっては、SATY
57		0	味付けすぎ海苔
7		1	足つった
1		1	味のＩＴ革命や〜！！
7		0	足の裏がつった
8		0	足の薬指の存在感
1	●	0	**足の小指の爪**
23		1	味のなくなったガムを集めて巨大ガムを作る
5		10	**味の素スタジアム**
27		0	味のモト冬樹
24		1	味のりジョニー
751		0	味ぽん
6		0	味ぽん占い
10		1	アジャ・オブ・ジョイトイ
1		0	アシャソーリュー
2		0	あじゃぱ〜
1		0	阿修羅　原
9		2	あずきバー
1		1	梓みちよ
86		2	あずまっくす
10		0	アスワンダム
18	●	2	**アスワンハイダム**
9	●	1	**アセクサリー**
22		0	唖然地帯
3		0	麻生、日本は軍事力がないが金を持った子供
1		0	麻生祐未
16		0	あそ国際マラソン
16		0	アタァーック！チャーンス！！
661		0	あたい
39	●	6	**あたしっ踊る。わたしっ配る。**
1		0	あたしン皿
9		1	あたたたたたたたたた多機能！
109	●	0	**温めろ**

31

3		0	安達、アーサーと破局
45		0	あだち充
4		1	安達祐美の母・・・
1	●	0	**足立のゲン**
23		0	アタック洗浄力テストされたチャオズ
31		0	アタックチャンス
3		0	頭が硬直化する
7		1	頭にネクタイ
24		0	アダマンタイ米
19		2	熱海のプレスリーを満喫
103		0	熱海ビーチ禁煙
4	●	1	**アダモちゃん**
111		0	アダモちゃん襲来！
346		0	新しい宗派
2		0	あたり前田のクラッカー
64		0	アダルトサイトに関する質問が集中
27		0	アダルト秀雄
620		0	アチョー
3		0	あっ 肩に何かついてますよ？
3		1	あっ！得意のコロッケパンだ！
79		0	あっ！間違えた！ジェンキンス氏だった。
9		0	あつあつボンジュール（フジテレビ）
147		0	熱い！ヤバい！間違いない！（和田さん）
4		0	アッキーナ竹城
13		1	あつくビーナス！
4	●	0	**あっ毛ない**
4		0	アッコの『いいかげんに１０００回』
16		0	アッシー君・メッシー君・ミツグ君
9		0	厚薄歌合戦
9		0	圧縮陳列
3		0	圧勝ですな
68		0	あっそば系
21		3	**あったか～い　つめた～い**
3		7	**あったまいいねー！これっ！！**
69		0	あっちょんぶりけ！！（ブラックジャック）
33		1	アッパー昇竜拳
20		0	あっはん♪
13		0	アップトゥデートな恋をウーウー
8		0	当てずっぽう
55		0	アデラン・スー
183		0	アデランスの中野さん
15		0	アテンション ブリーフ！
7		1	あと１週間、何食おう
10		0	あと一年
6		1	アドゴニー
4		1	アド街ック天国
2	●	0	**アド街ック天国と地獄**
7		1	アトミック・ドロップ
194		1	アトランチスの謎

5	8	**アナゴ君**
31	1	アナコンダバイス
2	2	あなたが、トゥキだから
42	1	あなたが〜とぅきだから〜
4	● 1	**あなたとは違うんです。**
7	0	あなたも私も、ワッキー！
13	1	あなたもわたしも CGC
724	1	あなどれん！ジャッキーチェン！
51	0	アナベベ
6	0	アナログタロウ
3	1	アニー伊藤
2	2	アニータ「お金は返しません。」
10	● 1	**アニータの兄**
47	0	兄は地球を救う
27	0	アニマルマニア（回文）
4	0	アニメージュ
2	2	アニメ三銃士
22	1	アニメ水戸黄門
9	2	アヌシュ
83	1	アヌシュは何処に消えた？
10	0	姉が刺客に？！
8	0	姉歯〜にゃ！
45	0	姉歯、頭まで偽装。「圧力かけられた」
90	1	姉歯〜にゃ！
4	3	**姉歯氏「ヅラがばれて外に出られない。」**
118	2	あの〜ふぅ〜・・・。
7	0	あのおばさん、自分が地獄に落ちかけてる
413	0	あのお方
7	0	アノクタラサンミャクサンボダイ
47	0	あの素晴らしいアイーンをもう一度
90	0	あの人は今・・・　　　ガブ
16	0	あのねのね
12	0	あのハチロクにもついに中国製が！
10	0	あの万華鏡、意味ねぇ
535	0	あのもぐもぐ
71	1	アパガード
16	0	網走一家
52	0	アバター
4	● 0	**アバターも笑窪**
13	2	アハ体験
1	1	アパッチけん
56	0	アパッチのおたけび！！
5	12	**アパッチ野球軍**
55	1	アパマンショップ
115	5	**アパマンショップって** **アンパンマン思い出す**
22	0	あばら屋
33	2	あばれはっちゃく

17		0	暴れん坊 おすぎ
4		1	暴れん棒将軍
5		9	**暴れん坊将軍Ⅲ**
7		0	暴れん坊将軍様
20		0	阿範（あっはん♪）
83		0	アバンサ
36		0	アバンテ（ミニ四駆）
95		0	アバンテＪｒ
1		0	アビバ
3		2	あびる vs わかつき
35		0	あひるのアレックス
7		2	あびる優、やっちゃった
3		0	あびる優「マイペースに一生懸命…」
114		1	阿藤海
31		0	阿藤快
10		0	アフター5はティッシュ配り
15		1	アブラガニ、正々堂々と勝負
291		1	あぶらぎっしゅママ
15		3	**あぶらとり髪**
66		0	あぶらとり紙
80	●	0	**油モビッチ**
34		2	アフリカ中央テレビ
13		1	アフリカではよくあること
555		0	あふれ出る濃厚カルピス
7		0	アヘウヒハ2
262		0	安倍劇場
6		0	あべこ
4		1	アベサダヲ
44		3	**あべし！**
749		0	あべしっ
60		3	**あべっ**
3		2	安倍なつみ「ぬっち」
2		0	アベベ・ビキラ
2		1	阿部マリア
5		1	アボガドロ数
2		1	アポクリン汗腺
10		0	アポ計画
6		0	アポジカ
105	●	1	**アホネン**
52	●	0	**アホの壁**
8		0	アポロ13号　ｖｓ　あずさ2号
3		0	あま～い
4	●	0	**雨風呂**
8		0	甘からず、辛からず、美味からず
32		0	海女下り
36	●	0	**甘栗太郎**
8		0	アマゾネス
72		0	アマゾンライダー

1		1	アマチュアプロレス
66		2	アマチュア無線部
47		0	余る納豆
4		1	アミーゴ
59		0	アミーゴ伊藤
9	●	1	**網野さん**
32		2	アミノ酸まとめてドーン
1		0	アミノバリュー藤本
1		0	網浜直子
64		0	雨上がり湿気隊
24		1	雨が降ったので傘の値段を１０倍にする
22		0	あめくみちこ
8		0	飴玉をすぐ噛み砕いちゃう奴。
4	●	0	**アメとキムチ**
26		0	雨にうたえば
8		0	雨に濡れた犬のニオイ
630	●	0	**雨ニモマケズ、風ニハマケル**
57		0	あめのしんかいち ２コンで熱唱
6		1	あめま
2		0	アメマ！（間氏）
3		0	あめまー容疑者 by かんべい
27		1	アメマの御堂筋
5		11	**アメリカ人**
52		1	アメリカン・マインドの終焉
67		0	アメリカンホーム保険
10		0	アメリゴ・ベスプッチ
18		1	アメンホテプ2世
3		0	アモヤマ！
5		0	怪しい少年少女博物館
2		1	綾小路きみまろ茶１２０
2		0	あやまん JAPAN
238		0	あやや、ツップリッツップリッ
37		1	あやや２０代説。
13		0	鮎貝健
7		1	鮎川純太氏の度胸
6		1	あら、ミディベット！
455		0	アラーキー
33		1	アラーキーからオファーありすぐカエレ
4		0	新井薫子
3		0	洗い熊 coon
6		0	あらいぐまオスカル
35		0	あらいぐまヘクトパスカル
7		0	荒井注
1		0	嵐のマッチョマン
1		0	嵐山光三郎（笑っていいとも増刊号編集長）
9	●	0	**新たなる香辛料を求めて**
16		0	新たんぱく質：ピカチュリン
9	●	2	**アラビックヤマト**
1		0	アラビンドビンハゲチャビン

4		1	アラフォー
27		0	アラフォーの初恋(幼稚園児)
68		0	アラン ドロン
1		0	有 我
58		6	**アリエール脅迫罪プラス**
58		0	ありがた迷惑なおじさん
13		0	ありがとあーした
34		0	ありがとう 三木道山
2		0	ありがとう、いい薬です.
1		0	ありがとう彦麻呂! さようなら彦麻呂!
4		0	有賀藤
17		0	蟻キック
1		0	アリゲーターガー
5		9	**アリコ・ジャパン**
81	●	1	**有栖川宮家**
12	●	1	**アリスとテレス**
1		0	有田総統
16		0	有野の朝鮮
32		0	ありバージョンとなしバージョン
7		0	有馬記念
33		0	あるあるあるあるあるある!
11		4	**あるある会員**
19		1	あるある会員練馬支部
13	●	0	**あるある大事件**
6		0	あるある探検隊
4		0	あるいは裏切りという名の犬
2	●	0	**アルカイヤ**
16		0	アルカンターラシート
15	●	2	**歩きタバスコ**
44	●	1	**あるきタバスコ**
5		4	**アルキメンデス**
17		0	アルコールランプ症候群
32		0	アルゴリズムたいそう おわり
92		1	アルゴリズム体操
107		0	アル少シリーズ2 アルプスの少女廃止
164	●	1	**アルシンド**
21		0	アルシンドにナッチャウヨォ〜
6		1	アルゼンチンバックブリーカー
22		2	アルツ磐梯
1		0	アルトゥール・アントゥネス・コインブラ
96		1	あると思います
47		0	或る時堅めの運転手
8	●	0	**アルトリコーダー**
47	●	3	**アルプス一万弱**
36			

107	0	アルプスの少女退治
221	0	アルプスのタラララン♪
11	0	アルベルト城間
765	0	あれ、お前のおかんじゃん！
83	0	あれ、センター試験って意外と・・・
3	1	あれ？ ソフトバンクも 遅れて くるよ
3	4	**あれ？ 楽天が 遅れて くるよ**
30	1	あれ？・社長が・怒って・いるよ
63	1	あれ？進化でもするの？？
44	0	あれっ、コイツまだ生きてんじゃん
129	0	あれっしゃでいこう4
129	0	亜劣者で意向V
4	0	あれはミミの大きなネコです。
2	0	あれほど愛した 花＊花
4	0	あれやこれ屋
13	0	アレル物質
17	0	アロエベラエキス
5	8	**アロマテラピー検定**
22	● 0	**アロヨ大統領**
42	0	アワ〜
13	1	阿波DANCE
59	2	阿波踊り〜三田村邦彦ver.〜
4	0	泡賀剥ケ介
4	0	逢わせ屋
225	0	阿波ダンス
6	1	安 穂野香
1	1	アン・ルイス
79	1	アンガールズ
55	0	アンガールズ山根
50	0	案外、かつぜつ悪いね
3	0	アンカレージ
12	2	アングロサクソン系
23	2	安西先生、やっぱりサッカーがしたいです
1	0	安西ひろこ
4	1	アンジェラ・アキ
539	1	安室いきます！
80	1	安室ちゃん
17	1	安室波平
5	● 6	**安室奈美恵 with スーパー・モンキーズ**
42	0	アンジャッシュ
5	8	**あんしんパパ**
26	4	**あんしんペンギン号**
278	0	杏と匂いの木（アントニオ猪木）
5	2	安政の大獄
8	0	あんた、あの子のなんなのさ？
4	0	あんた、きのこのなんなのさ？

37

20		6	**あんたがたタフマン**
8		0	あんたがたどこさ？
3		0	あんたは大丈夫
1		0	アンディ河豚
4		0	アントウニョウ猪木
4	●	1	**アントキの猪木**
70		0	アントニオ　いにょき
48		0	アントニオ・イベリコ豚・ノゲイラ
1	●	1	**アントニオ猪木酒場**
41		0	アントニオえのき（アゴ科）
31		0	アントニオ小猪木
12		0	アントニオ檜
21		1	アンドレ・ザ・ジャイアンとスネ夫
6		0	アンドレカンドレ
283		1	アンパイヤ「プレイボ～イ！」
5		10	**アンバサ**
18		0	あんパンチ
57		0	アンパンマン　VS　メガマックマン
57		2	アンパンマン、アストロンでカチカチのパン
143		1	アンパンマン定食
73		1	アンパンマンとチェホンマン
101	●	1	**アンパンマンの生首**
4		1	アンビリバボー
85		0	あんまんマン、食まんマン
34		0	アンモニア猪木
7		0	アンラッキー後藤
3		0	イ゜ロ
86		2	い～ち、に～、三瓶です
83		0	イ・スンヨプと虫取りアミ
11		0	イ・バクサ
16		2	イー、アー、サン、スー酢の力！
62		1	イー・アール・サン・スー・酢の力
10		1	いい意味で想定の範囲外
69		0	いいえ～わ・た・しは～牡牛座の女～♪
675		0	イイェー胃
32		2	いーから、いーからー。テリーを信じてー。
6		0	いいから宇宙人の住民票を見せてよ！
1		0	イーグル・サム
12		4	**イーグルショット（松山くん）**
92		0	イージースカーン！
15		1	いいちこ
17		0	いいとも！！創刊号
10		0	いいとも！がアルタ撤退
1		1	いいとも特製金太郎飴
16		1	いいとも見たいから学校やめます。
172		0	いい日
4	●	2	**いい年のエリー**
3		0	いうなればシロマティ
38			

167	●	1	**イエーイ　高嶋　忠男　イエーイ**
4	●	4	**イエガネーゼ**
4		0	家では、スローにん。
69		1	家では妻が絶対権力者
15		7	**家に帰るまでが遠足**
1		0	家の光
14		0	イエモン握手で解散
1		0	イエローサブマリン音頭
62		0	烏賊インフルエンザ
11		2	イカおやじ
30		1	イカ臭い
5		5	**イカ天**
10		0	イカ天出身
10		1	いかにも「ガブリエル」な顔
27	●	0	**いかにもタコ**
42		1	いかほど〜
9		2	胃カメラ付き携帯
74		1	いかりや長介　頭がパー
38		0	いかれポンチ
1		0	井川は『イギー』に。
67		0	行きたいよ　君のところへ・・・
53		1	生きたカブトガニをそのまま酢醤油で！！
3		0	イグアナの娘
40	●	1	**郁恵のお料理がんばるぞ！**
68		0	逝く毛
59		0	生島ヒロシ
21		0	いくぞーッ！1、2、3、ニャーッ！
1	●	0	**逝く歳　狂う歳**
50		1	逝く年狂う年
1	●	0	**池谷直樹**
7		0	池田模範堂
26		0	いけっ！いけっ！そこっ！どこだァァァ！！
4		0	いけない息子の僕でした・・・
8		0	池中玄太80km
14		0	池畑慎之介
45		0	イケメン
13		1	イケメン♂パラダイス
2		0	伊獣院
30		0	囲碁観戦チケット（S席一ペア）
5		1	囲碁研究
13		1	居酒屋クーポン
10		1	居酒屋で大騒ぎ
10		0	居酒屋でダンシング
40		0	居酒屋わんつか
7		1	井崎、またはずす
1		0	井崎脩五郎と相部屋

36		2	いささか先生
1		0	勇 直子
4		0	石井光三
5		0	石景山遊楽園
8		0	石川さゆり 『ウィスキーがお好きでしょ』
126		0	石川豚木
22		1	石川よしひろ
9	●	0	**意識不明の渋滞**
1		1	石倉三郎
2		1	石黒ホーマ
1		1	石坂浩二だと思ったら村上ファンド社長
2		0	いしだ あゆみ
16	●	0	**石田純一「恋愛一本化できない」**
7	●	1	**石田純一の本名は、石田太郎**
9	●	0	医師團
20	●	0	**石橋を叩いて渡らない**
16		1	石原軍団 VS 御坊軍団
3		0	石原都知事「モテる呪文、聞きたいねー」
4		0	石原真理絵
3	●	0	**石原真理子「実名は感謝の気持ち」**
1		0	石原裕太郎
1		1	いしはらよしどぅみ
8		0	石原良純の乱
31		0	石松
115		0	いじめ、かっこ悪い
91		0	いじめはダメ。接待
46		1	石焼きどどん波
38		1	伊獣院 光
4		1	以上、現場からでした。ｂｙ安藤優子
6		0	イジリー岡田
1		0	石立鉄男
3	●	2	**いすゞ**
34		2	いすみ鉄道（通称：い鉄）
7		0	泉浩は銀メダルでおいしかったのかも
17		0	異性化液糖
5		1	伊勢の海親方
6	●	1	**已然形**
6		0	イソギンチャク
5		6	**磯子へ急ごう**
5		87	**磯野家の謎**
13		0	磯野貴理
5		20	**磯野ワカメ**
1		0	イソフラボン
81		0	イソフラボンジュール
3		0	イタイイタイ病
35		0	痛いくらいわかる

40

46		2	板井歯科
70		0	板井氏の八百長発言
7		1	偉大なるイエスマン
31		0	板尾が見ている
31		4	**板尾創路**
19		3	**板尾嫁**
11		1	いただきマンモス
220		0	いたちごっこ
9		0	板東 age
4		0	板前打線
16		0	痛みに負けルナ
20		0	いたらき
1		1	イタリアの種馬　ロッキー・バルボア
39		0	イタリア方面料理
4		1	いち、に、しゃぁぁんっっ
23		1	一青窈の新曲徳光大泣き
4		0	市川カニ蔵
1		0	イチジク浣腸
9		1	一太郎（タレントのほう）
3	●	0	**一太郎の製造販売中止命令**
65		0	一度で二度効くウォンバット
35		0	一難去って次次郎
4		0	一日一善
293		0	市原悦子は見た！！
15		4	**一番福**
4		0	一番野郎
2		0	一万円と二千円入れても当たらない〜♪
14		0	一柳展也
7		0	伊調馨「これからはお酒も堂々と飲めます」
45		0	イチョウパラダイス
8		0	一輪車で通勤
3		0	イチローは日本人ではなく宇宙人だった!?
3		1	イチローロード
1		0	イチロニッサン
323	●	0	**一回しか拭かない女**
50		0	いつかきっとわかる
13		0	いつかきっとワンダーランド
7		0	いっき
59		0	五木＆ひろし
31	●	1	**一級うんちく士**
6		1	五木ロボットひろし
7		0	一子相伝
1		0	一生一緒にいてくれや
35		0	一生のお願い
8		0	一升の餅を一気飲みするおじさん
3		1	一生をかけてお守りしたい女性ができました
2		2	一世風靡　ネピア
11		1	イッセー尾形のひとりコント
12		0	いったい、どうなってしまうのか！！

あ

12		0	一体さん
16		0	イッツミーの嘘つき四択
3		0	逝ってよし
3	●	0	**一斗缶**
3		1	いつの間にかあやややに年抜かれてた
5		13	**一杯のかけそば**
155		0	一発朗11開幕版
4		0	一発貫太くん
43		1	イッパツ危機娘
68		0	一発くさい
31		0	一発退場
120		0	一発タモリ
635		1	イッヒ リーベ リッヒ
2		0	いつまでもあると思うな親と金と髪
79		0	いつもと違う我が家
659		1	いつもの私が一番好き！
47		0	いつろ〜（
169		0	いつろ〜（東北)
5		7	**イデオン**
7		2	いとうせいこうの髪型
63		1	いとうせいこうの前髪
61		0	移動体iアプリ部
14		1	伊藤つかさ
77		0	伊藤博文のオールナイトニッポン
10		0	いとうまんしょ
269		0	伊藤マンショ（少年十字軍所属)
257		1	**いとしいあの子は洗濯機**
74		8	**愛しさと切なさと糸井重里**
4		3	いとしさとせつなさといといしげさと〜
96	●	1	**いとしさとせつなさを兼ね備えてる**
84	●	1	**イナ・バウワー氏（実在）困惑**
5		0	稲垣メンバー
2	●●	2	**稲垣吾郎メンバー**
16		0	イナカざむらい
93		1	いなかチョキ
36		1	伊奈かっぺい
1		1	田舎に泊まろう
1		0	田舎にトモロヲ
30		0	稲川淳二は夏しか見ないよね
58		2	イナゴ食うか？
8		0	稲妻レッグラリアート
3		1	イナバウアー
1		1	イナバウアー by 荒川静香
124		0	イナバウアー≠鳩胸
23		0	稲葉エージェントスミス無限増殖用物置
24		1	稲葉物置のような学校の集合写真
2		1	いなめない あおい輝彦
42			

6	1	イニシエーション
52	2	**いにしえのイニシエーション**
10	0	**イニシャルがHG**
4	2	犬泉くん
768	3	**犬が死んだら犬死か！？**
1	0	犬鍋
3	1	犬のソナタ
47	0	犬のふん投げる男
4	0	犬のような生活
4	0	犬ひろし
4	1	犬も歩けばテンションあがる。
13	0	いぬモニ。
5	2	稲
2	0	井上 羊水
1	0	井上和香は須藤元気の代打
4	0	イノキーズ
3	0	猪木が「ハッスル」を猛批判
60	1	イノキ風呂
14	2	猪木祭り
3	0	イノシシ逃走「鍋はイヤ」
47	0	猪凸猛進
8	0	いのっち
33	0	いのりっこちゃん！
35	3	**茨城生まれHIPHOP育ち**
1	0	茨城県民体操
9	1	茨城県立笠松運動公園陸上競技場
126	1	井原正巳 「メンバーが足りません」
5	2	揖斐川
16	0	イビチャ・オシム
42	0	イヒッ！
7	0	違法行為対脱法行為＝犯罪者対一般市民
1	0	**イボ兄弟**
44	0	イボ生活
2	0	イボ貴子
591	0	揖保の糸
2	0	いま くるよ・逝くよ
36	3	**今　逝くよ**
651	0	いま、会いに行きたい
47	1	いま、編みにゆきます
4	3	# 今、出しに行きます。（離婚届）
596	0	今〜空を舞う〜♪粉雪が〜♪
41	1	いま・い・ち・みき
3	1	今いくよくるよが脱税
56	1	今泉「はい！！いっ犬です。」
3	0	今市もいまいち

43

13	●	1	**今井メロ**
3		0	今井メロ「名前を変えます」
3		2	今井メロはげんき?
26		1	今から一緒にこれから一緒に殴りに行こうか
166		0	今頑張らないで、いつ頑張る?
166		0	今頑張る!!決めた!!
19		1	今きた加藤
7		1	今江MVP!
3		1	今江さん江
11		0	今こそ大人も心になまはげ
7		0	いまさら、湾岸スキーヤー
19		0	いまさら待ろう
49		0	イマジンVSイソジン
84		0	いまだ空欄のメダルボード
763		1	未だに船に乗ったときタイタニックのポーズをとるカップル
1		0	居間に会いに行きます
10		0	今の、笑うところ?
172		0	今の自分がサイコー
33		3	**今のは痛かったぞ〜!!**
10		2	今はローズヴェルト
3		1	今まで生きてきたなかで一番しあわせ
27	●	0	**いま野郎と思ったのになあ**
8	●	0	**居間を大切に生きる**
1	●	0	**意味なし芳一**
4		1	イメチェンよりヒゲチェン
139		1	イメルダ夫人
5		38	**芋**
1	●	0	**イモ欽トリオ**
725		0	いもけんぴ (てんつくてんつく!?)
126		0	芋けんぴ
4		1	芋洗坂係長
35		2	いも大明神
21		2	胃もたれクン、嫌いよ
42		1	イモリ・ヤモリ・江守
5		1	井森美幸
25		1	いや、きっとトニセンの方だよ
63		0	いや、てんこ盛りで
26		1	いや、ロリ系のほうが・・・・(笑)
68		0	イヤーン少女合唱団
1		0	卑しい森に『おふくろさん』は唄わせない
7		0	いやし中華、はじめました
1		0	いよかん
7	●	1	**イラク横断ウルトラクイズ**
3	●	0	**イラク撤収支援隊**
68		0	いらっしゃいませ〜
70		2	伊良部、起死回生の同点3ラン
11		0	伊良部の鼻

5	●	1	**イラン航空**
5		3	**煎りピー**
11		1	イルカ（歌手）
80	●	1	**イルハン・マンスズ**
2		0	入れ歯
4		0	いろいろある蔵
4	●	0	**色んな番組の再現VTR**
4		1	岩井小百合
31		2	岩井のレーズン
31		0	いわし
546		0	いわずもがな
40		0	いわちく
45	●	0	**岩手の人、祝って!!**
277	●	0	**岩手めんこいテレビ**
9	●	1	**岩戸景気**
6	●●	1	**イワンのバカ**
6		1	インカ帝国
5	●	6	**印僑**
21	●	1	**インキン・オブ・チョイカイ**
17		0	インクジェット紙
586		1	いんぐりもんくり
72		2	いんじゃんほい
10		0	飲酒前転
27		0	インスタントガメラ
5		9	**院政**
17	●	1	**インターネッター**
3		0	引退だけはお許しを
35		0	インタホーン
1		2	インディアン、秘孔つかない。
97		3	**インディアンがやってくる！！**
70		0	インディアンだってウソをつきます
7		2	インディくん
181	●	2	**インドの悲しい歌**
8		0	インドメタシン配合
297		0	インドラー橋
5		12	**インパク**
95		0	インパス…あ、赤…やめた…
41		0	インベーダーゲーム
771		1	インポータント
16		0	インリン空中M字開脚オブジョイトイ
15		0	インリン様プロデュース
5		0	鵜

45

161	0	う～ん、うまちょびれ～
5	6	**ヴァーナル**
14	1	ヴァル大天使長
1	0	ヴァンサンカン
6	1	ウィーン少年合唱団
6	0	ヴィヴァルディに落書き
4	0	ヴィクトリア 改め バクテリア・ベッカム
451	0	ウィスキーぼんぼん
17	0	ウイダーインケイン
5	13	**ヴィダルサスーン**
42	0	ウィッキーさん
1	0	ヴィックスヴェポラップ
7	0	ウイングマン
2	0	ウィンスペクター
3	0	ウインドウズ・ビスタ
9	6	**ウィンナー双生児**
96	0	うー油
39	0	ううっ、目から汗が。
5	15	**ウーパールーパー**
86	2	ウーマンバスターズ
86	0	ウーロンちゃ
2	1	上九一色村
3	1	植草、裁判は麻雀に例えるならイカサマ麻雀
3	0	植草「控訴はしなかったўが私は無実潔白だ」
3	1	植草「これからの自分は復讐の鬼になろう」
3	1	**植草「もし控訴すれば９８％勝てる」**
3	0	植草示談成立 vs. 天地神明に誓って
3	1	植草天神示談成立
3	0	植草被告、逮捕直後に遺書
3	2	植草容疑者「私は無実潔白」
18	2	上上下下左右左右ＢＡ
16	0	上上下下左右左右 BA
5	2	ウェスタン村
5	2	ウェスタン村
66	0	うえすとぽーち
2	0	上田 正樹：「悲しい色やね」
9	1	**上田ハーロー**
2	0	上野 樹里：「おなら体操」
34	0	上野交通博物館
161	0	上原、外野で出場？
13	0	**ウェルかめ**
1	2	ウエンツ瑛士
20	1	うぉお～～～～！ズマン。
6	0	ウォーキング（深夜徘徊）
12	2	ウォーズマン スマイル
32	1	ウォーズマン「コーホー　コーホー・・・」
19	1	ウォーターベットには水枕で寝ます。
76	0	ウォーリ

46

44		1	ウォーリー扱い
43		1	ウォーリー探しにＦＢＩ
115	●	5	## ウォーリーを探すな！！
5		20	ウォーリーをさがせ！
88	●	38	## ウォーリをさがさないで
633		0	ウォシュレット１時間も‥
7		0	ウォシュレットの水圧
1		0	魚住りえ
23		1	ウォタガボーイズ（黒魔道士）
20		0	迂回路
33		0	ウガンダ
1		0	ウガンダ・トラ
21		0	ウキウキウォッチング
19		0	ウキウキ通り
1		0	雨期にならずにいられない
10		0	鶯谷経由博多行き
1	●●	0	## 鶯谷のナウシカ
1		0	鶯だにょ
1		0	ウクレレえいじ
4		0	動き始めたマイレボリューション
6		2	ウコン
3		0	ウコンで肝障害（ウコン飲みすぎ）
3		1	うこんの力
6		0	うさぎ vs ニンジャタートルズ
6		0	うさぎ税（北朝鮮）
34		1	うさま・でぃんらでぃん
4		0	牛角
4		1	うじきつよし
51		1	うじきつよしのワンダーポケット
15		0	牛喰い絶叫大会
5		6	## 牛久大仏
7		1	ウシくん、長生きしろよ！
47		0	牛飛車
5		0	牛フタ
6		0	牛への道
154		0	牛魔王のおっちゃん
36		0	うしろ髪ひかれ隊
6	●	1	## うしろ指さされ組
10		0	後ろには小林雅
104		1	後ろの正面　壇れい
10		1	後ろ向きでフルマラソン
8		0	牛若丸三郎太のＣＤって置いてますかね？
5		11	## 薄型下腹ベルト
7	●	0	## ウスタードーナツ
7		0	うずら玉子の燻製
4		0	うそうそ大辞典

5		1	うそピョーン
38		0	唄：美川憲一
2		0	うたいびと　はね
1		0	歌うパイロット
1		0	歌うヘッドライン
56		1	歌って踊ってキャラバンバン。
1		0	歌って踊れる二枚目俳優になりたいです。
56		0	歌って走ってキャラバンバン　by テレビ高知
53		0	うたばん（嶋大輔）史上最高視聴率達成!!
16		1	歌丸と富士子
1		1	歌丸マーケット
1		1	うたまるマーケット
10		0	うち？一応東京都

あ

10	●	1	## 打ち上げ成功記念の打ち上げ
15		0	内側の痔には注入
74		0	打切マンガの最終回
54		0	ウチのNo．1だから
10		1	うちの母はタカ派
40		1	内村鑑三
31		0	内村プロデュース
1	●	0	## 内山田洋&オメガトライブ
39		0	内山田洋とクールファイブ Jr
2		4	## 宇宙刑事　ギャバン
118		4	## 宇宙刑事タリバン
72		1	宇宙戦艦ジモン
5		9	## 宇宙戦艦ヤマトⅢ
12		1	宇宙戦艦大和龍門
6		2	宇宙船サジタリウス
2		0	宇津井 健
1		0	うっかり八兵衛
1		0	宇津救命丸
10		0	ウッズのアッパー
52		1	ウッズ復活の寅年
5		1	うっちゃり
29		0	うっちゃり八兵衛
2		1	ウッチャンウリウリウリナンチャンナリナリ
2		0	うっでぃぼこ
75		0	うっなぜ荻窪で！？
26		0	うっぷん白書
109		6	## 伝染るんです
10		0	腕ラジオ？
113	●	4	## ウド・はるみ
48	●	1	## ウドー音楽事務所
1		1	宇徳敬子
48			

12	0	うどん deSKY
6	0	うなぎパイ
2	3	**うなずきトリオ**
3	0	海原雄山「むう」「ほう」「なんと」
33	1	うぬってなに？
31	0	宇野勝
15	0	うのの車にきつつき
5	20	**馬**
2	●1	**馬油**
4	0	うまい棒
226	3	**うまい棒（サラミ味）**
35	0	うまい棒 10 円引き
7	0	うまい棒のしゃぶしゃぶ
1	0	馬インフルエンザ
14	0	うまかろう安かろう亭
26	1	生ませてよォ！
6	0	うまちょびれ〜〜!!
14	0	馬盗人
75	2	馬の耳に加藤鷹の囁き
658	2	産まれた赤ちゃん 3050ｇ／ｃｍ２
32	1	生まれて初めて頬に風があたっちょる!!
52	0	海亀座の女
4	0	海猿
62	1	海砂利（有田）「アゴめんなさい」
45	1	海砂利水魚
34	2	海平兄さん（波平兄）
15	2	海と水と筋肉の融合
7	0	海の家は、ハエが飛んでる
3	0	海の水が甘くなった
1	0	海は加山雄三のものです。
2	1	梅垣 義明
18	1	梅辰（ウメタツ）
120	1	梅タモリ
1	0	うめぼし食べてスッパマン
1	0	ウメ星デンカ
31	0	梅宮辰夫
73	1	裏ＳＴＦ
1	0	浦島みつお
54	0	ウラジミール・キュプラスキー
44	2	浦田正博
3	0	裏原 vs 裏柏
1	0	浦辺粂子
15	1	うるおい、マイウェイ。
1	0	うるぐす
65	0	ウルトラ woman
12	1	ウルトラの乳が要る〜♪
5	6	**ウルトラの父**
65	0	ウルトラの乳が要る？♪
85	1	ウルトラマン＋キューピー＝ミートくん

9	0	ウルトラマンネクサス
38	0	ウルトラマンの乳
11	1	ウルフルケイスケ
50	0	ウルフルズ
7	0	上書き保存
60	0	うわさのSEXY害
66	0	うわさのこぶいち
7	0	上手投げで、北斗晶の勝ち
113	2	運 付
6	1	ウンジャマ・ラミー
1	0	ウンタマギルー
9	0	運命のお時間です。
20	2	え！専務もしけモクですか？
2	0	エアー萌えっと
1	0	エアギター侍
21	1	**エアマックス狩り**
1	0	エアロ・酢味噌
6	1	エアロスミスぅ〜
2	0	永 眠
124	1	映画ではいい人
5	1	英虞湾
5	9	**えいごリアン**
35	1	英首相のキックで伊首相負傷
2	0	永ちゃんタオル しばき合い対決
100	0	エイト　　　フォー
15	0	エイドリアンvs. プレデター
29	0	栄養ドリンクのマークって・・・
3	2	栄養費
20	0	ええ、だいたい飲み干しますよ♪
26	0	エー、ビー、シー、ベー
8	0	ええじゃないか
15	0	**エース級の種牛**
1	0	**エースコック**
13	1	ええにょぼ
684	0	**エービーシーデー**
56	1	得が三つでトクみっつクイズ！！
2	0	江川 昭子
155	0	江川 卓球
5	9	**液キャベ**
7	1	エキサイトバイク
573	0	エキサイトピンポン
1	0	エキゾチックジャペーン
2	0	駅前留学
16	0	エクスキューズミー？ ボッーン！
67	0	エクストリーム・謝罪会見
67	0	エクストリームスポーツ　エロ本隠し
67	0	エクストリームスポーツ　親不孝
67	0	エクストリームスポーツ・謝罪会見
23	1	エクセルのイルカ君、無限増殖

あ

437		0	エクソシスターズ＝叶姉妹
1		0	江口洋介主演　リアル救命病棟
46		0	えぐりこむように打ったらえぐれちゃった
35		0	えげつない
105	●	1	**エスカルゴマン**
7		1	エスパー伊東
51	●	1	**エスパー伊東家の食卓**
2	●●	1	**エスパー魔美**
19		0	えせダンディー井上　順
1		1	枝毛
5		3	**枝豆**
10		0	エチゼンクラゲ「漁師全部損」
10		0	えっ！俺が更迭？！
10		1	えっ！単年なの？！
10		0	えっ？首位攻防戦！？
20		0	えっ？ラーメンのスープですか？
4		1	悦子
1		1	エッセンシャル
36		3	**エッチ　スケッチ　ワンタッチ**
2		3	**越中 詩郎**
16		0	越中ふんどし
2		1	エド 山口
31		0	江藤
31		0	江頭
1		0	江藤『実は西武ファンだった』
9		0	江頭２：４５（父）
7		0	江頭２：５０　ｖｓ　エスパー伊東
4		1	江頭の泉
11		0	江頭の髪型とジーコの髪型
6		1	江戸ソバリエ
1		1	江戸前カウボーイ
53		0	江戸前名物フナムシ丼（ただいま増量中）
46		1	江戸前留学
6		2	江戸むらさき・悟飯ですよ
96		0	エドワード・ファーロング
2		2	えなり　かず鬼
29		0	えなりかずき（国産丸大豆１００％使用）
24		2	えなりかずきに席をゆずる
758		1	えなり寿司
15		0	えなりに９１歳女優ラブコール
14		3	**えなりまさもと（弟）**
114		1	えのき
25		1	えのっぴドゥー
3		0	エビジョンイル
2		1	えびす☆よしかず
1	●	0	**恵比寿プレスリー**
1		0	蛭子能収も『エビちゃん』

119		0	蛭子能収をチョイス
4		1	えび投げハイジャンプ
3		0	エピネフリン
82		0	えびのうま煮
6		2	エビバーガー選手権
54		0	エビパンダ
22	●	0	**えびボクサー**
18		0	えべっさん
15		0	エベレスト元日初泳ぎ
1		0	エヘン無視
87		0	エポック
17		3	**エポック社**
54	●	0	**エマニエル坊やは人気者**
19		0	エミネムごっこ
3		0	エミネムやりすぎ
312		0	えみりの質問に救急車ピポパで答えてね ()
8		0	エメリヤーエンコ・ヒョードル
3		0	エメルソン逮捕
55		0	エモニカのお風呂
32		0	偉くなくとも正しく生きる
95		0	エリ〜、マイラ〜ブ‥総帥〜
3		0	エリーゼの憂鬱
4	●	2	**エリカ様「諸悪の根源は私。」**
6		0	エリザベ寿司
17	●	1	**エリツィン桜**
4	●	0	**エリック・プランクトン**
2		0	エリンギ
1		0	エル・サムライ
3		0	エルトン・ジョン、男と結婚
2		3	**エルニーニョ現象**
10		0	エルメスに絡んだ酔っ払い
17		0	エレクトリカルパレード
2		1	エレベーターアクション
16		0	エロイムエッサイム
618	●	1	# エロカッコワルイ
16	●	0	## エロ時代
7	●	1	## エロテロリスト
2	●	0	円 広志
4	●	1	# 演歌界に黒船！黒人演歌歌手
18		0	えんがちょ
2		1	エンガチョ
1		0	エンクミ
52			

あ

5	2	えんこの小山
7	0	塩酸ブロムヘキシン
5	0	遠州トラック
90	0	円熟のデブゴン
5	**7**	**エンセン井上**
224	1	円高ドル安
27	0	園長サヨナラ
4	● 2	**円天**
1	1	エンドリケリーエンドリケリー
1	0	円盤戦争バンキッド
19	0	えんぴバーリ。
55	0	円広志の飛んで飛んで回ってニッポン
5	**12**	**エンペラー吉田**
19	2	エンペラー吉田モデル（青）
31	1	圓楽
9	1	円楽は客席にいる
20	0	お　ひ　さ　（ハート）
46	0	お〜い　粗茶
20	0	お〜い　おティー
1	0	お〜いお茶　濃い味
7	0	お〜っと！　てやんでぃ！
68	0	お・はなやさん♪
3	2	おあずけ坊やのテント村
61	0	お兄ちゃま
5	**4**	**甥**
42	● **2**	**おい！小池**
8	1	おい、のび太！　一発殴らせろよ！
27	0	おい、ラーメン屋！麺と向かって話せよ
2	1	及川 奈央
5	0	及川光博
35	1	おいしい牛乳（微炭酸）
4	0	オイシーのが好き！
4	1	おいしくない牛乳
8	0	美味しゅうございます。
41	0	おいちょかば
1	1	おいっ！キダタロー！　ｂｙ　目玉おやじ
1	0	おいでやすバルセロナ
1	0	おいにぃ
15	0	オイニーって言うなー！
71	0	おいも
56	0	おいらに惚れちゃ怪我するぜ！！
14	● **1**	**おいらに惚れちゃ怪我するぜ！（えなりかずき）**
3	1	おいらはボイラー
4	2	王監督の食事が五分がゆに。
5	1	扇千景
15	0	扇マジック
194	1	黄金戦士ゴールドライタン
9	● **0**	**王シフト**
38	1	王者輪島

2	1		横断歩道ジャックナイフ(命がけ)
7	1		王手って、言わなかったじゃん！
2	0		王道バラエティ・つかみはOK！
55	0		横暴姉さん
5	17		**近江兄弟社**
1	0		近江俊郎のオールナイトニッポン！
6	0		オウンゴール
95	10		**追うんですよドドリアさん！**
1	0		オオアリクイ
1	0		多いお茶　by 伊藤園
223	0		おーいおっちゃん
7	0		大井競馬場
4	0		大石 恵
7	1		大泉洋
16	1		大泉洋 with コウロギ'73
9	1		大分県日田市中津江村
6	0		大江戸パキスタン
30	0		おおおおおおけってぃんぐ
4	0		オオカミとかコアラ
2	0		大川 栄作
4	1		大きな森の小さなお家
36	2		仰木マジック
11	0		オークス2
4	0		大阪で踏まれた女
90	5		**大阪のロッテリア　気をつけろ！**
4	0		大沢逸美
121	0		大沢悠里のゆうゆうワイド
1	0		オオサンショウウオ
4	● 0		**オージービーフ**
4	0		オーシャンウエスタン大学
37	● 1		**オー人事オー人事**
31	0		大杉漣
5	2		大相撲九州場所「初日」
5	1		大相撲刑事
19	6		**大相撲ダイジェスト（終）「7日目」**
67	1		大空翼41歳
100	0		オーダーカツラ20万円
31	1		大滝秀次
2	1		大竹まことのおもしろPCランド
1	0		太田光の私が総理大臣になったら…ヒモ田中
9	1		大塚娘
16	● 0		**大槻ケンヂ**
105	0		大津波警報
5	7		**大鶴義丹**
10	0		大手鉄道会社謝罪担当役員
1	● 1		**オードムーゲ**
22	0		オードムーゲ、あります。
3	0		大仁田「俺だって頭使って戦ってるんじゃ」

3		0	大仁田「参院を軽視するなら騒ぎまくる」
3		0	大仁田「太蔵、俺の母校に勝手に行くな!」
3		0	大仁田「ハマコーはサイテーだよ!」
3		0	大仁田 vs 太蔵 with 特製ミカン箱
3		0	大仁田議員「なぜ杉村さんはいないんだ?」
3		1	大仁田には投票箱を叩き潰してほしかった
14		3	**大野和三郎　豊郷町長**
16		0	大橋巨泉
75	●	0	**大橋巨乳**
48		0	オーバッキャマラド
6		0	オオバフンウニ科
13		0	オーファイブオー
61		1	大船オフィス
4		0	オープン価格
29		0	オープンセサミ
2		0	オーマイ
41		1	オーマイ・ゲッツ
3		1	大晦日全裸ラグビー
62		0	大晦日でも元旦でも東風荘。
154		2	大盛り4つでファイナルアンサー
11	●	0	**大森うたえもん**
4		1	おおもりうたえもん
7		0	**大森と蒲田で大田区**
178		0	大家デストロイヤー!!!
7		0	**大山のぶ代の声をやっているドラえもん**
8	●	0	**欧陽菲菲**
14		0	オーラの泉
7		0	オーラの泉ビン子
7		0	オールスター紳助感謝祭
9		1	オールドイヤー駅伝
21		0	オール内緒ニッポン
36		2	オール阪神・巨人・ロッテ
48		1	オーロラ輝子
19		0	大和田さん、壇さん、大和田さん!
2		0	大和田さん獏さん大和田さん
2	●	1	大和田獏府
7		0	**おかあさんと一生**
7		0	お母さんの秘密
347		1	お母さんの昔話
59		0	おかえりなさいドロンズ
2	●	1	お菓子の高杉
15		2	**尾形 大作**
8		0	岡田監督「捕まるのはカズ・・・三浦カズ」
87		0	尾形大作をさがして三千里
1	●	0	おかっぴき
19		0	**オカピ**
			オカマ説明会

61		0	オカマとオナベの結婚と離婚の物語
15		1	お釜にポン
24		0	岡村の顔面ブロック　消費ガッツ400
9		1	おかめNATO
8		0	岡本信人にズームイン
1		1	岡本夏生
1		0	岡本真夜
4		1	岡安久美子
3		0	岡山男「そこに交番があったから破壊」
1		1	おから
3		1	小川直也、ハッスル追放危機
15		0	おかわり
1		0	おかわりグッズ
777		0	おかわりシスターズ
56		2	おかん「もーんしなさい。」
3		0	オキシトシン
1	●	0	**起きたきり老人**
7		1	起きたら財布にお札が入ってない
1		0	掟破りの逆サソリ
1	●	0	**沖縄悪党ズスクール**
22		0	小木のほう？矢作のほう？
1		0	荻野目ちゃん
9		0	荻村杯（卓球）
61		1	お客様相談センター
761		0	おぎやはぎ
19		3	**おきゃんぴぃ**
11		0	お金がない　THE MOVIE
3		0	奥キヌ子
55		0	奥様はおこじょ
4		0	奥様は警視総監？
86	●	1	**奥様はサラリーマン**
86		2	奥様は魔女っ子メグちゃん
35		0	奥様はマゾ
58		1	奥様は窓「金10時」
54		0	奥様は麻呂
4		1	お口、クチュ、クチュ。モンダミン
54		1	お口くちゅくちゅ、モンダミン
4		1	お口にチャック！
1		0	奥飛騨慕情
1		0	億万長者ゲーム
2		1	奥山　佳恵（『悪魔のKISS』主演）
4		2	奥山佳恵
2		1	小倉　久寛
21		0	小倉　ゆうこりん
488		0	小倉（浦和レッズ）
3		1	小倉優子「妖精みたいになれるよう頑張る」
27	●	0	**おくりヴィトン**
2		2	おくり微糖
541		1	オクレ兄さん

6	0	**オクレパトラ**
6	0	おげれつ斎さま
4	0	おこげさまで
4	0	おこげまして
306	1	お言葉ですが宴会部長
142	0	お好み焼きゼリー
6	0	オゴポゴ
5	23	**お米券**
26	0	おコメちゃん
44	0	お米と私
7	0	おさい銭ナシでも、願い事かなうかな
523	2	**お魚くわえない♪**
2	1	尾崎 豆
7	0	お酒は人を裏切らない by ウド鈴木
8	0	おさつスナック　ドキッ！
48	0	おさない　かけない　しゃべらない
1	0	おさびし山
2	0	おさむちゃんDEATH
4	2	**おさる　の方が良かった**
3	3	**おさる→モンキッキ**
2	0	小沢 健二
8	1	小沢健二 『痛快ウキウキ通り』
1	0	小沢昭一の小沢昭一的こころ
1	0	小沢正志
97	0	おじぃ～さんはぁ～♪
71	1	おじいちゃん、お口くさーい
173	2	教えてってってってってって
33	1	お師さん・・・
4	1	オジサンズ　イレブン
6	0	お忍びで空き巣
47	2	**叔父の魔法使い**
71	1	オシム
4	1	惜しむ
4	0	惜しむＪＡＰＡＮ
4	0	オシムって言っちゃったね。
26	0	おしゃくキングダム
6	2	オジャパメン
2	1	おしゃべりクソ野郎
1	0	おしゃまんべ（ビャオゥ!?)
13	0	オジャマモン
12	0	おじゃまんが
26	0	おじゃまんべ
252	27	**おしゃまんべ（ビャオゥ!?)**
6	0	おしゃまんべ出身
452	0	おじゃる丸
146	0	おじゃるまる
22	0	おしゃれ小鉢
22	0	おしゃれ人民

57

74		2	お嬢様フェイス
89		0	お食事県
30		0	おしり！
17		0	おしりペンペン
11	●	3	**おしりを出した子、一等賞**
1		0	おしん
108		0	雄、1歳、ホルスタイン種
29		1	おすぎ∩ピーコ
17		0	おすぎ一年分当選
7		0	おすぎ花粉
8	●	0	**おすぎとジーコ**
4	●	0	**おすぎとパーコ**
54		1	オスッ！オラ悟（さとる）
26		0	お酢とメス
3		0	オスマントルコ
4		0	おすモーニング娘。
9		0	オゼアスの不敗神話
2		2	御成敗式目
8		0	お歳暮に新巻鮭って結構迷惑ですから。
7		0	おせちもいいけど、ククレもね
299		1	お世話サマー'05
35		1	お前って才能無いけど努力してるよな
6		0	お葬式だよ全員集合！
121		1	おそ松のズボンをカラ松がはく
3		1	おそ松元長官
1		0	恐山
9		1	おだいばＺ会
5		9	**小田急テニス**
9		0	オダギリ城
4	●	3	**オダギリだジョー**
84		2	おたく大移動　秋葉原→中野
3		0	オタク特別料金
1		0	オダジリギョー
1	●	0	**織田信成**
4	●	0	**お闘いになるお覚悟がありますか？**
5		6	**お立ち台**
4		1	おたっくす
8		0	お達者くらぶ
497		1	お楽しみ会
6		0	おたのしみ会
7		0	小田は川相２世になれるか
12		0	小田部（自在）
4		1	オタフクソース
11		0	おたふくソース顔

あ

58

113		3	織田ホモじ きた〜〜〜〜〜〜〜あああああああああ
68		0	おたまーー雫だった・O‥；
20	●	1	**織田無道**
8		0	おたんこナース
13		1	落合一家
2		1	落合信子
59		1	落合信子夫人
117		0	落合博光の息子
5		3	**落合博満野球記念館**
59	●	3	**落合福嗣**
10	●	0	**オチだけ先に言うね**
609		0	落ちぶれてスマン！！
1		0	おちまさとｖｓぼんちまさと
33		0	落ち武者（アルシンド）
3		1	おちゃ
41		1	おちゃめＢＯＹ
12		0	お銚子物
4		0	お蝶婦人
89		0	おちょう婦人って高校生？
729		0	おちるかたがしんでからのおのりください
12		0	おっくせんまん
125		1	オッサン GT-R
55		0	おっさん装備オッケイ！
55		2	おっさんの恩返し
16		0	オッス！オラ悟空。
74	●	2	**オッス、君、悟空？**
10		0	夫って粗大ゴミですか？
13		2	おっととっとサツだぜ
2	●	0	**おっととっと夏だぜ！**
100		0	おっぱいプリン
6		1	おっぱっぴー！
12		0	オッペケペー
11		0	おっぺけぺーナー
1	●	3	**オッペン化粧品**
54		0	オッペンハイマー
211		2	おつむ(お頭)
23		1	おつりは普通の 1000 円札でお願いします
8		0	お手柄パンチ
4	●	0	**お手軽減量機フトラセン**
46		0	おてもと
1		0	おてもやん
68		0	おでん
5		1	おてんば宇宙人
357		1	お父さん！！！！！！！！！
234		1	お父さんお父さんクリリンさんが危ないよ

15	2	**お父さんカナブンの匂いがする**
384	1	お通しカットで!!
99	0	お父ちゃん、来はったえー。
75	0	お父ちゃんカッパや・・・カッパがいるよ・・
3	2	弟のページーに指図はうけねーよ
85	1	弟を十人連れてステーキ屋に行く
8	0	おとがめなし
6	0	おトク七星
43	0	男「下からパンチが来そう」
51	0	男3人珍々ぶらり旅
1	0	男おやつ
525	1	男塾
16	1	**男塾名物**
13	0	男たちのYAMATO
29	1	男だらけの水泳大会
173	4	**男と男の神隠し**
65	0	男泣き
6	2	男の隠れ家
504	2	男の天然水
72	1	男の中の男チャゲ
4	1	男の店
6	1	男はつらいよ リローデッド
1	0	男前豆腐
7	0	落とし物入れ
27	0	お年寄りを板割る空手家
1	0	おとたま
4	1	**おとっつぁん、それは言わない約束でしょ？**
75	0	おとっととっと冬だろ？
52	0	おとな組長
78	0	大人になったら樽床さんのようになりたい
1	0	おとなの売り掛け
15	0	大人の解決
4	0	大人の勲章・・・歌詞いじっただけ
51	1	大人の遊艶地
5	2	オトメン（乙男）
92	0	おどやん氏
9	1	踊らない大捜査線
7	1	踊る大選挙戦！
116	1	踊る大胸筋
208	1	踊る肉団子の甘酢かけ
70	0	驚き桃の木松方弘樹
233	1	おならが出そうで筆箱をじゃらじゃらさせる
189	0	お兄ちゃん、車でスクラム
534	1	鬼からし
3	1	鬼教授
64	1	おにぎり革命
7	0	お肉、好き好き
322	2	鬼塚ちひろの神隠し
1	0	鬼浜爆走愚連隊
2	0	鬼兵犯科張

あ

10		0	鬼も外！
16		0	おネエ★MANS
13		0	おねえちゃん警報
126		1	お願いりんこだブー
2	●	1	**小野 正利**
311	●	5	# 小野妹子（♂）
2		0	小野芋子
2		1	小野寺 昭
150		0	小野ヤスシ
38		0	オノヨーコ
50		0	オバQ電鉄「小田急電鉄」
142		0	おばぁ～さんにぃ～♪
66		0	おばあちゃんのしわ袋
64		0	おばあちゃんのぼたぼた焼き
27	●	0	**オバが大統領**
167		0	おはぐろ
35		0	オバケとQちゃん
6	●	0	**オバケのJ太郎**
7		0	オバケのQ太郎が唯一バケられるのは、靴
8		1	おばさん！ ラムネ定食ひとつね！
22		0	オバジ
4		1	おはスタ
5		9	**オバタリアン**
1		0	おばちゃんバスガイド
13		1	小浜市
8		0	おはようナイスディ
33		0	おひさし
3	●	0	**おひさしブリーフ**
1	●	0	**お久しブリーフ**
41		0	お久しブリブリぶりっ子
3		0	おひなさまですぅ　おひなさまですぅ
22		0	おひょいさん
104		0	おふくろさん＜耳毛
2		0	尾藤 夜もヒッパレ！ イサオ
38		0	尾藤イサオ
2		0	御布施
19		5	**おフランス**
38		2	お風呂でキュッキュッキュッ
13	●	0	**お部屋さがしマスト**
608		0	お坊さんがMDを聴いていた。
6		0	お坊さんクラス
51	●	1	**オホーツク**
42		0	おぼっちゃまくん
14		1	御母堂
7		1	おぼんこぼん
5		6	**オマール海老**

55		0	オマーン
653	●	1	**オマーン国債**
38	●	0	**オマーン国際空港**
3		0	おまい本当に法相か？
3		0	おまいいい加減餅食うな！
56		1	お前、犬になれ！！
10		1	お前、今日からゴリさんな
8		0	お前、何で先輩より先にメシ食ってるわけ？
134		0	お前いつも俺のケツばっか見てるな‥
26		0	お前帰れ
1		1	お前にチェックイン
38		1	お前の母ちゃんキャバ嬢
36		1	おまえのかぁちゃん出〜川
130		0	お前のこと好きじゃけ　殴ったんじゃけ
160		3	**お前の血は何味だ**
8		1	お前の水着、ちょっと小さくねぇ？
250		2	オマエノモノハオレノモノ
7		0	おまえはもう、死んでいる
15		4	**お前ももう一人前のコアラ係だ**
7		0	おまえら、男だ！
7		0	お前ら、許さんぜよ
1		1	お前らゴキゲンなバカだよ！ｂｙ大和龍門
100		0	お前らそれでも人間か！
436		0	おまえら欲求不満とちゃうかー？
4		4	**お前を嫁に貰う前に言っておきたい禿がある**
48		0	お前を蝋人形にしてやろうか
1		0	おませさん
579		0	おマタグリーン
232		1	お祭騒ぎやないかい！
105		0	お豆先生
6		0	オマリー
64		0	オマリー監督
26		0	おまるイズム
14	●	1	**オマル氏**
9	●	0	**オマル師**
10	●	0	**おみくじが大吉だけどミスプリ**
17		1	汚虫源
13		0	オムライス低空飛行
4		1	おめでたいシスターズ
4		0	想い出に変わるまで
46		0	お申し込み、お問い合わせはピーコへ！
13		0	おもしろＢＯＹ
4		1	おも白い巨塔
10		0	重すぎて出場停止
37		0	オモニー監督（母）
10		0	主に頭頂部
10		0	重ねリフォーム
65		0	おもわずニヤリ

あ

62

53		2	親方、ナイスポーズです！
42		0	おやき
1		0	親子でブー
2		2	親子風呂
63	●	0	**オヤジ借り**
32		2	おやじっち
6		0	おやじにもぶたれた事ないのに！
78		0	オヤジの存在が判定負け
61		0	オヤジュ？
11		2	おやつカンパニーから内定をもらう
1		0	おやつは３００円まで。
1		1	おやつは３００万円まで
8	●	0	**小柳トム**
9		0	親分、バーチャル出演中
8		0	おゆきなさい！
86		0	お許しください〜
10		0	お湯をかける少女
41		0	泳げないイルカ
6		1	およげ湯太郎
12		1	オヨネーズ
1		3	**オラウータンチョロQ**
9		0	オランゲランゲ
39		1	オリエンタル旅館
3		0	オリジナルの技「片手ビールマンスピン」
739	●	0	**折りたたみ自動車**
115	●	2	**折りたたみポッキー**
3		0	オリックス・谷、子作り宣言
5		0	オリノコ川
5		9	**オリムピア学生服**
1		2	おりも政夫
15		1	降りる人が先
41		0	おるてが？
61		0	俺
10		1	俺、SS産駒
20		0	俺、実はポラリスねんて！
27		0	オレ、暴行音痴なんだ　〜元横綱〜
263		1	俺、魅せます。
5		8	**オレアイダ**
2		1	オレオレ詐欺
33		0	俺が田上だ
305	●	0	**オレガニズム**
95		0	俺がやらなきゃ誰かやる！
18	●	4	# オレゴンから愛
40		0	オレゴンから愛　ニートからの卒業
131		1	俺たち小室ファミリー
10		0	俺ってビッグ
8		0	俺とお前と大五郎

418		0	俺とお前とでは格が違いすぎる
60		1	俺とお前の2人だけ！(怒)
3		0	俺流さぎ
1		2	俺の！俺の！俺の話を聞けぇぇぇ〜
3		2	俺の家の上にラピュタが来てたぜ
9		3	**俺の胃袋は宇宙だ。**
63		1	俺の事を好きになれ
19		0	俺の宿敵！巻き爪（後編）
40		1	俺の青春、ウエハース
2		1	俺の魂
66		0	俺の二の舞
56		0	オレのものはオレのもの　お前のものもオレのもの
3		1	俺は医者で声優で金持ちなんだ
1		0	俺は田舎もんじゃないっぺよ。
222		0	俺はプリキュア
20		2	俺は暴君！
3		2	俺はむしろ植草派
20		0	俺貧乏やから鼻糞WAX
9		0	オレ流
4		0	俺流サプライズ
21		1	オレレオ詐欺　「オレ、森本レオだけど」
52		0	オレンジ・ジャケット
22		0	オレンチベンチ
17		0	俺んちレンジ？
1		3	**オロゴンから愛**
92		0	おろし金のすべり台
13		1	愚っ痴言うぞう
34		1	お笑いＣＧＩ
7		1	お笑いウルトラクイズ
3		0	お笑い看護師養成＠大阪
110		0	お笑い五人組の、メガネの人
51		0	お笑いダンクシュート
2		1	お笑い闘魂三銃士
16		0	お笑いポーポー的なお前の知名度。
137		0	お笑い漫画道場
18		0	お笑いマンガ道場
10	●	2	**終値は昨日と同じ**
1		0	オン・ザ・眉毛
5		12	**音楽性の違い**
1		1	オンザ眉毛
26	●	0	**恩人を夢みる人じゃない物**
73		0	温水洋一
1		0	温水洋一＆オメガトライブ
8	●	0	**女なのに、あだ名が『ゴリラーマン』の奴**
19		2	女の60分
3		0	女は金についてくる by ホリエモン

1	0	おんぶおばけ
66	2	おんぶバッタ
67	0	オンラインゲームは根苦損

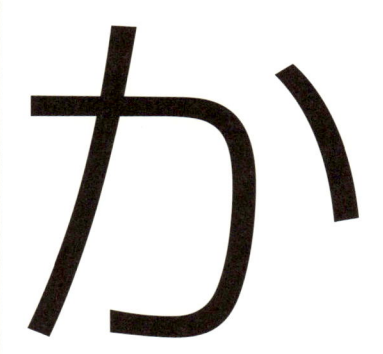

か

8	0	化 膿
107	0	か～～～～めはめ波！
72	0	母さん。タフィローズに会いたい。
4	2	母さんが夜なべをして手びろくやってくれた
38	0	母さんはバツイチ
16	0	ガースー
62	1	ガースーの移動動物園
100	1	母ちゃん帰ってきてくれ・・・
5	0	カーテンレール
2	1	カードダス
2	0	カーボン紙
9	0	ガーリ小久保
2	0	カールおばさん
11	0	カールを食われる
85	1	カーワバンガー！
434	0	快・・・感・・・
33	3	**かいーの！！！かいーの！！！**
10	0	開園前に入れる一般人
74	1	海外組
1	1	貝がらヌード
71	1	貝殻ビキニ
55	0	快感シャンプー体験
20	1	怪奇！だっふんだ
10	0	会議室でお弁当たべても～
1	1	開脚前転
67	0	魁クロマティ高校
66	0	会計監査
7	0	怪傑ズバット
4	0	解決ビフォー　アフター
7	0	快獣ブースカ
8	0	外見は仮の物

20	2	開国してくださいよ〜。
31	1	解散総選挙
480	0	会社員「今日、手がアーロンなので休みます
42	0	会社が父さん
23	1	会社に遅刻するので、直角に進む
15	0	会社のドアノブがいつも濡れている
3	0	会社は株主のもの
19	0	怪獣のバラード
104	1	会場にはベース音のみ流れております
27	0	改心二十面相
3	0	海賊
15	1	快速ムーンライトながら号
57	1	階段に亀の甲羅を置く
5	1	懐中しるこ
15	0	回転 "海老名" 固め
4	1	開店祝 スナック愛 賛江
7	0	回転木馬
6	1	回転レシー部
24	0	海南の牧
152	0	海馬木馬
5	4	**カイバル峠**
7	1	回復魔法「ぱはりん」
7	0	回復魔法「りあぶ」
134	1	怪物平山
6	1	怪物ランドのプリンス
278	0	開放厳禁と介護保険金って似てない？
78	0	開幕連勝して結局最下位
7	1	カイヤ
1	0	カイヤボンバー
8	0	快楽亭ブラック
21	2	改良阿修羅バスター
71	1	カイワレ大臣
78	0	かいわれを美味しく食べる
82	● 1	**カウンターのついてる賽銭箱**
11	0	カウント2.98
4	1	帰ってきたたまごっち
7	0	帰って来い、破壊王！
94	0	カエラ、チャールズと結婚！！
55	0	カエラはメールし放題
109	2	帰りの会
9	1	蛙
29	1	花王 愛の劇場
59	● 1	**画王（テレビ）**
5	2	花王ヘアケアまつり
54	1	花王名人劇場
599	0	顔麺写生
34	0	香り松茸味シメジ
21	2	画家 片岡鶴太郎
65	0	がががががががガンコちゃん？
3	0	鏡男、懲役4ヶ月を求刑される

63	0		鏡越し
93	0		かかみのなかのまりおねっと
18	0		カカロット
1	0		柿エキス
3	1		書置きをして出ていってしまった訳で
16	0		柿食えば ドラが鳴るなり 少林寺
1	0		柿食えば　鐘が鳴るなり　笠浩二
1	0		柿食えば　鐘が鳴るなり　剛竜馬
274	4		**掻きたいけど掻けない**
41	0		柿のタネ
68	0		カキピー
37	0		ガキ水
54	0		加虐圧縮
25	1		カ行変格活用
17	0		限りなく天国
216	2		角おじさん（アンクルホーン）
4	0		角界のレオ様
1	1		角刈り・ドット・コム
58	0		角刈りだよおとっつあん
132	2		隠しキノコ
90	0		確執層
7	1		学習と蚊が苦
2	2		学生プロレス(予備校)
11	1		各地ののど自慢を総ナメ
5	1		学童保育
2	1		角野卓造
7	0		確変１回で終了
4	1		学名「プリンセス　キコ」
3	0		革命戦士
25	0		臥雲辰致
38	1		かぐや姫で神田川
9	3		**学力爆発**
10	0		隠れてる間に鬼が交代
3	1		過激派マダム（ペ追跡）
2	0		掛け算cook
2	0		かけすのサミー
3	0		かけてミホ
8	● 0		# かけないから電話番号教えて。
13	● 1		## 崖の上の捕虜
1	1		影の伝説
6	1		影のナレーション
31	0		掛布
2	1		掛布クン
2	0		カケフくん
16	● 0		**かけふ君**
16	0		カケフくんのジャンプ天国　スピード地獄

14		0	加護あい
52	●	0	**過去からコカコーラ**
166		0	過去には戻れない!!
6		1	過去分詞
2		0	カゴメ
5		1	笠岡市立カブトガニ博物館
1		0	かさぶた
1		0	風間杜夫
12		2	傘を裏返して「レーダー」
406		0	カシオス
15		0	歌詞が最悪ね
24		0	賢くなったクリフト
1		1	果汁3%
152		0	果汁99%
21		0	歌手の小金沢君
6		2	頭文字Q
6	●	1	**カズ・ダンディズム**
3		1	カズ一発100万円
8		0	一夫多妻男
6		0	春日局
10		0	カズシゲ
87		2	カズダンス
9		1	ガスト・サムライ
8		0	かずのこ天井
103		1	ガスバスバクハツ
2		1	ガスパン遊び
5		13	**ガスヒーポン**
1		0	ガスピタン
2		1	カズ山本
34		1	かすり傷(重傷)
773		0	カズン(いとこユニット)
26		0	カズンとはいとこの意味だよ
120		0	火星人を見た
76		0	火星大接近に、混雑する、銀河鉄道。
6		0	火星探査車オポチュニティー
29	●	1	**家政婦に見られた・・・**
120	●	0	**家政婦は見たのか?**
16	●	1	**家政婦はムタ**
120	●	0	**家政婦もみた。**
67		0	風が吹けば桶屋が儲かる
2	●	0	**カセットビジョン**
314		1	風の叉三郎
1		0	風の谷のT M.Revolution
242		0	風信子
21		0	風邪ひいてまんねん
112		0	家族(ファン)
27		0	家族そろって歌脱線
560		1	ガソダム

か

68

2	0		課題図書
7	0		片岡安祐美
5		4	**片岡鶴太郎美術館**
601	0		かたかな
1	0		かたじけない
3	1		かたづく　かたづく　くらがあ〜る〜
26	1		肩パットをなめるな・・・・！（激怒）
2	1		ガタピシ
1	0		片平なぎさ
5	0		カダフィ大佐
7	0		肩までつかって、百まで数えなさい
17	0		硬めのこぶ
3	0		佳知×亮子＝佳亮（よしあき）
52	0		勝組？顔は？身長は？
13	0		勝俣の半ズボン
16	1		ガチャピン＋ムック＝内館牧子
3	0		ガチャピンがムックとケンカ
6	0		ガチャピンズ
33	0		ガチャピンとスキューバ
43	●	2	**ガチャピンは５歳**
6	0		ガチョウおばさん
38	1		ガチョウ倶楽部
6	1		課長に阿修羅バスター
5	1		ガチョン太郎
2	0		ガチンコ ラーメン道
13	0		月＆すっぽん
109		4	**がっ、合体する気か！！**
31	0		カツオ
26	0		カツオ、涙の「もう一回！」
4	1		カツオ、花沢不動産に就職内定
65	0		カツオ、ワカメ、タマちゃん。
9	0		カツオ：「朝日が沈むぜ」
91	0		がっかりイリュージョン
12	●	1	**学級委員長　島耕作**
7	0		学級文庫
138	●	1	**学級分校**
1	1		カックラキン大放送
10	0		月月火水木金金
2	1		学研
9	0		かつけんの暴れん坊ものまね
21	0		カッコインテグラ
45	●	1	**学校の階段２〜二段飛ばしの日々〜**
45	0		学校の階段３〜10段飛ばしの花子さん〜
24	1		学校の机の中にパンをたくさん入れっぱなしのまま、卒業
1		3	**格好悪いふられ方**
121	0		かっこつけマン
20	1		合掌
48	0		褐色の恋人 スジャータ
4	1		カツ代レシピ
69			

7	●	0	**買ったら、うちにあった**
99		0	カッチャマン
75		3	**ガッチャマン2001**
3		1	ガッツ「亀田よ、バナナ食え」
6		0	ガッツ・ポーズ
25		1	ガッツ石松ゲノム解析断念か -(時事)
110		0	ガッツガッツって、古いよ
16		0	ガッツの部屋
8		0	勝ってくるぞと板橋区
7	●	0	# 勝手にシンダバッタ
5		0	買ってはいけない
29		0	ガッテン承知の助
4	●	1	**月とすっぽんぽん**
3		4	かっとなってやった どの球団でも良かった
2		0	かっとばせ！キヨハラくん
5		4	**月にかわっておしおきよ！**
16		0	月に代わってシャブ中よ。
2	●	1	**カツノリ**
2		0	ガッパイ
5		1	河童サミット
30		0	カッパ寿司　全品100円
29		1	カッパッパ♪ルンパッパ♪
19		3	**かっぱん病は葉を枯らすのです。**
7		1	カップ焼きそばに、お湯入れっぱなしだ…
118		4	**がっぷり四つ**
32		2	合併ムカツク by 江頭 2:50
4	●●	0	# 勝間和代の人生戦略手帳
4		1	月桃ローション
1		0	勝谷誠彦
51		0	桂　小枝
7		1	カツラ〜ニャ
1		0	葛城ユキ
1		0	カツラ疑惑
25		1	カツラでスクルト
34		0	桂文珍
1		0	カツラボクサー、長髪で勝利
8		1	カツラを取った状態もヘアヌードと言う
1		0	家庭科室
54		0	家庭教師のツヴァイです
4		0	家電芸人
2		0	加藤　剛
2		0	加藤　大
11		0	加藤　淳
2		0	加藤　鷹
3		1	かとうあい vs あとうかい
81		1	加藤淳

か

11		1	加藤鷹式ネイルケア
143	●	1	**加藤の乱**
1		0	かとうれいこ
2		1	角川 博
8		0	角川博の美空ひばりのモノマネ
2	●	0	**加卜吉**
25	●	1	**門田、ブーマーにより脱臼**
16		1	カトちゃん　ぺ
59		2	加トちゃんケンちゃんごきげんテレビ
2		0	角松　敏生
4		0	カトリーナ
2		0	金井　克子
76		1	かに工場　年中無休
5		13	**かに道楽**
6		0	がに股
5		4	**カネボウフーズ**
5		3	**カネヨン**
25		2	叶恭子的メンズ育成論
38		1	可能姉妹
3		0	叶はる゛
3		1	叶美香「O・SU・SO・WA・KE」
7		1	叶美香「プルプルンのキュッのポン！」
38		0	彼女から鼻毛
7		1	カノッサの屈辱
15		0	彼の野生的なところに魅かれました
9		0	河馬.ちゃん
5		5	**カバディ**
6		1	カバトット
6		0	ガバナンス
7		0	かば焼きのにおい
7		0	カバヤのジューシー
101		1	カハラマンダリンホテルのプール
43		0	カバンを開けたらエスパー伊東がいる
11		0	カヒミ・カリィ
10		0	株価に一喜一憂
4		0	歌舞伎揚
1		0	カブキロックス
2		1	株式会社　やおきん
16	●	1	**株式会社ハドソン 名人 高橋利幸**
5		22	**株式会社バンビ**
10		1	ガブちゃん
6		2	カブトガニ
1		0	ガブリエル
10		0	かぶり人生
7		1	がぶり寄り
10		0	花粉症って、要は受粉？
7		0	壁当て
2		1	壁に耳あり 障子にメアリー

20		5	壁に耳あり庄司とメアリー（正統派）
37		1	かぼす
5		4	**カポネ、梁山泊を二つに割るつもりか!!**
8		1	がまかつ
41		0	カマキリケンポー
1		0	カマトト
8	●	0	**鎌ヌンチャク**
31		0	釜めしどん
2		1	釜本JAPAN
132		0	蒲焼きさん太郎
4		1	がまん喫茶
4		0	上岡龍太郎
15		0	髪オムツ
3		1	髪型も偽装
15		0	髪切ったけど、誰も気付かない
1	●	0	**噛み相撲**
3		0	神頼みなどに科研費は使えない
3		1	紙とペンを渡したら手鏡の絵を書き始めた
34	●	2	**神の国発言**
134		1	神の毛
6		0	神のちからっ子新聞
4		0	髪は長ーい友達
1		0	神和住 純のGOODテニス
3		0	カミングダウト打ち切り
11		0	がむしゃら〜熱くなれ〜
2		1	ガムラツイスト
3		1	亀 vs ほりえもん
9	●	2	**亀井（仮名）**
96	●	0	**亀戸のボールペン工場**
38		1	亀がすっぽんぽん
86		0	カメクラ
6		1	亀仙人
12		2	亀田付き携帯
15		0	亀田のあられパンチ
47		0	亀父
6		0	かめはめ坂
7	●	0	**カメハメ波の練習をしているこども**
1	●	0	**カメハメ派**
1		0	カメムシ
135		1	瓶螺鈿
3		0	カメリア・マキ 職業：魔女
6		1	仮面の忍者「面影」
45		0	仮面ライダー ストロンガー
17		0	仮面ライダー ゲンツキ
8		0	仮面ライダー　アマゾン

か

72

17		0	仮面ライダー(制作者:ショッカー)
14		1	仮面ライダーアマゾン
226		0	仮面ライダー倶楽部
17		0	仮面ライダー原付
2		0	仮面ライダー千葉
1		0	仮面ライダーで言えばライダーマン
6		1	ガモウひろし
8		0	カモシカのような味
7		0	カモちゃん、再びあらわる
35	●	3	**貨物車トーマス**
4		1	カモねカモねそうカモね
2		1	カモノハシ
22		1	かもめ〜る
31		0	嘉門達夫
2		1	佳山明生:「氷雨」
42		0	加山雄三ミュージアム
7	●	2	**かゆいところに手が届かない**
19		1	火曜日はフンジャラゲ
726		3	**カラオ毛**
1		1	カラオケの1曲目が『サライ』
2		0	ガラガラヘビがやってくる
22		0	ガラコ
40		0	カラ出張
6		1	ガラスの仮面(素顔丸見え)
1		0	烏骨鶏
2		0	カラスマスク
25		3	**体の一部が HOT HOT**
4		1	カラダは大人、頭脳は子供、迷探偵困難!
23		1	カラテカの主人公風に礼をしてから着席
57		0	カラテカの鳥、ミルコのハイキックで攻略
8		0	空手じゃなく捏造の方のゴッドハンド
41		0	空手チップス
88		2	カラムーチョが食べたい
66		1	ガラムマサラ
17		0	カラメル色素
71		2	カラン
4		1	かりあげきのこ
94		0	カリアゲ君
5		0	かりあげクン
3		1	借り入れ少ない方がいい→借りないのが一番
7		1	ガリガリ君
795		0	ガリガリ君EX(タウリン1
39		2	ガリガリさん
251	●	1	**ガリガリデブ**
22		0	がりがりもうじゃ
33		0	ガリクソン
1		0	ガリ神社
75		1	カリスマAV男優 加藤茶
4		0	カリスマコスプレーヤー

73

5	2	カリスマ主婦
5	7	**カリスマ美容師**
143	0	カリブのおじいちゃん等
7	0	カリマンタン島
46	2	仮免暴走族
5	1	火力発電所
16	3	**ガリレオ・ガリレイ通称「がりがり君」**
42	1	カリン様
3	0	カルーセル麻紀「お嫁にもらって」
4	0	カルチャースクール「はじめての携帯電話」
12	0	カルチャーブレーン
185	1	カルトQ
2	2	カルパッチョ固め
4	2	カルピス劇場
338	2	カルピスとリンスと白身の共通点
73	1	ガルベス
2	1	ガルベス「カルシウム足りてますか？」
15	0	ガルベスとマリオ
119	0	ガルベスの二の舞
5	3	**カルボーン**
790	1	ガルマ・ザビ
5	1	カルメンマキ
24	1	カルロスの分身ドリブル
35	2	カレーごはん
4	0	**カレー臭**
4	0	カレーなる一族
6	0	カレーの王子さま
1	1	カレーマルシェ
2	2	**カレー曜日**
74	0	カレクック
60	1	彼氏のPCのjpgファイルを検索
4	0	枯葉マーク
12	0	カロゴン
5	22	**カロヤンアポジカΣ**
2	1	カワイ　肝油ドロップ
33	0	かわいこちゃん
23	0	乾いてカチカチになった雑巾
22	0	かわい娘ちゃん
1	1	カワウソもイナバウアー
2	0	川内　康範
2	0	河内家　菊水丸
2	0	河内家　菊姫
5	6	**川口浩探検隊**
10	0	川崎劇場
4	0	**河相我聞**
31	0	川平慈英
19	0	川平慈英としりとり

1		1	川谷拓三
8		0	喝っ！！
31		1	川藤
6		1	川中美幸「おもろい女」
14		0	河東　碧梧桐
5		1	皮むき
378		0	癌
110		0	雁
21		1	冠　二郎
25		0	官営マイケル富岡製糸場
15		0	考え事して 170m オーバーラン
7		0	考え中
6		0	完顔阿骨打
8		0	干からびたチーズ、実は仏産高級品
3		2	カンガルーバーガー
41		0	カンカンカン、やかん
30		1	がんがんがんこちゃん
6		0	ガンキャノン
5		4	**環境ホルモン**
17		0	漢検 準8級
205		0	頑固一徹すねかじり
3		0	韓国→島根「独島は韓国の領土である」
9		0	韓国の非常口
3		0	韓国のマイチュウ、ハイチュウに勝訴
85		0	看護婦全員西村知美
136		1	冠婚葬祭
4		0	菅さんはつぶやいていません
140	●	1	**元日本赤軍　イカ万引き**
40		0	漢字ドリル
44		1	感謝感激雨嵐
15		0	関ジャニ∞
16		0	感じるジャッカル
3		1	冠次郎の冠って､､､
4		1	舘しろし　＆　舘くろし
7		1	関節がポキポキ鳴る
8		1	関節技の鬼
4		0	感染ルンです
48		0	元祖学園祭の女王
2	●	1	**元祖西遊記　スーパーモンキー大冒険**
22		1	元祖自習クラブ
42		0	元祖ハンカチ王子：松形弘樹
114		1	神田 ハル さん (最近迷惑気味)
2		1	神田　聖子
4	●	0	**神田うど**
2	●	1	**神田うの「パチン婚」**
339	●	0	**神田川の水**
25		2	カンダタのこうげき
1		0	神田利則
558		0	がんだむ

75

103		0	ガンダム WMk-Ⅱ セカンドカスタム
15		1	ガンダム専門店
1		0	ガンダムっぽくいけ！
8		1	噛んだらアカン
6		0	ガンタンク
7		0	かんちょうしたら、指折れた
71	●	0	**浣腸ワールドカップ**
5		9	**関鉄メロンバス**
1		0	幹てつや
594		0	寒天の裁き
13		1	関東スケバン連合
2		1	関東裸会 三羽烏
104		0	感動をありがとう
24		0	監督にヘつ当たりされないロッカー(子犬が中にいる)
3		0	菅直人、今度は富士山登山らしい
3		1	菅直人「自分を見つめ直したい」
3		1	韓中キムチ戦争
3		0	カンヌ「バッシング」(高遠菜穂子物語)
152		0	カンパイ！！ラガー
1		0	がんばったで賞
26		0	カンバルガー
628		0	がんばるんばーぁ!!!!
68		0	頑張れ 千経附
547		0	がんばれ！キッコーマン
8	●	1	**がんばれ、スッポン！**
2		1	がんばれ湯川専務！
68		0	ガンバロッテ！！
6		0	缶ビールとチーズの接待に文句
2		0	舘ひろし
50		1	カンフーハッスル
2		1	乾布摩擦
5		0	寒ブリ
89		0	かんぺきバレてるから！！
4		1	かんぽの宿
50	●	1	**顔面機関車トーマス**
7	●	0	**顔面ショー**
46	●	1	**顔面捻挫**
6		0	顔面ブロック
4		0	ガンモドキッ
53		0	眼力王ゆうたろう
5		0	韓流四天王
5		8	**木**
24		0	木 木寸 才石也
1		0	キ～～～～ン♪ んちゃ！！
10		0	き～んどん
3		0	キアヌ「築地に行きたい」
2		0	キーオ（元阪神）
1		0	キールロワイヤル
195		1	黄色い看板フロミズ！

か

76

4		0	黄色い救急車
93		0	黄色忍者
78		1	議員になれなくても金
7		2	議員年金がほしい
7		0	議員レンタルなら、わが党におまかせ！
3		1	キウイ
2		0	木内あきら
7		1	消える魔球は、1打席1球まで
5		8	**希塩酸**
23		1	気円斬ドーナツ（チョコ味）
9		2	記憶にございません
111		1	記憶の彼方、風船おじさんは今どこに！
22		0	紀香センセイ
3		1	紀香先生！スタート！！
13		0	紀香魂
51		1	ギガゾンビ
15	●	5	**帰還者トーマス**
78		0	危機一髪
39		1	きき腕検査器
117		0	ききき
30		0	危機きりん
3		2	菊間「疲れたからホテルに帰る」
3		0	菊間アナ、新人"教育係"で復帰
3		0	ぎくしゃく
37		0	きくぞうラーメン
4		0	木久蔵ラーメン
22	●●	0	**紀国屋ドバイ店**
6		1	菊正宗
154		0	紀元前3000年のマリリン
4		0	危険なアニキ
11		0	紀元水
2		1	きこうでん みさ
79		0	氣志團「カフェオーレ」
1		0	氣志團NEWアルバム『愛羅武勇』
265	●	1	**既婚者トーマス**
1		0	ギザ10円
6		0	ギザカワユスなぁ
5		11	**黄桜**
58		0	記理子はS！
95		2	貴様は助かっても地球はコナゴナだ
37		1	き氏改姓
4		0	疑似台風
7	●	0	**期日前投票**
5		1	岸部シロー
4		0	岸部スシロー
10		0	議事録DVD化

77

4		0	キズアワワ
2		0	来生たかお
79		4	**奇声ラッシュ**
15	●	1	**寄生ラッシュ**
84	●	1	**偽造していないマンション**
16		0	偽装の始まりは、グランドステージ姉歯頭
101		1	偽造パスポートでディズニーランド行きたかった
7		0	キダ・タロー
0		0	ギター侍
8		0	期待を裏切らない杉田かおる
1	●	0	**北区部**
15		2	北島、あらゆるムダ毛そる
6		0	北島三郎 withT
14		1	北島三郎音楽事務所
8	●	0	**北島三郎ファミリー新年会の生中継**
4		0	北島ハブ部
4		3	**北島ファミリー**
1		0	喜多嶋舞
4		0	キダタロー
9		0	北挑戦
111		0	北朝鮮、津波を理由に六カ国会議を延期！
3	●	0	**北朝鮮産きのこ**
4		0	きたなシュラン
4	●	2	**北野井子**
13		6	**北の国から 2005 サメの話**
3		1	北の国から 2005 離婚
2		0	北野ファンクラブ
1		1	北墓場
2		1	北別府 学
9		0	北村弁護士 vs 丸山弁護士
5		4	**鬼太郎**
6		1	吉四六さん
3		0	議長「質問しなさい」
24		0	貴重品は持ち走る
39	●	0	**気付かないフリしてるけど、足踏んでます。**
20		10	**キックザ勘九郎。**
19		0	キック力増強シューズ
1		0	亀甲萬
7		0	キッチン南海
17		1	キッチンワンダー
7		1	切手シートすら当たらないや
39		1	キットチェン
1		0	キツネ目の男
43		1	キティちゃんの体重はりんご3個分！
6		4	**キテレツ斎さま**

か

205		0	キテレツ大食漢
13		0	奇天烈斎
22		1	城戸麻亜子
3		0	機動戦士
41		0	起動戦士ガンダム
35		0	機動隊員 女子大生の部屋侵入
7		0	奇特人間大賞
2		2	木戸クラッチ
2		0	きなこじじい
86		0	きなこ棒
1		0	木梨サイクル
74		1	ギニャ〜!
18	●	2	**ギニュー特戦隊**
1		0	木人拳
2		0	衣笠 祥雄
1		0	昨日、悲別で
39		0	昨日からずっと動かない田村正和
7		1	技能賞
6		0	機能性胃腸障害
13		2	機能停止マグナム
79		0	昨日の今日は明日だろっ!?
7		0	昨日の夢に、保田圭
11		0	気の極み
1		1	きのこの山の奥にあるのが、たけのこの里
15		1	木下大サーカス
371		0	きのとや
130		0	気の抜けたサイダー
41		0	気の弱いライオン
13		0	キバヤシ
9		1	厳しい歌
9		0	岐阜画像
5		1	ギプス
20		5	**ギブミーチョコ!**
33		3	**気分はカンダタ子分。**
83		1	ギボ aiko
5		22	**宜保愛子**
58		1	義保愛子?
6		0	宜保貴子心霊バスツアー
17		0	基本姿勢B
10	●	0	**基本的にルーズ**
92		0	キポンヌ
184		0	きみぃ!いや、白身じゃなくて・・・
40		1	キミは 1000%
590		0	きみわ
6		0	キム・ピョンナム
12	●	0	**キムシティ**
13	●	1	**キムタクさん**
90		1	キムチ 卵多めで!

79

7			0	キムチ鍋
18			0	ギムネマ茶
1			0	木村一八
30			0	木村カエラ≒長谷川い○み？
1			0	木村健悟
21			1	木村拓也（広島カープ）
7			0	木村太郎
21			2	木村太論
1			0	木村太論 by ＦＮＮスーパーニュース
3			1	キムワイプ使い放題
3			0	決めつけ取材
5			36	**奇面フラッシュ**
4	●		1	**キモかっこワルイ**
4			1	キモかわいい
43			0	肝っ玉母さん、肝試しで号泣
7			0	ギャートルズのあの肉、食べたい
30			0	キャーンペンガールがちょー素敵。
69			0	きゃいーん。
2			1	ギャオス内藤
8			0	ギャオの割れ目
6			0	逆Ｖ字モジャ公
8	●		3	**逆転サヨナラ満塁プッシュバント**
5			0	逆鉾
6			0	逆ポニョ
101			0	キャサリン
50			0	キャタピラ
32			2	キャタピラなぎさ
2			0	キャッサバ
35			3	**キャッチャー、ホカベン**
1			0	ギャッツビー
7			0	キャットファイト
5			1	キャノーラ油
3			0	ギャバ
80	●		1	**キャバクラ幕府**
33			1	キャピ〜ん☆
7		●	0	**キャプテンシステム**
2		●●	0	**キャプテン司**
69			0	キャフン症
6			0	キャベ2
1		●	0	**キャベジン**
1			0	キャベツおかわり自由
23			0	キャベツころがし vs レタスむしり
19			0	キャベツ太郎と
43			3	**キャベツ農家が告白！本当はレタスが好き**
80				

か

2		0	キャミ soul
48		0	キャメラマン
7		0	ギャラクシアン
6		1	ギャラクシードリンク 宇宙味
8		0	キャラメルコーン1袋に5,6粒入ってる豆
23		1	キャラメルコーンのピーナッツ食べ放題
578		2	ぎゃらんどぅ
8		0	ギャランドゥ
3		0	ギャリー、喜びすぎて罰金100万円
70		0	ギャリック砲
17		0	キャリバー法
6		0	ギャル
13		0	ギャルサー
4		0	ギャル曽根
27		1	ギャル曽根は食う気が読めない
2	●	2	**ギャル中曽根**
61		0	ギャル文字
13		0	ギャルル
137		2	キャロライン洋子に似てるって言われてたの
794		0	ギャン
2		1	キャン田 正輝
17		0	キャンチョメ
1		0	キャンディス・ホワイト
23		2	旧WANDS
1		0	求愛ダンス
50		0	嗅覚を集中させる
1		0	泣ぐ子はいねぇがぁ〜
5		20	**旧ザク**
5	●	4	**九州石油**
7		0	給食当番
10		0	給水所で一服
1	●	0	**久宝留理子**
29		1	九ちゃん漬け
13		1	キューティー★マミー
1		1	キューティクル
34	●	0	**旧東京国際空港**
15	●	0	**牛丼、汗だくで！**
35		1	牛丼戦争終結記念日
5		54	**牛肉大使**
2		0	急にボールが来たので
5		0	牛乳かかった詐欺
7		0	牛乳に入れてコーヒー牛乳にする、あの粉
7		0	牛乳のんでる人を笑わせないこと
7		1	牛乳はビンの方がちょっとうまい気がする
27	●	0	**キューバしのぎのチーム編成**
75		2	キューピー3分で料理される。

5		1	キューピーコーワゴールド
5		8	**牛歩**
7		0	旧山古志村
7		1	旧来型政治家の乱
17		0	キュッ ポン キュッ
1		0	ギョ〜ひろみでぇす!!
61		0	業
463	●	1	**今日、家のメダカが死んだとです。**
14		0	狂牛病検診（35歳以上）
152		1	凶器は紙コップ
14	●	3	**狂牛丼**
214		1	強牛乳
1		1	狂言力
4		1	崎陽軒のシウマイ
32	●	3	**強行採血**
62		0	共産ゲリラ
9		0	共産党大会
177		1	教師も所詮・・・人間よ。
27		0	嬌声嬌捜査
63		0	兄弟ケンカ
2		0	狂乳房
34		0	蟯虫検査
68		0	興毅 がんばれ
39	●	2	**仰天！世界の社交辞令**
47		0	京都 大原 三千円
13		1	共同制作
632		0	京都府のみそ汁
62		0	今日のおかずは銀シャリ
22		1	今日のおめざ
78		1	今日の事業仕分け結果：幹事長廃止
15	●	7	**今日の出来事（再）**
149		2	今日のモバイト、ずっと続けたいんですけど
15		0	今日のラッキーアイテム「こけし」
1		0	きょうのわんこ
1	●	0	**京風Hello注意報**
34		0	狂豚病
3		2	恐怖の帝王逮捕
6		0	ぎょう虫検査
58		0	今日も1日ブイっと行こう！
7		0	今日もかけうどん
53		1	今日もコスプレで出前きやがって…
54		0	今日も一人で「よかった探し」
7		0	今日もふりかけごはん
47		0	今日も窓際でデフラグ
50		0	恐竜戦隊ジュウレンジャー
82			

か

13	●	3	**強力いなもと**
7	●	1	**強力わかもと**
32		0	行列のできる倒立相談所
262		0	きょーいく基本ほー
7	●	0	**キョーレオピン**
85		1	巨獣特捜ジャスピオン
4		1	きよしとこの夜
15		2	きよしのドドンパ
15		0	巨人、青木さやかに大敗
10		0	巨人、大丈夫？
2		0	巨人：呂明賜
3		1	巨人入り
7		0	巨人は小出義雄監督に交代
36		1	巨大魚：シーラカンス
5		0	巨大迷路
2		1	巨大迷路ブーム
5		0	魚拓
158	●	2	**魚肉双生児**
7		0	清原、五厘刈で気合
83		0	清原「泥汁を飲むつもりでがんばる」
3		0	清原がモー娘に激怒 「うるさいんや！」
3		1	清原の勘違い説
11		0	きよ彦
6		0	虚無僧研究会
2		0	キョロちゃん
42		1	キョロメル
68		0	きょん＆ばなな
29	●	2	**キョンシー**
1		0	キラー・カーン＆タイガー戸口組
2		0	キラー・カン
1		0	キラー・トーア・カマタ
38		0	きらめきゾマホン
51		0	ギリギリガールズ
23		0	ギリギリ崖の上を行くようにフラフラする熱
2		1	霧島
44		0	きりたんぽん
6		0	麒麟
14		1	麒麟児
20		0	麒麟です Byききりん
44		0	きりんのピョウトル
204		0	ギルガメッシュナイト
61		0	斬るビル
4		1	きれいになりま専科
15		1	きれそうなわたしの１２か月
48		0	切れたナイフ
1		0	キレたナイフ
159		4	**キレてるチーズ**
4	●	1	**キレてるバター**

20		1	ギロッポン
20	●	1	**ギロッポンでナオンとシースー**
9		0	疑惑の総合商社
3		1	疑惑もありますが２０歳になりました
4		1	金・銀・パール　プレゼント
39	●	0	**禁煙所**
11		0	金おじいちゃん
46		0	謹賀新世紀
1		0	銀河鉄道、スリいない
41		0	銀河鉄道７７７
23		0	錬金釜にライスとカレー入れてカレーライス
72		0	ギンギラギンに郷ひろみ
4		1	ギンギラギンはさりげなくない
6		1	金銀パールプレゼント
11		0	キングドーナツ
228		1	キングペレ キングカントナ キングカズ
1		0	キングボンビー
18		0	キン消し
85		0	キンケシやめてミニ四駆
21	●	1	**銀座じゅわいよくちゅーるマキ**
5	●	5	# 銀座ハゲ天
35		0	筋少の大車輪 筋肉少女帯
31		0	金正日
16		0	金田一技彦 監修
19		0	銀玉鉄砲だけですよ。(怒)
44		0	禁断の体育座り
1		0	欽ちゃん＆香取慎吾の全日本火葬大賞
7		0	欽ちゃん、野球チーム設立！
4		0	欽ちゃん球団
1		0	欽ちゃんバンド
4		1	欽ちゃんファミリー
60		2	キンチョール
7		0	きんどーちゃん
7		0	欽トレ
143		2	筋肉３
7		0	筋肉増強剤
19		0	筋肉天気予報
18		1	キン肉バスター
6		2	キン肉ビーム
2		1	キン肉まん
1		1	キン肉マングレート＝プリンス・カメハメ
12		1	キン肉マンマリポーサ
25	●	2	## キン肉メン
158		0	筋肉モチモチ
532		1	筋肉らーめん！
1		0	筋肉留学
15		1	筋肉留学
9		1	金日成スタジアム（W杯予選会場）
22		1	きんのからし酢味噌

か

4		1	金のしゃちほこ磨き隊
4		0	金の粒　におわなっとう
7		0	金のまわし
4		0	金の芽がある金芽米
1		0	銀歯
21		2	きんは100歳、ぎんも100歳
1		0	金髪豚野郎
7		0	金はないけど、熱がある
22		3	**金ピカ先生**
7		1	ギンビスたべっこ動物
18		1	キン骨マン
9	●	1	**金正男（まさお）**
104	●	1	**金正男氏とみられる男性**
1		0	金萬福
4		1	近未来通信
1		0	金やん
4		1	金融戦隊ファイナンズ
5		4	**具**
2		1	く　ず
33		0	グァスター10！！！
1		0	グァバシュース
7		0	くいしんぼう漫才
1	●	0	**クイズ！ドレミファドン**
8		0	クイズ・ドレミファドン
9		2	クイズ・ローマ帝国　～皇帝からの挑戦状～
7		0	クイズ100人にききました
7	●	1	**クイズ面白ゼミナール**
7		0	クイズダービー
7		3	**クイズタイム小学生**
40		1	クイズ年の差なんて
4		3	**食い倒れ太郎切手シート**
1		0	喰いタン
10		1	クイックル
113		2	グゥ～～～～～～！!!!!
2	●	1	**グーグーガンモ**
674		2	空中二回おち
3	●	2	**空中元彌チョップ**
3		1	空中元彌チョップが炸裂して和泉節子が流血
2		1	クーデター
2		1	グーニーズ
1		0	くうねるあそぶ
40		0	クーピー
18		0	クールビズ
43		0	釘が打てるクッキー
159		2	ククレ
8		0	臭いけど、まだ食べられると思ふ
184		0	草刈ってうれしい～～～！！

31	0	草野仁
31	0	クサンチッペ
5	15	**串**
15	0	串かつ戦争
117	1	具志堅、頭に小鳥を飼う
15	1	具志堅サンバ
16	2	グシケンサンバ
9	0	クシコス・ポスト
73	0	クシャーナ朝
11	3	**クシャおじさん**
7	0	苦情百万通
56	0	くじらがホエール!!
5	13	**くず**
13	0	愚息もションボリ
40	0	下っ腹
87	0	下り階段は早足
6	1	**口利きでも不合格**
1	0	口だけ女
12	0	くっ！ガッツが足りない
159	2	クッキング追いがつお
42	0	クッキングパパ
2	1	クックバー
5	3	**くつクリーン**
16	0	クックロビン音頭
1	0	クッシー
24	1	靴下の親指に穴が開いたので逆立ちで歩く
66	2	靴ずれ
19	0	靴ずれ手当
11	0	喰ったよ喰った足喰ったって by D木伏
1	0	ぐったり喪中下車
13	0	グッド・ルッキング・ガイ
25	2	グッドルッキングガイ
10	0	グッパージャス
2	0	靴流通センター
1	0	くで〜だどぅぶ〜ばちどぉ〜（贈る言葉）
14	1	工藤兄弟
8	0	工藤公康と夏川りみ
1	0	**工藤夕貴**
23	0	くにお君のマッハキック
25	0	邦正オブジョイトイ
50	3	**国痴漢大学**
2	3	**邦ちゃんのやまだかつてないTV**
22	0	首から下は地井武男
3	0	首から下はちいたけお
37	0	首梨ライダー
1	0	首根っこ
5	10	**グフ**
5	2	グプタ朝

2	1	クボタ
3	0	久保田 篤
3	0	窪塚洋介「井筒監督はアホ」
30	1	クマ
3	1	クマー
3	1	クマー容疑者（自称「聖者」）逮捕＠インド
2	0	くまぇり
3	0	熊即死
17	0	くまの寅さん
3	● 0	**くまのプーチン**
3	0	クマバーガー
53	1	熊本ファミリー銀行
3	1	久米ヒロシです…「A」打ち切りとです…
17	0	クモの巣理論
9	0	暗いMAX
27	0	クライマックス・リリーズ
14	0	クラウンライターライオンズ
1	0	暗くたっていいじゃないか、陰険だもの
1	1	クラシアン
1	0	暮らしをみつめるライオン
1	1	クラッシャー・バンバン・ビガロ
4	0	クラッシュギャルズ
57	0	グラディウスタワーで苦労が二倍になる
23	2	グラディウスのモアイ
11	4	**倉本麻衣**
10	1	クランケ
17	0	グランダー武蔵
44	0	くりあがり
8	1	クリーニング　ママ号
8	1	くりぃむれもん
1	2	グリーングリーン
3	0	クリエイティブディレクター
8	● 0	**栗貫**
9	1	栗間太澄
6	1	グリコ
1	0	グリコ　カプリコ
10	0	グリコのおまけ
2	2	クリス・ペプラー
15	● 3	**クリスチーネ剛田**
11	0	クリスマス・イブラップ　30㎝×20m　98円
1	● 0	**クリスマス・デヴ**
62	0	クリスマス殲滅委員会
24	0	クリスマスツリーにおみくじの紙を吊るす
7	0	クリスマスなんて大嫌いさ
20	1	クリソツ
17	0	グリム
5	63	**クリリン**

87

23	2	クリリンの6つの点が消え、封印が解ける
33	3	**クリリンのことかー！**
77	0	グリングリンチョリン
8	0	クリンビュー
32	0	くるくるくるくる…車を買うならユーポス
32	0	くるくるぱー
29	0	くるぶし
1	0	車が買えるよチッチキチー
137	0	車ダン吉
43	1	車だん吉　カー・オブ・ザ・イヤー
1	0	クルム伊達公子
15	0	クレアおじさん
15	6	**クレアラ汁**
2	1	グレート コスケ
31	● 0	**グレート義太夫**
11	1	グレートチキンパワーズ
1	0	グレートチキンパワーズは解散してなかった
9	1	グレートディバイディング山脈（豪）
20	0	グレートムタの毒霧講座
672	0	クレープ
5	0	クレオパトラ化粧品
102	1	紅の焼豚
4	0	紅ほっぺ
7	0	暮れのサナカ
6	0	クレペリン検査
7	0	クレヨンは食うな
46	0	クレンザー専門店
9	0	黒井、通過。
333	0	黒岩チョメチョメ
614	0	クローG（ペン）
15	0	クローズアップ現代
703	0	グローバル・ソブリン
17	0	クロカン
31	0	黒毛和牛太
228	0	クロコ・ミルコップ
4	0	クロコダイルダンディ
7	0	黒ごまタンタン麺
2	4	**黒沢宗子（森三中）：「バイバイしないで」**
6	1	クロス・アウツ！
4	0	黒ずくめの男たち
13	0	黒田さん
1	0	黒田勇樹
6	1	クロちゃんです！
13	0	グロッシー ヘア スパイス
1	● 0	**クロネコヤマトの卓球部員**
2	1	黒ひゲイ危機一発
4	0	黒ひげ危機一髪ゲーム
39	2	黒ぶちコンタクト
180	0	クロマティ、バントでホームラン

か

88

42		0	クロマティー
19		0	黒魔庭侍
1		0	黒豆ココア
10		0	黒柳徹子
74		0	黒夢
4		0	桑田靖子って、唄はうまかったよね？
2		0	桑名正博
11		2	桑マン
2	●	0	**君がYOH！**
84		0	軍歌斉唱
5		1	軍事評論家 江畑謙介
42		0	ぐんじょいろ
2		1	グンゼ
18		3	**軍隊アリ**
1		0	君たちキウイ・パパイヤ・マンゴーだね
2		1	軍手
45		0	君という大海原に僕は旅立ちたいんだ
106		0	君という花
13		0	君といれば雨もダイヤさ
1		0	君に薔薇薔薇・・・という感じ
56		1	君に胸キン　byYMO
97		2	君のハートを切り刻み！！
97		22	**君のひとみに目薬連射！**
79		0	君の瞳は1間mm
1		0	君は１０００％
3		0	君は太っているから豚だ
32		0	君はボケに向いている／See-Saw
27		0	毛、痛い電話
4	●	1	**芸NO人**
3		0	警官「何してる」、男「泥棒です」
159	●	2	**軽救急車**
42		0	ゲイ恋リアル
16		0	迎合
8		1	景子さんの指令で
18	●	2	**刑事（デカ）プリオ**
8		1	刑事犬カール
139	●	0	**刑事クロンボ**
18		0	刑事ゴロンボ
131		2	警視庁おれおれ詐欺集中取締本部
4		1	刑事物語５やまびこの詩
1		1	刑事ヨロシク
4		0	携帯空間
17		0	携帯式ピーコ
24		0	携帯電話ないのでテレビのリモコンにする
745		1	圭ちゃんこなきがうまれてる
97		0	圭ちゃんはみたんだよ！by 三浦
4		1	ゲイ二冠
7		0	芸能・音楽の２０

3		1		芸能人は歯が命
1	●	0		**ゲイのためなら女も泣かす**
4	●	0		**ゲイのためなら女房も泣かすー**
4		0		軽部のネタバレトーク
12		●	1	**ゲイモス**
17		0		契約後悔
5		4		**軽油**
7		0		経理のKちゃん
1		1		競輪場へ小池百合子
7		0		けいれん打ち
83	●	1		**ケイン・オスギ**
60	●	6		**ケイン濃すぎ**
2	●	0		**ケーキ乳頭**
114		1		ケーシー高峰
1		0		ケース・バイ・ケース
10		0		ゲーセンで生活
76		2		ゲーセンのカロリーメイト山脈
43		1		ケータイの代わりにトランシーバーを買う男
18		2		ゲータレード
13		0		げーっ 孔明！
6		0		ゲームセンターあらし
16		4		**ゲームは一日1時間！**
4		0		けえろう（帰ろう）の日
6		1		毛が3本
6		0		毛ガニ先輩
6	●	0		**毛がにチップス**
3		0		外科部長
1		0		激　愛
119		1		隙あらばベギラマ
6		0		劇画版
75		0		劇空間稲中卓球部
5		0		劇空間プロ野球
35		0		劇場版サザエさん
56		0		激震！！牧伸二、オランダ名門フェイエノールトに移籍決定！！
16		0		劇団「キンキン塾」
9		0		劇団志木
1		0		劇団ひちょり
50		3		**劇団ひとり**
750		0		劇団ひとりももれなく
1		1		劇団ひまわり
20		0		激闘！魔人ブーVS高木ブー
39		1		激安！シャンプーハット
8		1		ゲゲゲのキダ・タロー
6		1		ゲゲゲハウス
8		0		ゲジゲジ
87		0		消しゴムがイスの下に飛ぶ
90				

か

23		1	消しゴムの角が残り1つなので、とっとく
479		0	消しゴムのカスを集めてだんごたくさん作る
20		3	**消しゴムマン**
1		0	ケジメなさい
19		0	ゲスト王　中尾　彬
1		0	ゲスノート
2		0	ケセラセラ
35		0	ケセランパセラン
6		0	ゲソ
4		0	毛玉おやじ
1		0	ケチャダンス
85		0	ゲッ　アローン　トゥギャアザアー♪
35		0	けつ腕アトム
97		1	血液型は黄色！！
31	●	3	**月火水木金正日**
19		5	**月間MVP　ゆうたろう（3回目）**
15		0	血管住宅
47		0	月刊バーコード
7		0	月給仮面
153		11	**結局、江川の独壇場**
33		0	げっきよく駐車場
12		2	けっきょく南極大冒険
107		1	結局ママの味ってどんな味なんだ。
30		0	結構いけてるんちゃう？？あの老人
1		1	結婚するなら金をくれ
89		1	結婚はけっこう
39		0	結婚前提ビリヤード
27		0	決算間際の性急書
41		0	ゲッツ、アウト
611	●	1	**ゲッツ石松**
99		1	ゲッツ火水木金土〜ですか？
79		2	ゲッツ伝説
64		1	決定！発毛日本一！
3		0	決闘罪
2		1	ケツメイシ
10		0	月面朝帰り
19		0	月曜日はハンジャラゲ
22		1	ケトラー
11		0	ケニー野村
260		0	ケニー野村（野村克彦）
6		0	ゲバゲバ90分！
227		0	毛抜キング
16		0	ケミストリー
12	●	0	**ケミフタリー**
25		0	毛むくじゃら
34		0	毛虫（もうちゅう）
82	●	1	**ケムシトリー**
49		0	ケムマキ　ケムゾウ

88		2	煙市場封鎖
10		0	煙は白
20		1	ケムンパスでやんす。
51		1	獣王クロコダイン
2		0	ケリー・チョン
5		1	ゲリラライブ
19		1	ゲルググさんチームどうぞ！
476		1	ゲルマン民族大移動
36	●	0	**けろけろけろっぴ**
6		0	けろけろケロンパ
7		0	ケロッグしゃけフレーク
3		0	ケロッグ博士
2		1	ケロッケ (コロッケの姉)
1		0	けろっこデメタン
6		0	ゲロッパ！
7		0	ケロヨン
4		1	ケロヨンクラブ
7		0	ケロリン
13		0	ゲロルシュタイナー
4		2	ケロロ軍曹
2		0	ゲロロ軍曹
29		0	ケロンパ
2	●	0	**研 ナオト**
6		0	けん♀♂けん
6		0	ケン一氏
8	●	0	**原液バリバリ**
5		1	厳雄
1		0	限界集落
23		0	限界まで尖らせたとんがりコーン
40		0	けんかきっく
65		0	ケンカの後の友情
8		0	ケンカの花道
10		0	元気！やる気！！本気！！！
32		1	元気があれば何でもできる
1		0	元気があれば何度もできる
74		1	元気印
102	●	4	**元気バクハツゥ？**
22		1	元気ハツラツ？ オフコース也！
25		0	元気満開（ココリコ遠藤父）
4	●	0	**元気モリモリ森田健作**
7		0	現金5万円とパソコン
34		1	健康応援団MAX（やまびこ東京行き）
5		2	健康系カテキン式
9		0	健康で文化的な最低限度の生活を営む権利
7		2	健康ランドは健康じゃない人ばかり
10	●	0	**元寇を謝罪**
7		0	現在、使われておりません
17	●	1	**原材料 塩 のみ**
61		1	検索にガンガンヒットする
92			

か

5	1		減塩ハム
5	17		**遣隋使**
1	0		健介ファミリー
62	0		元素占いの結果：バークリウム (Bk)
2	0		倦怠期
8	0		**倦怠期フライドチキン**
15	1		ケンタッキー＆翼
24	0		ケンタッキーフライドフェニックス
5	3		減反
64	3	● ●	**ケンちゃんラーメン（新発売）**
19	0		限定！
5	2		減点パパ
11	0		ケント・ギルバート
37	0		ケント・デリカット
12	1		原動機付ジャイアント馬場
94	1		研ナオコ
11	0		研ナオコ24時間マラソン（モザイクあり）
7	0		現場監督
70	1		権藤、ポンド、雨、ロンドン
1	0		減量失敗なら『おしマイケル』
9	2		誤　矢田亜希子　→　正　和田アキ子
8	0		コアラの『ウンコペーパー』
4	0		濃い毛栄子
2	0		コイケヤ
1	0		恋しさとせつなさと心強さと酒と泪と男と女
7	0		ごいすぅ〜
33	7		**小泉＝マシリト**
11	1		小泉ＨＥＬＰ
3	0		小泉首相、独島パンツ受け取り拒否
45	0		恋するハミハミ
12	0		濃いぜ！若の里
518	0		こいつら100％伝説
7	0		恋と遊びと泉谷しげる
178	0		恋何年休んでますか？
4	1		恋のかま騒ぎ
294	0		こいのぼり窪塚
8	0		恋のぽんちシート
5	2		故意のマイヤヒ
5	1		恋のマヒアヒ
20	0		恋の有給休暇
9	0		故意ヘルペスウイルス
22	0	●	**コイン・ケスギ**
482	0		強引なドッドッドッドリフの大爆笑
23	0		高音質アドファミ
15	1		公開ざんげ
6	0		合格

3		0	高級一ヒー
783		1	工業数理基礎
5		1	抗菌
29		0	合組（ブレンド）
46		1	高校２年２回目のジンクス
4		0	高校デビュー
605		0	高山霊園にあんかけ一杯
19		2	講師：寺内タケシ
89		1	甲子園に連れてって
71		1	口臭
125		2	口臭電話
637		0	降水確率20％
1		0	荒勢
1		0	江成正元
5		6	**酵素入りポリデント**
15		3	**高速回転寿司**
10		1	高速道路には防弾ガラスで
27		0	高速道路の無利用化
59		0	高速バッシング
6		0	高速餅つき名人
6		0	皇太子＝ゴン中山
11		3	**幸田シャーミン**
15		1	剛田商店
8		1	剛田たけしリサイタル
1		1	剛田武リサイタル
2		1	高知東急
34		0	高知東急東横線
22		0	高知東生
69		0	紅茶とジンでイギリス人
1		1	紅茶のおいしい喫茶店
38	●	0	**紅茶のティーバック**
6		0	校長
717	●	1	**校長先生が朝礼で言わはった・・**
24		0	校長先生の長い話（日本昔話）
7		0	校庭にあったウンテイ
8		0	強盗『3万円で結構』
64		0	後頭部にハゲ
56		1	口内炎、見せてくんなよ
16		0	高熱おでんニコニコ食い
11		0	紅白のブー並のやる気のなさ
5		1	硬筆
107		2	広末涼子
231		1	広末の声変になってないか！？
114		0	公務員
1		0	小梅太夫
1		0	江森陽弘
39		1	後楽園遊園地で僕と握手
109		4	**後楽園遊園地で僕と握手！**
14	●	2	**公立函館みらい大学**
94			

か

7		0	交流戦、今年はどうかな？
33		5	声がオクレで聞こえる
6		0	コエンザイムQ10
100		0	ゴォーマルサン　エドウィン
79		0	ゴージャス坂野
18	●	1	**ゴージャス松野**
24		1	コーヒー豆１００％納豆
51		0	コーヒールンバ
676		1	コーヒールンバ
6		0	ゴーマニズム宣言
35		2	凍らせたアクエリの後半部分
6		0	コーラ茶漬け
4		1	コーラとジンでアメリカ人
130		0	コーラをこぼして首がベタベタする
39		1	氷職人の世代交代
271		2	**氷たっぷりプリーズ！**
57	●	0	**氷でできてる扇風機**
9		0	ゴールか！？いや、サイドネットでした。
6		1	ゴールデン・ラズベリー賞
6		0	ゴールデンアームボンバー
7		0	ゴールデンゴールズ
8	●	0	**ゴールドライタン**
2		0	コーンスターチ
5		2	コカ・コーラC2
12	●	2	**子カール君**
2		0	ご懐妊
4		0	古賀ちゃん・・・
114	●	0	**五月蠅（うるさい）**
5		2	五月みどり「熟女B」
1		0	股関節
23		0	ご機嫌斜めの角度を４５度上げる
23	●	0	**ゴキブリホイホイのハウスデザイナー**
4	●	2	**古ギャル**
6		1	こきりこ節
1		0	極楽山本 vs 田代まさし
5		0	刻あらめ
5		9	**国技館**
52	●	0	# 国際宇宙ステーション殺人事件
129		11	**国際会館**
129		2	国債会館
27		0	ごく最近の登校拒否[過去分]
67		0	国際結婚
34	●	0	**国際展示場正門駅前バス停**

5		2	国生さゆり
464		1	黒人扱い
5		17	**国体**
3		1	小口雅之
426		0	獄中社長日記
6		0	コクッパ
7		0	国鉄
10	●●	1	**国鉄千葉駅前駅**
8	●	0	**国道の妻たち(PTA 交通安全運動)**
1		1	ゴクミ
4		2	国民ええよ賞
100		0	国民粘菌
6		1	コクヨくるくるメカ
4		0	極楽すぎとんぼ
1		1	極楽チョンボ
18		0	極楽同盟
3		2	極楽山本
8		1	極楽湯
37	●	1	**国立(くにたち)**
31		0	黒龍江
17		0	戸愚呂(兄)
1	●	0	**コケティッシュ**
27		0	苔ティッシュ
109		0	ココアを入れて
9		1	五公五民
19		2	午後から一揆
754		0	ココココココ
6		0	ここで、ゼナ!
10		1	ここでコショーを一瓶
26		3	**ココナッツの中身にはゴルフボール(笑)**
1		0	ココナッツボーイズ
1		0	ココ山岡
7		2	こころが折れた
2		0	志位 和夫
5		21	**志茂田景樹**
16		0	志茂田景樹恋愛指南
13		0	心のイケメン
68		0	こころの元気
17		0	心の準備
16		0	ココロの隙間、お埋めします
44		0	心のバズーカ
20	●	0	**心を開かなければエヴァは動かないわ**
108		0	ここをキャンプ地とする!
17		0	コザック
8		0	腰　巻
9	●	3	**腰洗い漕**
96			

か

1	0	小鹿注意報！
5	0	子鹿物語
3	0	腰抜けファイヤー
5	1	小柴大造＆エレファント
10	0	腰ベルトもしようよ・・・
44	0	ごじゃっぺ
2	0	五十・八十、夜来んで
5	7	**ゴジラ vs ビオランテ**
15	0	ゴジラ vs ブタゴリラ
15 ●	0	**故人献金**
17	0	誤審術
15	2	故人向け国債
1	2	コスメティックルネッサンス
20	1	コスモ＝小宇宙
7	1	コスモ星丸
10	0	コスモほし丸
1	0	コスモポリタンｖｓメトロポリタン
61	0	ご先祖様にも殴られた事無いのに
2	0	小僧寿し
32	1	ご足労、フォー！
2	0	子育てフレンドリー
8	0	コソどろ
3	0	コソ泥
7	0	こそばゆい
1	0	ゴダイゴ
13	0	ゴダイゴ天皇
140	1	五代目　きれいなおねえさん
29	1	答え．雪だるまの鼻、女の子の耳当て、筋弛緩剤
23	0	こたつの足に、くつ下を履かせたい
24	6	**こたつの足を１本取って、ちくわで支える**
8	0	コタニキンヤ
40	2	児玉清
4	1	個太郎塾
27	0	ゴチに増成！中華めん処「道頓堀」
6	0	コチャゲ
103	0	こちらこそ驚いた
3	0	国会職員の「乱闘手当」
3	2	国会とインターネットの融合
21	1	国会に卍固め
47	1	小遣いを貰う５１歳長男
4	0	こっくりさん
1 ●	1	**コッコアポA**
48	0	国交省もいい加減にしてほしいですね！
8	0	ゴッドねーちゃん
25	0	ゴッドハンド feat. 座散乱木遺跡
22	0	ゴッドハンド輝
7	0	ゴッドマン
6	0	こっぱみじん
692	0	後手、四、六、（北島三郎の）歩
2	0	コテカ

20		0	こてっちゃん
35		0	小手めんどい
6		1	ゴテンクス
4		0	ご当地ソング
24		1	後藤マッキー(ゼブラ)
12		0	ことえり
10		0	コトー
105	●	0	**琴錦**
1		0	寿がきや
5		10	**子供Gメン**
7		1	子供銀行券
6		3	こども組長
4	●	0	コドモショップ
47		0	子供店長のなり方
3	●	0	**小中生の１５・４％が「死人は生き返る」**
25		3	こにしきはすばやさのたねをすてた。
1		1	コニタン
42		0	コニャック
8		0	こニャン子クラブ
2		1	ゴネ得
5		2	コネティカット州
46		1	この～気♪何の気？
63		0	このごろ、ふとフォースを感じる。
13		1	この情熱はダイヤモンド
56		0	このネタ、ちょべりグ？
48	●●	3	**この後スタッフで美味しく頂きました**
58		0	この後は、万物創世記
32		1	このバカチンが!! by 金八
8		0	木の葉のこ
39		0	このビデオ、前に借りたことあるよ。。
54		0	このホニャララの部分を当ててください
124		0	このままＩターン就職
11		0	木の実ナナ
1		0	コパカバーナ
25		1	小林亜生カットにして下さい
5		4	**小林亜星**
6		1	小林カツ代流かっぱえびせん
10		0	小林から大森まで
9		0	小林サッカー
24		3	**ごはんの上で踊っているカツオブシ**
23		3	**ごはんの中心に梅干が２個あるラッキー**
18		1	ゴビ砂漠
10		0	語尾はとりあえず「フォーッ」
2		0	小比類巻 かほる

22	●	2	**コビン・ケスナー**
220		0	こぶ
9		1	こぶさターン（ダンディ坂野）
22		0	こぶ平
3		0	こぶ平改め正蔵
6		1	こぶ茶バンド
6		1	御坊茶魔
5		0	胡麻
8		2	こまかいの無いから１２０円貸して。
9		0	駒込ピペット
7		0	駒大苫小牧、暴力事件を隠蔽
3		0	駒大苫小牧にてんてこ舞い
11		0	駒太郎芋煮会
94		0	ゴマちゃん
62		1	こまった、こまった、こまどり姉妹
1		0	小松政夫
5		2	ゴマブックス
2		0	こまわり君
8		0	五味岡たまき
17		0	ごみ対策課
139		1	五味太郎
1		0	コミックボンボン
27		0	ゴミの優良可
2		0	ごみ箱を空にする
7		1	小麦粉か何かだ
6		0	コムタンクッパ
1		0	古村比呂
2		4	**小室 友里**
8		0	小室哲哉が『チッチキチー』
74		3	**小室ファミリー**
470		0	小室みつ子・小室哲哉姉弟説
4		1	米　ペパーダイン大学
34		0	米（アメリカではなく食べるやつ）国
2	●	2	**米騒動**
1		0	コメッコ
8		0	コメットさん
5		1	米びつ
22	●	0	**コメ兵**
2	●	2	**コメリ**
11		1	米良
46		0	米をおかずにご飯１０杯
20		0	ごめんやっしゃ〜
1		0	小森のオバケちゃま
41		0	子森のおばちゃま
1		1	小森のおばちゃま
1		0	小指サイズ
38		1	コラ！しんのすけ！
4		1	コラおじさん
3		1	こらっ！キムワイプで鼻かむな！

2		0	ゴリCHU
5		3	**コリアン超特急**
81		0	ゴリケル・ジャクソン
45		0	ゴリケンサンバⅡ
130		2	ゴリゴリモンキー
2		0	コリス
2		2	懲りないマーシー
11		2	ゴリ夢中
696		1	こりゃあっ！
7		0	ご利用は、計画的に
38		2	ゴリラーマン
29		0	ゴリライモ
66		0	コリン性じんましん
15	●	0	**こりん星は平和です**
81		0	コルク抜きバット
6		1	ゴルゴ13は、
138		1	ゴルゴサーティンワン
7		0	これ、本番ですか？
166	●	1	**これからだ！！**
3		0	これからもずっと「カンニング竹山」
10		0	これって、フレグランスじゃなくスメルだろ
3		0	これって罪なんじゃないの？
6		1	コレで、コレなもんで。
21	●	2	**これはアリコのCMです**
3		3	**これはクリリンの分!!**
11		0	これほどまでに三田村邦彦
10		0	これもクリリンの分！
3		0	これも想定の範囲内ですか？
120		0	コレリ大尉もマンドリン
1		0	ゴレンジャイ
42		0	コロコロコミック
3		0	コロッケ熊本観光大使
11		1	コロッケの笑い方
8		0	コロボックル
8	●	0	**コロムビアゆりかご会**
7		0	衣替えでガッカリ
75		0	怖いなあ鬼塚さんは・・・
21		0	壊れかけのレディオ
11		0	こわれせんべい
10		0	壊れたレイディオ
128		1	琴欧州
75		1	こんがりキツネ色になるまで待ちなさい！！
11		0	ごんぎつね
209		2	今月の写真「我輩は猫である
34		0	今月の写真に1点
2		1	ゴンザレス
27		1	今週のオトコ葉
21		0	今週の紀香チェ〜ック！
100			

か

78		1	今週の空耳：副大臣を殺処分？！
4		1	今週のビックリドッキリメカ
2		0	ごんじり
8		0	コンソメパンチ
5		4	**墾田永年私財法**
37		1	コンタキンテ
20		1	こんちきしょー。
11		9	**ゴンチチ**
40		0	コンデンスミルク
14	●	0	**近藤サト**
1		1	近藤マッチ
3		2	今度はシカが2頭流氷に置き去り
1		0	コント山口君と竹田君
2		1	こんなにも橋　幸夫
87		1	こんにちは
58		3	**こんにちは、鉄拳です。**
2		0	コンニャク大魔王
565		0	コンニャクで抜く男
4		0	こんにゃく指輪
10		0	今年の流行語　インフルエンザ
35		0	今年はよろしお願いします
7		0	コンバトラーV
392	●	2	**こんばんは、お昼のニュースです。**
21		1	こんばんは、幸田シャーミンです
56		0	こんばんわ、鏡竜太郎です。　米先みゆきですぅ。
7		1	コンビニ強盗、熱湯で撃退
24		2	コンビニの店員（イフリート）「温めますか？」
24		1	コンビニの店員（カンガルー）「袋に入れますか
24		0	コンビにの店員「あたたためますか？
23		1	コンビニ弁当を温めてる間、家に帰って待つ
6		1	コンピューターおばあちゃん
5		1	こんぶ
5		4	**昆布**
6		0	こんぶと
65	●	0	**昆布の一本釣り**
29		0	ごんぼそ
99		0	今夜お前をカメハメハ
12		0	今夜月の見えるルカニ
35		1	今夜が山田
46	●	0	**今夜が山田花子**
53		0	今夜は君のけつニキビに乾杯
10		0	今夜はノリノリ

さ

9	0	さ〜て来週のサザエさんは　いくらです
4	0	ザ・ブリリアントグリーン
74	2	ザ・介護番長
12	2	ザ・ガマン
29	2	ザ・カンニング
19	0	ザ・グッバイ
6	2	ザ・グル
1	1	ザ・グレート・カブキ
6	2	ザ・グレート・サスケ
126	0	ザ・グレート・サスケ議員
56	1	ザ・グレートムトウ
6	0	ザ・黒幕
1	0	ザ・チャンス
13	0	ザ・テルヨシ
56	1	ザ・ドリフターズ　緊急来日！！
75	0	ザ・ビーチク
60	0	ザ・ぽんち・コード
3	4	**さあ、はやくしいたけの見回りに戻るんだ**
3	1	さあ、はやくその手鏡を使うんだ！
3	0	さあ、早くヒヨコの雄雌鑑定作業に戻るんだ
3	0	さあ、早く六本木の VIP ルームに行くんだ
10	1	サー・黒田アーサー
545	0	さぁ来い！
304	1	さーて来週のサザエさんは？吉岡です
42	0	ザーボンさん・ドドリアさん
1	0	サーモンピン子
7	0	災
31	0	西園寺守
23	2	ザイオンでたくさん機械のネジを拾って売る
116	2	**財界二世学院**
65	0	最近はもっぱらご飯党です
735	0	最近ビデオテープの HG120 の文字が気になる
1	0	最近見ないと思ったら香港で早食い
109	0	サイコ・ル・シェイム
102		

5	●	15	**最高ですかー！！**
5		3	**最高でも金最低でも金**
15		1	西郷輝彦（水星人一）
10		0	最高の左打者は誰だ？
2		1	サイコメトラーEIJI
24	●	1	**サイコロステーキで博打**
57		0	サイコロで３がでたので、今日は３円貯金する
6		0	さいざんすマンボ
3		0	最終回の衝撃 - 馬場ちゃん私立合格
2		0	西城秀樹：moment(YOSIKI氏提供曲)
9		0	最初から今まで
71		0	最初はグー、さいとうけん！
2		0	座椅子 和夫
89		1	最善教授
80		0	財前五郎のオールナイトニッポン
2		0	財前直見キャンベル
24		1	賽銭箱に人生ゲームのお金を投げる
37		1	さいたま市
74		2	さいたま新都心
3	●	0	さいたまタワー
5		7	**さいたまタワー実現大連合**
10		0	埼玉東部：大雨警報　千葉全域：無
5		10	**埼玉トヨペット**
5	●	29	**埼玉りそな銀行**
2	●	2	**さいたまんぞう「なぜか埼玉」**
5		0	財団法人 日本ダム協会
3		0	再チャレンジ担当大臣
7		0	斉藤清六
5		4	**斎藤清六**
4		0	斉藤クン
105		0	斉藤敏豪
16		1	さいならっきょ
9		2	彩の国　埼玉
14		0	サイノス
20		0	サイバイマン
17		0	栽培マン
117		0	サイバイマンと天津飯
70		1	栽培マンのタネ　１０粒２９８円
6		0	サイバトロン
3		0	サイパン人
5		1	裁判傍聴マガジン
15		0	サイフォン式
12		4	**サイボーグじいちゃんG**
90		0	催眠術の本売り切れ続出！
1		0	サイモン猪木社長
388		1	さいやじん

23		2	サイヤ人の鎧 防御力85
17		0	ザウス
22		0	サエキけんぞう
474		0	三枝と書いてみつえだ
15		0	三枝のアイラブクリニック
7		2	三枝の国盗りゲーム
4		0	さおだけ屋はなぜ潰れないのか？
36		0	坂井　泉水
1		0	堺すすむ
2	●	1	**酒井法子：「夢冒険」**
29		0	堺屋鈴木
48		1	栄ちゃんにシュッ　健ちゃんにシュッ
31		1	榊莫山
6		1	坂口厚生労働大臣的髪型
5		10	**佐賀県**
1		0	逆さまつげ検定1級
17		0	逆立ちイマクニ
156		1	魚
85		0	魚があれば生きられる〜♪
5		1	さかなクン
4		1	魚民
52		0	坂の下も雲！？
1		0	さかもっちゃん
3	●	1	**坂本一生**
9		0	坂本休（中津江村村長）
5		8	**坂本ちゃん**
1	●	0	**左官職人 こね太郎**
9	●	0	**サガン鳥栖**
8		0	左官屋
1		1	サキシマスジオ
13		1	先に寝た人に火をつけるゲーム
44		1	サキマティ
7		0	作業確認票
11		1	先割れスプーン
4		0	ザギンのチャンネエ
61		1	朔
9		1	酢酸カーミン液
90		0	策士に踊らされたか？永田さん
136	●	1	**ザクとは違うのだよ**
10		0	桜
9		0	さくら（合唱）
50		1	さくら（爆唱）
1		1	桜井　坂崎　　　　　　　高見沢
78		0	櫻井君
1		1	櫻井よしこ
4		1	櫻井よしこ　ひと言よろしいですか
1		1	桜金造
13	●	0	**桜田門外の恋**

104

36		1	桜庭あつこ
3		0	桜庭あつこ vs 羽賀健二
10		0	桜を切ったのは山田です！
1		0	さくらんぼ泥棒
5		10	**鮭**
6		0	サケ・プロブレム
1		0	酒茶漬け
80		3	**酒で大失敗**
10		1	座高って個人情報？
38		0	下ごしらえは大事
16		1	ざこば
39		0	ささいな事なんですが、靴下が逆ですよ。
237		0	さざえ「かあさん！それタマのうんこ！」
4	●	0	**サザエオールスターズ**
68		0	さざえさん
6		1	サザエさん頭
107		2	サザエさんのじゃんけん必勝法
13		0	サザエさんは愉快犯〜♪
2		1	サザエボン
8		0	笹かま
2		1	佐々木　健介 (スキン)
10		0	佐々木ＶＳ小林雅
10		0	佐々木って、必要？
13		0	笹さま
214		0	ササニ式
19		1	さじまこきたろう
46		1	刺身牧場
6		0	サスーン・クオリティーーッ!!
12		2	サスーンクオリティー
7		0	ザスパ草津
8		1	サスペンダーはデブにとって最高のお洒落
4		0	さすまた
3		0	佐世保バーガー
1		0	サソリ女とムカデ男が結婚
9	●	1	**さそり座の女2003**
2		0	さそり座の女ＸＰ
73		0	サダーズ
31		1	定岡
5		1	定吉セブン
11		0	さだまさこ
4		1	さだまさし
1		1	さだまさし　ＩＮ　闘強導夢
21		3	**サダムが来ます！**
6	●	2	**サダムスファミリー**
1		0	幸楽苑
2		0	サッカリン
56		1	さっきはバカと言ってゴメンネ！！
7		0	雑魚寝駅伝

105

46		0	雑魚の煮つけ
30		0	さっさと引越し！！
621		1	雑草魂
3		2	サッチー(72)女子高生ルック
7		0	サッチー、セーラー服で飛び入り
416		1	サッチー脱税発覚
5		0	薩長同盟
26		1	雑念エンターテイメント
3		1	サップ「野獣の証明！」
17	●	3	## サッポロ★
5		7	### サッポロ一番
24		0	サッポロ黒ランドセル
32		2	さて、来週のサザエさんは…三河屋サブです
6		0	サティアン
23		1	サテラビュー
61		0	佐藤一家
683		0	佐藤俊太
9		1	佐藤隊長（自衛隊）
9		3	### さとえ学園
52		0	賢豚鈍狐の世の中
7		2	里谷多英
3		0	里谷多英「出直したい」
2	●	1	### 里見の謎
6		1	サナギ
271		1	サニーレタス
1		0	サノバヴィッチ！！
1		0	佐野量子
50		0	サバ - SABA -
7		0	サバイバー 若手芸人編
8		0	サバイバルダンス
348		1	鯖威張る中
2		0	鯖ジャンキー
31		0	サバ煮
35		1	サバの女王（グラシェラ・スサーナ）
9		1	鯖の味噌似
1		0	サバンナ気候
10		0	ザビエルの首にシャンプーハット
13		0	ザビ毛
190	●	4	## 淋しい熱帯魚
4		1	寂しいユルはぐみんだぁぁい
7		0	さびしく、ゲッツ！
6		1	サブちゃんの秘蔵っ子
121		0	座布団と幸せを運ぶ
9		0	座布団を投げるためだけに相撲観戦に行く
7		0	サブマリン打法
776		0	サブマリン特許
1		0	サブリーダー
7		0	サブリミナル投法
106			

さ

10		0	サブリミナル三つ子
17		0	サブレ
9		1	サボタージュ
5		2	サボテンブラザーズ
2		0	サボリーマン金太郎
43		1	サマーレゲェレインボー
38	●	1	**様様様様（ヨン様）**
8		1	ザマス、ザマスのドラキュラ
24		0	さまよえる蒼いダンゴムシ
57		0	さまよえる蒼いマイケルクラークダンカン
2		5	**サマランチ会長**
313		0	サマンサタバサ
22		0	さみしんぼう
13	●	0	**サミュエルエルジャクソン**
9		1	寒い５０人
27	●	1	**さむいジャパン**
1		2	寒い夜は宇梶剛士に限るね！
3		4	**寒かったから火をつけた**
39		0	サムソンティーチャー
7		0	サムソン冬木
9		0	サムターン回し
16		0	サムとSAM
56		1	サムライになれ！！
5		3	**冷めたピザ**
3		1	サメの話しようぜ
16		0	サモ・ハン・キンポー
15		1	さもしい
1		0	座薬Gメン
1		0	佐山タイガー
20		0	左様でございます。
12		0	さようならの大仏
14		0	さよな～ら～だいすけ～なひと～♪
1		0	サライ
15		3	**サラサラは、一日にしてならず**
342		2	サラダ記念日
238		0	さらば久米宏
10		2	さらば大神の夫
6		2	沙羅曼蛇
10		0	サラリーマン
23		1	サラリーマン筋肉太郎
1		1	サランラップ
6		0	ザリガニ釣り
猿岩石 NEW シングル『オエオエオ』		2	
6	●	0	**サルコジ**
3		0	サルコジ内相「社会の屑だ。私は固執する」
111		0	ざる蕎麦食いてー
6		0	猿ターン回し
9	●	0	**サルティンバンコ２０００**

107

8		0	さるとびエッちゃん
12	●	1	**サルファレゾルシン処方**
56		0	猿も木から落ちました。チンパンジー
1		0	サルモネラ菌
74		1	ざわ・・・ ざわ・・・
58		0	沢蟹研二「さわだけんじ」
144		5	**ざわざわタイム**
13		1	沢尻会
9		0	さわやか3組
29		4	**さわやかサワデー**
50		0	さわやかジャパン
8		0	ざわわ ざわわ
21		4	**ざわわ ざわわ ザ・ワイド**
5		0	サン・クロレラクラシック
511		0	サン・リン・シャン・・・
7		0	サンオイル、塗ってくれる？
84		1	三回転→尻餅→スピン→尻餅
31		0	三角大福
4		0	三角食べ
7		0	三角食べ
9		0	三瓶
2		0	サンガリア
10		0	三冠騙馬
70		3	**ザンギエフ**
157		0	さんきゅうーお野菜きゅうさいの一鼻汁
3		0	産業の米
1		1	三雲孝江
10		0	サングラスを取れ
22		1	三軒茶屋ばばあ
64		0	残酷な天使のテーゼ
4		2	散々オールスターズ
382		0	三時のあなた
1		0	山椒は小粒でピリリと辛い＝山田隆夫
23		2	算数ドリル
34		1	酸性トイレクリーナー（プロ用）
5		1	サンダカン
7		0	酸多苦労酢
7		1	サンタさん、お米をください
7	●	0	**サンタさん、ドラえもんをくれ**
18		1	サンタフェ
9		0	三単現のS
2		0	サンチェ(稲中)
7		0	サンデー・ジャポン
2		0	三鉄赤字せんべい
14		0	三都主（清水）
3		0	サントススストップ安
2		0	三度の飯より一発朗
1		0	三波豊和
3		0	残念！って言うじゃない斬り！

7		0	三年殺し
3		0	惨敗したら「これも想定の範囲内ですか?」
5		1	サンパウロFC
40		0	三八上北地方
20		0	さんばるかん
3		0	三番クロマテ
69		2	三匹のこぶ平
15		3	**三匹の酢豚**
1		0	サンプラザ・ホメオパス・中野
86		0	さんぶんくっきんぐぅ〜
46		0	サンボール牧
2		1	三又 又三
73		1	サンマルコハム
3		0	三遊亭円安
1		0	三笑亭夢之助
9		0	而(置き字だから読めない)
86		0	シ〜マン
1		0	ジ・アンダーテイカー
78		0	自・社・公・共・み連立政権を目指せ!
27		0	試合の時は腰パンぢゃないんだね
35		0	試合より緊張します
8		0	しあわせの黄色いトンカチ
3		0	幸せを貯金したいのですが、、、
97		0	しぃーでぃー
20		0	ジークジオン!
10		0	シークレットフェイス
3		0	ジーコ監督「まだ未成熟」
249		0	じいさん、甘えてばかりでごめん!
702		0	じいさんバナナを知ってるか?
3	●	0	**シーシェパード「日本側に撃たれた」**
36		0	ジーニアス英和辞典
41		1	ジーパン刑事
52	●	0	**ジーパンは、もともと安いはずだ。**
5		9	**シーボン化粧品**
5		1	シーボン美容技術研究所
6		2	シーモ ネーター
5		0	シーモンキー
126		0	ジェイク・シマブクロ
35		1	ジェイソン→ボーダソン
3		0	自衛隊 vs 織田信長
1	●	0	**シェイプアップ乱**
1		0	慈英リーグ
6		0	シェイン・コスギ
6		0	シェー!!
4		2	ジェームスディーンみたいな女の子
24		0	ジェット機の離陸の音に使う掃除機
20		2	ジェットストリーム
18	●	1	# ジェット浪越

420			0	ジェネレーションギャップ
9			2	ジェフ市原・千葉
4		●	0	**ジェフ君**
132			3	**シェフの気まぐれサラダ**
1			0	ジェリー藤尾
13			0	ジェロ
6			0	ジェローニモさん
79			0	ジェンキン寿司【ジェン金子
3			0	ジェンキンスどさくさ裁判
64		●	0	**ジェンキンスとジャンケンキスゲーム**
13		●	1	**シェンムー**
5			2	塩
4			1	塩キャラメル
66			1	しおこんぶと私
8		●	0	**塩爺**
73			2	塩田丸男
41			0	塩タン何言うタン
1		●	1	**シオノギ製薬**
239			0	塩ビ
5			1	潮干狩り
13			0	塩ビ服
2			0	塩まねきのサンバ
1			0	ジオラマ
10		●	2	**次回、「全員落選」**
90			0	次回からWY（野球）Cって事で
53			3	**司会の円楽です (アポロシアターより中継)**
4			1	司会の岸部シローです。
32			0	司会は俺を兄と呼ぶんだぜ／サンボマスター
3		●	0	**し返し**
1			0	志垣太郎
103			0	滋賀県ベスト8
13			1	シガスカオ
3			1	鹿大迷惑
37			1	しかま君
90			0	色即是空 空即是色事
63			0	自虐的ボディーブロー
229			0	時給 3500 円の皿洗い
691			0	時給 730 円！？もうちょっとあげてよー
2			1	時給 800 円
7		●	1	**死球式**
2			0	事業仕訳伝票
78			0	次期理事長選のオッズマダー
1			0	ジグザグサンバ
10			1	仕組まれた婚約会見
35		●	2	**シクラメンのかほり（布施明）**
10		●	0	**死刑もしくは5万円程度の罰金**
84			1	死刑より剃毛を
110				

さ

26		0	刺激！VISUAL SHOCK Vol.2
9		0	試験管の田中です。
8		2	事件記者チャボ
64		0	試験電波発射中
1		1	地獄突き
7	●	1	**四国独立リーグ**
64		0	地獄のスナフキン、金谷ヒデユキ
1		0	地獄見せちゃるけのぉ by 竹原慎二
35		0	しこたま
63		0	支笏湖
68		0	仕事行きたくない
44		0	事故は瞬間ベルトは習慣
6		0	シコふんじゃった
5		7	**自在ぼうき**
44		0	じじぃのひまつぶし
71		0	じじいは黙ってポリデント
54		0	じじい放談
1		1	宍戸江利花
2		2	シジマール
112		2	試写会で83％が泣いた
10		0	自社株
41		0	四十肩、自由形
20		1	自粛
3		0	四條 稔ってのもいたよね
4	●	2	**自称　坂本竜馬**
39		1	自称、引っ込み思案
46		0	師匠：わくわくさん
1		0	自称「ガッシリした体格」は大抵デブ
32		2	自称・無免許医師
7		0	自称映画監督
6	●	1	**自称プロサーファー**
17	●	0	**試食が食事**
2		3	**地震　カミナリ　なべ　やかん**
498		0	自信喪失
1	●	1	**静かなるドン小西**
31		0	しずちゃん
186		3	**システムセンター社長、高松修身**
78		0	沈まぬ太陽のモデル
6		0	資生堂　HG
13		0	次世代くつした
97		0	次世代的なんですよー（笑い泣き微笑み）
17	●	0	**自薦他薦問いま薦**
9		0	時速110kmマラソン
3		1	始祖ジュラ
121		0	時代はだんだん社民党
7		0	時代を先取るニューパワー
17	●	0	**下の下の鬼太郎**

58		0	ジタバタするなよ、世紀末が来るぜ！
1		0	下町の体臭食堂
1	●	0	**下町のナポレオン**
4		2	下町のナポレオン　いいちこ
3		0	ジダン頭突き
76		0	ジダンと薔薇
40		0	七曲署
17		0	七人の男保育士
76		0	七分丈なのにピッタリ
3	●	0	**視聴覚室**
36		0	次長浣腸
7	●	0	**視聴者参加型バトルロワイヤル**
34		0	視聴者は見た
34		0	視聴者は観た！！
2		0	七輪の侍
10		0	実家ではエスペラント語
1		2	しっかり八兵衛
12		1	ジックラト
8		0	じっくりコツコツ着込んだスーツ
15		0	じっくりことこと煮込んだ武蔵丸
18		0	しつこい高田
52		0	実行した、日本マニフェス党！
9		0	実際のお部屋に藤原紀香さんは付いてません
4		0	実写　デビルマン
16		0	実写版 のび太役はえなり
3		0	実写版「銀河鉄道９９９」＠香港
144		4	**実写まいっちんぐ**
3		0	失神ゲーム
6		1	じっちゃんの名にかけて！
5		1	じっと我慢の子であった
8		2	十徳ナイフ
29		1	しっとるけ
27		1	実は「風呂サーファー」？
2		0	失敗だ〜マン
55		0	失敗は成功のマザー
166		1	失敗も次につながる!!後悔ばかりしない!!
93		0	実は俺左利きなんだよね
3		0	実はバッティングの感覚に近いんです
19		3	**実はひとりだけ別撮りだった円楽**
11		2	しっぽマリオ
9		0	実名攻撃大好きKITTY
89		0	実力です
3		1	実力のある理系の人は米国へ来るべきだ
62		1	失礼しますわよよよよよ〜ん（ｂｙ辻本）
12		1	シティコネクション
2		0	シティボーイズ
13		1	支点、力点、作用て〜ん
23		0	自転車の空気入れ
110		0	四天王の、メガネの人

38	0	してんのうのシバが勝負を挑んできた。
3	2	次点落選……神取が男泣き
24	0	じとう「アダマンタイタイ」
23	1	自動改札のバーをパタパタさせて遊ぶ
10	0	自動車ショーの
1	0	しどろもどろ
5	0	品川巻
116	1	次男
36	3	**ジニー女将**
142	0	死にましたぁ〜♪
32	0	辞任するっきゃない!! by たか子
67	0	仔猫吸引
18	0	死ね死ね団
2	0	篠 ひろ子
31	0	シノケン
2	1	しのざき 美知
59	0	しのざき美知 改め ＳＨＩＮＯＺＡＫＩ
4	0	篠ひろこ
1	0	シノラー
2	0	ジハード
27	0	柴崎講
7	0	柴又帝釈天
33	2	ジバン
24	0	自販機のコイン入れるとこにを小さいセンベイを入れる
24	2	自販機の千円札を入れるとこに味のりを入れる
35	0	師範代　佐藤まりえ
72	1	四番パンチ佐藤
3	1	四菱電気
2	0	ジプシー
5	0	シブヤ米
4	1	渋谷哲平
4	0	渋谷センター GUY
6	1	ジブラルタル海峡
15	2	ジブリがいっぱい
44	0	自分解放
8	1	自分探しの旅
15	0	自分史上最愛コスメ
711	0	自分に負けたら終わり
10	0	自分の名前、グーグルで0件
400	1	**自分の寝る瞬間はどんなものか**
1	1	自分は味噌買いに来ました！　押忍！
1	0	自分を変えたいなら居間しかないぞ！
40	0	脂肪吸引
757	0	脂肪だんチョッキ
6	1	脂肪遊戯
4	1	シマウマ千代子
31	1	島男

10	2		島耕作はデジタルムーバ
59	1		島崎俊郎のスカイダイビング講座
34	0		島田　伊助
11	0		嶋大輔
175	0		嶋大輔、人間ドックへ行くの巻
53	1		嶋大輔の本名は島田井助（78へぇ）
147	0		島田司会者
4	1		島田紳助
32	0		島田紳助にヘキサゴン！
44	1		しまっちゃうおじさん
264	1		しまぶー戻ってきて。。
5	1		四万十川アロエ
2	0		清水 國明
1	1		清水クーコ
79	0		清水フード「主に新潟に生息」
13	0		清水ボーカル
1	0		自民、溺死的勝利
1	0		自民党じゃなくて自分党だ
6	1		自民党もレッドカード
5	9		**ジム・キャリーのエースにおまかせ**
1	0		志村けんのだいじょうぶだぁⅡ
36	0		志村けんのだっふんだ
66	0		しめさば
58	0		締め付け痴漢ビーム「白装束」
417	0		下北ヨンデーズ
10	0		地元じゃないよ
39	3	●	**地元でも有名な鍵っ子**
9	1		シモン（夫）
3	1		じゃ～ぱねっとじゃぱねっフゥフゥ♪
10	1		社●党では当選できない
6	5		**じゃぁ、地球よってく？**
9	0		じゃあ、袋にお入れしましょうか？
6	1		ジャージャー麺
16	1		シャア専用
2	1		シャア専用　舘ひろし
1	0		シャア専用粉チーズ
2	1		シャア専用笑福亭鶴瓶
193	1		シャア専用タオルケット（赤）
1	0		シャア専用ネクストバッターズサークル
8	0		シャア専用ハブラシ
2	1		シャー専用焼肉のたれ
33	2		ジャーパネッF uFu!
1	0		シャーボ
56	1		シャーマンカーシ
12	1		シャア優先ザク
3	0		シャーラララララ　金色のライオン
16	0		ジャイアニズム
35	0		ジャイアニズムを極めた～い
9	0		シャイアン（ワイオミング州の州都）

37	●	0	**ジャイアン、死んじゃいぁ～ん。**
75		1	ジャイアン「俺はボゲーなんて歌った事はないぜ」
1	●	0	**ジャイアン＝あだ名、ジャイ子＝本名**
250		0	ジャイアン死んじゃいあん
162		0	ジャイアンしんじゃいあん
56		0	シャイアント　はは
226		1	ジャイアント猪木
1		0	ジャイアント落合
1		0	ジャイアントカプリコ
42		0	ジャイアント白田引退
9	●	0	**ジャイアンと馬場**
99	●	0	**ジャイアントばばあ～**
18	●	2	**ジャイケル・マクソン**
275		1	ジャイケル・マクソン 新譜発表
5		10	**ジャイ子**
37		1	シャイダー
1		0	シャイニン・オン～君が哀しい～
10		0	社員自動制御装置
2		1	ジャガー横田
9		2	社会の windows XP
36		1	社会の窓
2		0	じゃがいも～じゃないＹＯがじゃいも～♪
9		0	釈迦釈迦ポテト
34	●	1	**シャカシャカポテト（粉￥１０）**
16		0	シャカゾンビ
5		1	車間距離
93		0	シャギーカット
25	●	0	**若王子さん**
36		2	若千名募集
15		1	釈尊会 小野″バター・ビーン″兼弘
21		0	釈尊会
21	●	1	**ジャクソン容疑者**
2		0	シャクティパッド
44		1	弱肉定食
23		1	灼熱の招待
1		1	若ハゲの至り
16		0	尺八教室
60		0	弱変体
66		4	**しゃけフレーク**
8		0	しゃこえびだらけ
27		0	謝罪務担当相
94		3	**ジャジャ丸**
10	●	1	**車掌は無傷**
61		1	ジャスコ
61		1	ジャスコ＆ヤスコ
6		0	シャズナ
3		0	社民党はオムライスー

さ

5	9	**社団法人日本ガス協会**
15	1	社団法人日本ボディビル連盟
8	0	社長、ホステスを30分噛む
10	1	社長の「しゃ」は謝罪の「しゃ」
19	2	若干頬もしくなったソニン
2	0	ジャッキー・ジョイナー・カーシー
18 ●	0	**ジャッキー・チュン**
40	0	ジャッキー顔面骨折
2	0	ジャッキー佐藤
23	0	ジャック・スパロウのかっこいい帽子
23	0	ジャック・バウアー
1	0	邪道協会
10	0	ジャニーさん
35	0	シャネル
8	0	シャバい
6	0	シャバダバよ!
6	1	ジャパネット・ジャクソン
60	0	ジャパネット・ジャクソン(長崎出身)
190	5	**ジャパネットたかた**
2	0	ジャパネットはだか
8	0	ジャパハリネット
18	1	ジャパンアクションクラブ
1	0	ジャパングランプリなのにボブ・サップ
6	3	**シャブおじさん**
3	0	ジャボニウム
195	1	ジャポニカ
29	0	ジャポニカ学酋長
25	0	ジャポニカ学習帳
64	0	ジャポニカの自由帳
44	0	ジャムをじさん
26	0	写メール 〜もう貴方しか見えない〜
13 ●	0	**じゃる**
4	0	写ルンです
3	1	ジャレコ
2 ●	2	**しゃれ神戸**
33	0	しゃれこうべ
13	0	洒落人(シャレード)
12	1	ジャングルの王者ターちゃん
57	0	ジャンクロードハンサム
69	0	ジャンヌ・タルト
71	0	ジャンパーソン
13	0	シャンバラを征く者
258	0	ジャンピー
113	1	ジャンピング〜〜〜ぅぅぅ!
257	0	シャンプーするのに8年間
6	1	シャンプーハット
7	1	ジャンプ放送局
23	1	ジャンプを買うときに用意する10円
32 ●	0	**シャンペーン実施中**

116

7		0	ジャンボ尾崎＝丸山茂樹＝横峯さくら（顔）
16		1	ジャンボ尾崎カット
37		0	ジャンポスト
16		0	ジャンレノもアルパチーノもデニーロも
6		1	ジューC
3		0	終焉
12	●	2	**シュウォッチ**
22		0	就活女優
5		2	週刊 ビジュアル源氏物語
110		1	週刊キング
15	●	0	**週刊少年バンジージャンプ**
16		0	週間スペリオール
5		2	週刊つりニュース
35		0	週刊文春
5		9	**週刊へらニュース**
6		0	週刊ボケ老人
9		2	衆議院の優越
10		1	宗教家ｖｓ詐欺師
3	●	0	**宗兄弟**
107		0	十三代目石川五右衛門
10		0	住所：MANBOO
3	●	0	**就職したら負けだと思ってる**
15	●	0	**住所不定会社役員**
58	●	6	**就寝刑**
7	●	0	**終身雇用制アイドル**
577		26	**獣神サンダータイガー服部**
45		0	獣神サンダーライガー
1		0	終身名誉ランナーコーチ
3		0	十全大補湯
17		0	集団外道
17		1	自由帳
45	●	1	**柔突起**
5		2	周富輝
5	●	0	**就農**
4		1	十返舎一九
9		0	十万石まんじゅう
3		0	十万四十二歳
9		2	シュガースポット
69		0	授業参観　　　　いつもの先生じゃない（泣
7		0	熟女パワー再び
4		0	縮毛矯正
137		0	縮毛矯正モデル…石原良純
7		0	宿題は７月中にやりましょう

15	●●	3	**宿題やったけどノート忘れました**
4	●	0	熟年再婚
9	●	0	宿泊地：ホテルカリフォルニア
58		0	受験DOだった？
19		1	シュシュッとファブリーズ
90		0	首相！アヒル口でもう一枚
9		0	首相完停（完全停止）
8	●	0	**主食「かさぶた」**
466		1	受信メール全てウィルス
3		0	受信料ドロボー！
97		1	守正（・・・・・）
36		0	首長族
27		0	**出欠大サービス　〜代返〜**
9		0	出身地：神奈川6区
121	●	0	**出頭を逮捕**
8		0	出初式で落下事故
5	●	8	**首都大学東京**
22	●	0	**趣味、節電**
2		3	**趣味：一発朗**
60		0	趣味：ごはんですよのふたを押すこと
63		1	趣味はおむつを少々
65		0	趣味はハイキング
107		0	ジュラさん
13	●	1	**修羅雪姫**
5		6	**ジュリアナ東京**
1		1	ジュリー
3		0	手榴弾を投げ銃乱射
7		1	シュワ知事
32		2	瞬「ネビュラチェ〜ン！」
3		1	純一、愛の巣建設中
12		0	純イチロー
6		1	瞬間ゴキパオ
4		1	純情愛情過剰に異常♪
33		1	ジュンスカ。
3		0	俊輔、謎のじんましんで欠場
3		0	俊輔にオール7！
171		0	俊太公園でひざ皿フリスビー
2		2	純ちゃんのブラボーダンス
3		2	ジュンヤごめんね。
508		0	じょ、冗談じゃ・・・
42		0	しょ〜うへいへ〜〜い
22		0	ジョア
6		2	ジョイナー
118			

2		1	ジョイナーの爪
4		1	小朝知らず
10		2	勝因は広岡の不在
3		0	小宇宙（コスモ）
8		0	照英、直球アタック告白
48		0	照英とお呼びっ！
5		4	**荘園**
6	●	6	# 小カール君
15		1	場外ランニングホームラン
15		0	小顔ゴージャス
7		0	小学生よ、もう宿題終わったか？
24		2	召喚獣リヴァイアさん
39		0	消去法の達人
7		1	賞金女王
5		1	将軍家光忍び旅
3		9	**衝撃！細木数子の開運ヌード！**
57		2	上下左右から風が来る４つの扇風機
139		0	小公女ベッキー！！
6		0	しょうこう熱
7		0	上戸彩
96	●	0	**承子さま**
503		1	小材
7		0	詳細は後ほど
602		1	硝酸ミコナゾール
1		1	消臭力
1	●	0	**上州屋**
3		0	上場は認めない、八百長の恐れがあるからだ
1		1	少食動物
1		0	少女隊
9		0	小選挙区比例代表並立制
63		0	小象寿司
3		1	冗談 TOYOTA
4		1	冗談は顔だけにしてくれ。
377		0	冗談は抜き子ちゃん
2		0	冗談はよしこちゃん
1		0	小力じゃないよ、コリッキー
7		0	焼酎梅入り
4	●	1	**焼酎学生**
27	●	0	**省庁のジム時間**
31		0	聖徳太子
1		0	湘南・マタンゴ娘
19		1	湘南サウンド弾きます。
4		0	情熱　熱風　せれなーで
83		0	少年隊で仮面武道会
13		0	少年チャンプルー
59		1	少年ナイフ
1	●	1	**城之内早苗　『あじさい橋』**

119

1	1		乗馬フィットネス機器「JOBA」
5	1		常磐ハワイアンセンター
6	0		消費者金融連絡会
39	0		賞品は特製カレンダー1年分
2	0		笑福亭 小枝
59	0		笑福亭一升瓶
189	0		笑福亭鶴兵
4	0		勝負下着
8	0		小太りじいさん
84	0		情報源は二男
10	1		情報源は東京スポーツ
1	0		情報ライブ ミヤネ屋
9	0	●	**縄文 VS 弥生**
10	0		縄文式スープレックス
7	0		照屋林助
41	0		醤油・ラー油・何を言う！
7	0	●	**しょうゆかけごはん**
11	1		将来の夢がへびつかい座の黄金聖闘士
53	0		将来の夢はスモーレスラーさ！！
7	1		昇竜拳
8	0		ショウリョウバッタ
6	0		少林キョンシー
4	0		昭和 JUMP
15	2		ショーケンサンバ
3	0		ショーケンの怖い写真ばかり選んでるだろ？
102	3		**ジョージー富田**
16	0		ジョーダンズ
3	0		ジョーどこ？（江口洋介）
10	0		ショートとサードの中間あたり
70	0		ジョー東
1	0		ジョー樋口
78	0	●	**職業：wikipedia の編集**
60	0		職業：ウルトラ警備隊
10	0	●	**職業：ハローワーカー**
19	1		食後はビックマックでよろしいでしょうか？
13	2		職なし芳一
23	1		食パン6枚
3	2		食パンウーマン
5	2		食パンマン
3	1		女児（6）が笛で変態男を撃退
10	1		女子アナ注意
9	1	●●	# 女子十二楽坊
13	1		ジョシデカ！
8	0	●	**女子の視線を気にしながらの跳び箱**
81	0		女子は黙ってろよ！！
19	1		女将がジャージ
4	1		処女と少女と娼婦に淑女
276	0		ジョジョの微妙な冒険
120			

さ

7	●	0	**女性占領車両**
85		0	ショック吸収タイヤ
17	●	0	## しょっちゅう見舞い
7		3	初手、1八香
6	●	1	ジョニー・ゲップ
22		0	ジョニー大倉
2		0	ジョニー黒木
22		0	署名 命
31		0	所有権
16		1	ジョリーパスタ
1		0	死夜悪
128	●	2	**ジョルトコーラ**
21	●	4	## ショワちゃん（昭和天皇）
119		2	ジョン・F・さだよし
18		1	ジョン・カビラ
8		0	ジョン・シェパード
18		1	ジョン・ボンジョヴィ
9		0	ジョン様（アンジョンファン）
9		0	ジョンソン・エンド・ジョンソン
10	●	0	**ジョンソンとジョンソン**
137	●	0	**ジョンレノソ**
398		0	地雷ZEROキャンペーン
7		0	白井ヴィンセント
1		0	白樺　青空　南果歩
2		0	白木みのる
1		0	ジラシテ果実
13	●	0	**シリアナ**
15		1	自力で行くハワイ
564		1	尻こ玉引っこ抜くど〜！
34		0	私立幼稚園
13		0	尻ロマンを求めて
40		0	シルクタッチ
5		1	汁気
43		1	汁婆
48		1	シルベスター・ス太論
23		0	シルベスタスタスタローンがトコトコ歩いた
2		0	白竜
2		1	城 麻美
24		0	シロアリに食われた木
5		1	シロアリパック
4		0	白い恋人
7		0	白石ひとみ
4		0	白いんげん豆
1		0	ジローラモ
35		1	白居易（楽天）
169	●	1	**白癬流し**

121

12		3	**シロッコ**
50		2	白と赤の粒々が効くらしいね・・・
356		0	白トッポ
1		0	白バイ野郎ジョン&パンチ
127	●	0	**白松ガ最中**
5		0	白松がモナカ
34		0	白柳徹夫
124		0	白柳リリー
73		0	獅童
3		0	新（あらた）vs 新（あたら）しい
4	●	0	**新「巨人の星」**
161		0	新・月面宙返り
19		1	新・坂崎幸之助
22		0	新・省エネルック
2		0	ジン・スズキ
3		0	新・鷲巣麻雀牌Ⅱ
4		1	深イイ話
131		2	新狼牙風風拳
646		0	新オクレ兄さん
16		0	シンガーソングライター板尾創路
112		1	人格否定発言
5		18	**新加勢大周**
90		0	新居　フゥ〜ッ！
10		0	蜃気楼は食べられないんだよ
70		1	神宮寺祥(中井貴一)『涙がかわくまで…』
16		0	シンクロナイズド ラブ
6		0	神経衰弱
17		0	神経痛
37	●	4	**真剣５０代（中年）しゃべり場**
1		0	進研蝉
6	●	2	**真剣白刃取り失敗**
5		2	人件費
481		0	信号機を登って2人の人を倒し青になる
70		0	新語探検　「ふたり酒」
71	●	0	**慎吾ママ**
5		11	**新ジキナ顆粒**
47		3	**紳士服の最中**
13		2	新社名どーん！
9		1	信州県
34		0	新宿湘南ライン（東日本）
9		0	新宿西口駅の前
5		4	**新宿の母**
16		0	新宿パルコと静岡パルシェの確執
122			

さ

17		0	新春隠れん坊大会
22		0	新春ドラマスペシャル　マグロ
7		0	新庄、開幕1カ月足らずで引退表明
3	●	0	**新庄「夢を探しに行きます」**
4		1	新庄スタイル
1		0	ジンジロゲ
27		0	新人入社式・新顔入所式
22		0	新人類
2		0	紳助の「人間マンダラ」
3		0	紳助分祀
19		2	ジン鈴木
7		1	人生3勝97敗っぽいおやじ
4	●	0	**人生エロエロ**
6		3	**人生送りバント号**
6		0	人生デッドボール号
559		0	人生のパイオニア
9		2	新整備場（東京モノレール）
160		1	人生見切り発進失敗!!
23		1	新千円札風にリーゼントを決める
15		0	新鮮組
1		0	新撰組　起きて掃除
1		0	新造人間キャイーン
15		2	人体の不思議展
8		0	死んだはずだよ　お富さん
31		0	仁丹
13		1	新築そっくりさん
6		0	人畜無害
111		1	新着メッセージなし
118		2	新弟子検査
7		0	新弟子検査落第
716		0	シンデタラ
41		0	シンデレラ、トンデーラ
4		0	シンデレラマン
25		0	しんでんらんばしーとんねるずより抜粋
5	●	5	**新党　　魁**
3		1	新東京タワー
32		0	新党二本
9		1	振動パック
3		1	シンドラーのリスト
2		2	陣内大蔵「空よ」
5		0	シンハラ人とタミル人の大晦日
26		0	シンバルの気持ち
9	●	1	**新番組　細木数子にズバリ言うわよ！**
33		1	新番組！【霊界探偵宜保愛子】
21	●	5	**新堀ギター**
17		0	じんマシン
6		1	新右エ門さん

さ

32		0	新メイプルタウン物語 パームタウン編
10		1	深夜からやり直し
4		0	新約『巨人の星』花形
35		2	森羅万象チョコ
1		0	真理アンヌ
1		0	人力舎
12		0	人類補完計画
5		0	酢
70		0	ス、スナフキンさえ、いなければ・・・
5		3	**粋Z**
1	●	0	**すいか風メロンパン**
337		0	すいかたねぇっす
36		2	スイカップ
12	●	0	**水上置換**
60		1	水上痴漢法
60		0	水性(仮)
5		0	水性ニス
153		2	垂直落下式DDT→体固め
46		1	垂直落下式げんこつ
10		0	垂直落下式フォーエバー
2		0	スイッチング羽生
4		0	水田わさび
185		1	水道トラブル5000円
23		0	水道の水をおいしそうに見せる技術
5		1	水道橋博士
86		0	すいまそん
1		0	水曜どうでしょう
19		3	**水曜特選名画 「牛泥棒2」**
6		0	四暗刻
10		1	スゥイングガイズ
427		0	スウェメ大会優勝商品栗300個
5		0	スヴェルト
376	●	1	**スーザンふ美子**
29		0	スーしませう
51		1	ずうとるび
29		0	ずうとるびXP
2		1	スーパー ドッチーモ
34		0	スーパーADウメさん
24		0	スーパーアーツ カザン「とうっ
42	●	0	**スーパーアグリ**
2		0	スーパーカーライト自転車
107		0	スーパーカイヤ人
2		0	スーパーサブ
48		0	スーパー写真塾
1		0	スーパーストロングマシーン
7		0	スーパーゼビウス
4		1	スーパー銭湯
1		0	スーパーダイスQ
3		0	スーパーティーチャー

124

6		0	スーパーテンツク
12		1	スーパードクターYKK
81	●	4	**スーパーはぼき**
37	●	4	**スーパーハボキ**
500		1	スーパーひとし君
54		0	スーパー部長がなんと言うか・・・
86		0	スーパー正男
6		0	スーパーミリオンヘアー
24		0	スーパーロボットサクラ大戦
3		0	スーハ強欲すぎ
302		0	スーマリ
1		0	ズームイン痣！
56	●	1	**ズームイン昼スギ。**
87	●	4	**ズームイン夜**
19		1	数量限定！由利　徹裁縫セット
14		0	末広まきこ
14		2	末松（稲中体育教師）
39	●	1	**図解　和英辞典**
2		0	菅井きん
19		2	スカイフィッシュフライ定食
19		0	スカウターDEナンパ！
448		1	スカウター下さい
1		0	スガシカオ
158	●	1	**スガシカト**
111		0	スカッといこうか！円形脱毛症
18		0	スカパーニャ
45		0	巣鴨の首領(ドン)
1		1	巣鴨のままで
9		1	スカラー波
6		0	菅原道真の子孫レゲエ歌手
1		0	すかんち
13	●	1	**ズキアカのチャンネー**
4		1	杉浦幸
1		0	スキカル
30		1	杉作J太郎
54		0	杉沢村
13		0	スギ氏
11		0	スキスキスー 2007
3		0	杉田かおる、禁煙で勝ち組になりましょうよ
8		0	杉田からのメールは『ハゲ豚へ』
72		1	杉田かをる
1		0	すきっ歯
1		1	スキトキメキトキス
45		0	好きな歌手は「あゆ」です
24	●	2	**好きな芸能人アンケート1位　その他**

杉村太蔵「ポスト小泉意識している」

15 / 3	
8 / 0	杉村の根性を叩きなおす　ｂｙ大仁田
1 / 0	杉本エルザ

杉本彩「私は肉食女子」

15 / 0	
1 / 1	杉本哲太　自転車持ち去る
142 / 2	好きや・・・、大好きなんやっ！！

スキャットマン・ジョン

5 / 7	
5 / 7	杉山清貴＆オメガトライブ

巣食う会

13 / 0	
39 / 2	すぐメガネがくもるのは遺伝です。
4 / 1	すぐやる課
37 / 0	スクリーンサイバー
3 / 0	スクリャービン
1 / 0	卓ちゃんハンマー
19 / 1	すげーサンシェイド
10 / 1	助っ人日本人
2 / 1	介の字貼り
5 / 12	スケバン刑事

透けパン刑事

40 / 3	
4 / 0	スケバン刑事４代目あやや
16 / 1	スケバン刑事をなめたらあかんぜよ。
321 / 2	すけべいす
177 / 2	スケルトン・バキュームカー
16 / 0	すごい へべれけ
15 / 0	すごい毛穴
6 / 1	図工
112 / 1	ズコーッ！（ハットリくん）
6 / 2	ズコッ!!
5 / 3	ズゴック
115 / 0	すこぶるせっかち
18 / 1	スコラ
6 / 2	スゴ録。
3 / 0	スコンブ
1 / 0	筋　子
165 / 9	寿司・・・トロいっちょ・・・

すしＱ

12 / 1	
18 / 2	寿司Ｑ
4 / 1	スシ王子！
20 / 0	筋ケシマン
1 / 0	すじこ
3 / 1	寿司店主、カニ盗む
1 / 0	寿司処　ナターシャ
5 / 1	すしのこ

さ

2		1	すしボール
5	●	15	## 寿司ボンバー スジャータが8時を お知らせします
21	●	4	
4		1	スシロー
57		1	すすいだ瞬間キュキュっと堕ちてるアナキン
3		0	鈴鹿の入賞確率100%
7		1	鈴木亜美エイベックスへ
2		2	鈴木紗理奈：BooBee MAGIC
157		0	鈴木証人！ぁのー鈴木証人ぁのー
38		0	鈴木その子です。
1		0	鈴木大地
1		0	鈴木ヒロミツ
38		1	鈴木宗男
4	●	0	**鈴木爛々**
10		0	すずちゃんと結婚
47		2	晋ちゃんまんじゅう
77		1	進ぬ！電波少年
223		0	すずめ
13	●	1	**スズメバチ駆除スターシリーズ**
27		0	雀百までオードリー忘れず
87		0	すそ
40		1	すそあげ
2		0	すたぁーいりぃ〜　っすたいりーっ♪
1		0	スターウォーズ（錦野戦争）
4		0	スターどっきり
21		1	スターファイヤー！（プリンセス天功より）
18	●	1	**スターボウリング**
8		0	すたこらさっさ
113		2	スタッフ〜ゥスタッフゥ〜
1		0	スチールウール
6		1	スチャダラパー
6		0	ズッキーニ
43		1	すっきでっす　つぼ八♪
3		0	すっげーはつらつ
146	●	3	## ズッコケ三人組
8		1	すっとこどっこい
82		1	すっぱい・ゲーム
35		0	すっパイナポー
41		1	すっぱまん
1		0	すっぱムーチョ
9	●	1	**スティービーワンダーフォーゲル部**
64	●	2	**スティーブン・セガールの沈黙シリーズ**
15		0	素敵な粗品

1	●	0	**ステップ気候**
1		0	ステテコ
10		0	既にアジアレベルじゃない！
60		0	捨て牌が役満
92		0	ストⅡ
1		1	ストーカー市川
1	●	1	**ストップ！！ひばりくん**
4		1	ストップ．ザ．パクリ
89		0	ストライキやめて
82		1	ストリート習字
5		22	**ストリートファイター２´**
43		1	ストレッチマン
3	●	0	**ストロング金剛**
26		2	素直にアイムソーリー
102		2	砂かけ馬場
1		0	砂消しゴム
4		0	スナック　古ギャル
19		0	スナック　なんとなく
17		0	スナッチ
8		0	砂布巾
1		0	スナメリ
4		0	スニーカーぶる～す
3		0	スネ夫DAY
67		0	スネ夫探偵事務所
150	●	2	**スネ夫は留守ざます。**
67		0	スネオの誕生日
6		0	スネオヘアー
654		3	**すねおより金持ち**
37		0	スネ毛行進曲（仮）
34		6	**スネちゃま**
22		0	スネっと．
3		0	スネドン検事
18		1	頭脳戦艦ガル
7	●	2	**頭脳パン**
13		0	スパーク
136		0	スパイダーマン対応
3		0	スパイ募集中　ｂｙ英MI6
17		0	ズバコン
468		1	スパッツ
22		0	スパッツけん
8	●	0	**ズバリ言うわよ　ｉｎ　東京ドーム**
6		0	スパルタ教育
15		1	スパルタスロン２００４
7		0	スピーク　ラーク
4		0	スピリチュアルカウンセラー
19		1	スピルバーグ製作お好み焼き
22		0	スプーンおばさん

13	3	**酢豚をプロデュース**
19	0	**スプリットタンシチュー**
4	0	スプリング　ハナ　カム
3	0	スペードのジョー
3	0	スペゴン
38	0	スペシウム光線
1	0	スベスベマンジュウガニ
36	1	スペランカー
23	0	スペランカーの赤いランプ
20	0	すべらんなぁ〜
714	1	すべリアンハスキー
7	0	すべりやすい
1	0	スペル・デルフィン＆早坂好恵夫妻
3	0	スペルマン
1	0	スポイト
13	0	**スポーンおばさん**
35	0	ズボン
17	0	**スポンサー：自分**
10	0	スポンサーに依頼されちゃね
3	1	スポンサーにも朝ズバッ！
1	0	ズボン下
13	0	スポんちゅ
36	2	スマイル＝¥0
8	4	**墨ガキ**
10	0	スミス都でデモ
52	0	酢味噌に館博物館
52	0	すみません、みやま市でした。
6	0	スムーずィ〜
27	0	スムースイン SUPER
3	0	相撲先生
41	0	すもう鳥
380	1	相撲の厳しさを教えてあげますよ
27	0	相撲部屋に入門、押しを学ぶ
770	0	スモウライダー
16	2	酢もぐり
5	19	**素潜り**
15	0	**李承☆（☆は火へんに華）**
16	0	すもももももも　浜崎伝助
57	0	スラムダンク
23	1	スラムダンク第二部
704	0	スラリンカ
6	0	すりこぎ
85	0	スリットみかこ
24	1	スリッパで叩き潰すと、2匹になるゴキブリ
11	3	**スリムドカン**
4	0	スリル満点！スペースマウンテン
13	1	スローにん
12	1	スロリーマン

6		1	ズワイガニ
7		0	座り込み
2		0	ずん
8	●	1	**寸 志**
204		0	ずんぐりむっくり
4		0	ズンタッタターズンタッター
1		0	ずんだもち
4		2	ズンドコタイムトラベル
86		3	**ずんのやす**
449		1	せ、先行者バンザイ！！
2		2	セ・パ・拓郎
2		0	精意大将軍
2		0	性意大将軍
2	●	1	**誠意大将軍（羽賀研二）**
1		1	青雲、それは君が見た光。僕が見た希望。
2		0	政界に一つだけの浜コー
10		1	政界の上戸彩（失笑）
2	●	0	**正解は、越後製菓**
21		1	正解は、越後製菓！！
32		1	性格の Which
7		0	生活応援団
283		0	世紀末リーダー伝「たけし」
1	●	0	**生協新聞**
1		1	生協の白石さん
4		0	整形＝アンチエイジング対策
39		0	整形奥二重
32		0	整形は2回、成長したんだよ！
72		1	生後5ヶ月とは思えない足さばき
3		1	政治とＩＴとの融合です
19		0	青春Ｈｏｌｌｙｗｏｏｄ　Ｇｉｒｌ
607		0	青春ばかちん料理塾
3	●	1	**正常気象**
84		0	政治より経済よりポスト
9		2	星人式
13	●	0	**精神的シチュー**
129		0	精神病（パラノイヤ）
9		0	晴晴"
514	●	0	**成増になります**
47		1	政党名　たちあがれ日本　略称　たちぽん
14		2	生徒会書記
7		0	制服向上委員会
41		0	西部警察
11		2	西部警察2003（前科あり）
7		1	西部軽率
5		2	西武多摩川線
7		0	声優に転向した方が良さそうなＣ級アイドル
35		0	声優の顔見るべからず
5		0	西暦2000年問題
130			

さ

54	2	セイロクマン
1	0	セイン・カミュ
1	0	セイントフォー
21	3	**せぇ～の、「タ～マちゃ～ん！」**
4	1	せーの、「笑ってる場合ですよ!!」
57	1	セーム・シュルト
15	2	セーラー服と植草教授
4	1	セーラー服とおまんじゅう
1	1	セーラー服と火縄銃
30	0	セーラームーンスーパーズ
37	0	セーラームーンの変身シーン(照)
38	1	セールスお断わり
11	0	背負い投げされて負けたくないから頭で立つ
140	1	世界一セクシーな銀行強盗
52	1	世界共和国
26	0	世界最弱ハードラー　為末 大
9	0	世界最大級の靴下
25	0	せかいじゅのは
149	● 1	**世界人類が平和でありますように**
23	● 1	世界で1つだけの花、カメ踏みで無限増殖
15	● 4	# 世界でひとつだけの鼻
5	6	## 世界都市博
4	1	世界に一つだけの波奈
10	0	世界の50人
16	0	世界の御三家。黒澤・山ちゃん・ナベアツ
9	1	世界の車窓から。今日は鶯谷に到着します。
615	1	世界の社長から
15	1	世界の中心で、愛をさけぶ
69	3	**世界の中心で「ハゲ！」とさけぶ**
3	1	世界の中心でアレを叫ぶ
2	0	世界のナベアツ
12	1	セ界のナベツネ
2	0	世界のナベツネ
44	1	世界のヘイポー
1	0	世界は俺を害と呼ぶんだぜ
1	0	世界名作劇場 『洗濯屋ケンちゃん』
65	0	瀬賀佐たん四郎
8	● 1	**瀬川瑛子＆古谷一行　　『地球最後の日』**
40	0	セカンドバッグ
728	1	咳・喉・声に永六輔
54	1	関口宏のハトが出ますよ
2	1	関口宏のわくわく動物ランド
3	1	積尸気冥界波（せきしきめいかいは）
14	1	セクシー女塾
37	0	セクシーコマンダー優子
21	1	セクシービ～ム（テポドン）
38	1	セクシー人妻
13	0	セクシーボイスアンドロボ

4	●	1	**セクスィー部長**
48		0	セコンド　片岡鶴太郎
26		0	セザァ〜ル！
7		1	セサミストリートの誰かに似ている前原代表
2	●	3	# セサミストリートファイター2
10		6	## セシ〜ル〜　以下フランス語
7		1	せっかくの県民の日が日曜日でバー
1		0	拙者が新右衛門さんでござるか？
1		1	せっせと編んだだよ
15		0	ゼッターランド・ヨーコ
3		0	絶対ブラジルに勝てますよね？
1		0	セッチー鬼瓦軍団
46		2	セットでおすぎもいかがですか？
44		0	絶品！赤白帽のゴム
30		0	設問⑤　どちらかと言えばギャル系が好き
1		0	摂理
5	●	8	# 切レテナーイ
6		3	## 瀬戸内ジャクソン
1		0	瀬戸内寂聴のオールナイトニッポン
1	●	1	**瀬戸内海の中心で貝をさばく**
5		2	セトミン
507		0	セドリック
4		2	瀬戸ワンタン　日暮れ天丼
24		2	背中がかゆいので、ザラザラしてる壁を探す
14		0	背中まで45分（ジュリー）
17		0	銭形おすぎ
3		0	銭形幸一
45		0	ゼニガメ…君に決めた!!
13		0	セバ卓郎
1		0	セバスチャンを呼んでらっしゃい。
2		0	セバタ苦労
2		0	ゼビウス
23		0	ゼビウスの六角形の機械
39		0	ゼブラーマン
42		0	ゼブラゾーン
88		1	セブンイレブン南新小岩店
13		0	セブン銀行
3		3	## セブンセンシズ
6		1	ゼペットじいさん
22		0	セミ人間
6		0	セミリタイヤ
40		0	セメダイン
678		1	ゼリーを掃除機で吸うとどうなるのか
127		0	セリエ・ア
132			

さ

45		0	セルジオ越後
56		0	セルジオ越後屋
46		0	セルシニア
17		0	ゼルダの関節
9		0	セルビア・モンテネグロ
61		0	セレブ マイナス ダンディ
13		0	セレブ会
19		3	**セレブ対抗歌合戦**
408	●	1	**セレモアつくば**
20		0	ゼロゼロワンダフォー
4		1	世話チョコ
6		0	全 肉 連
6		0	宣　銅烈
124		0	全員が襟ならOK
15		2	全員修造
79		1	全員上官殿に痙攣
10		0	全員スイッチヒッター
39	●	1	**前回のあらすじマニア**
44		1	前かがみ禁止
6		0	戦神丸
16		1	戦艦ポチョムキン
35		0	千客万来
3		0	選挙は麻薬
175		0	前屈み
5		1	全国キャラバン
15		2	千石先生ＶＳ西表島
3	●	0	**全国棚田サミット**
6		0	全国チンドンまつり
6		1	全国のチンドンマンが集結
7		1	前後不覚
16		0	ゼンジー北京
6		1	全自動運動会
12		1	千島樺太交換条約
1		0	戦車でGO！
11		0	全車にチャゲ標準装備
101		0	先取！男塾
17		0	選手兼監督兼社長
9	●	1	**洗浄のピアニスト**
10		1	全女の良心
2		0	ぜんじろう
7		1	線審：タイガー服部
59		0	先生！ユーミンの五・七・五って必要ですか？
15	●	1	**先生、△って何点ですか？**
365		0	先生「ん〜↑」生徒一同「間違えたかな」
15		3	**先生で黒板が見えません**
25		0	先生のことお母さんて呼ばないでね
32	●	1	**全然かわいそうではありません**
2		0	宣戦フコク生命

133

1		1	仙台ガールズプロレスリング
117		0	洗濯機フライド資金
7		0	洗濯屋ケンちゃん
6		0	千谷沢村（チャーザー村）
1		0	善玉コレステロール
7		0	せんだみつお
12		1	せんだみつおゲーム
574		1	先着１０００万人に二層式洗濯機プレゼント
6		1	船長
2	●	1	**仙堂 あきほ**
1		0	銭湯のメリークリスマス
2		0	銭闘モード
543		0	せんとさん
24		1	千と千尋のさだまさし
2		1	千と千尋の西田敏行
11	●	1	**千と昌男の金隠し**
37		0	占ないＢＡＢＡ!!
8		1	全日本合掌コンクール
7		0	千年灸
10		0	先発：小林雅
23		4	**扇風機がこっちに向いたので涼しい**
23	●	1	**扇風機を回して、回転数を数える**
9	●	1	**全米が泣いた**
2		0	全米が萎えた
20		4	**仙豆くうか？**
12		0	全面勝新
3	●	1	**全裸で運転、５人はねる**
3		2	全裸ライダー
3		2	全裸ライダー逃走中
10	●	1	**戦力内通告**
17		0	全力老人
3		1	そいえば保坂はもう怒ってないの？布袋に
13		0	ソイジョイ
491		1	ゾイド
5		2	ソイニネン
3		0	そいや　さとやたえって,,,
3		1	そいやスライムベスの「ベス」って何？
254		1	そいやそいや！ギューンギューン！
3		0	そいやハッピハッピー。は仕事増えたの？
3		0	そいやピアノマンってどうなった？
3		0	ゾウ6頭脱走
2		0	創価せんべい
70		1	騒音おばさん主演　『羊たちの沈黙２』
3		0	騒音おばさん懲役１年
6		1	そうか！モンゴルや！！
5		1	草加市
9	●	1	**創刊号は２９０円。**

134

4	●	0	**臓器バイバイ**
196		0	雑巾とマネキンって似てる気がする
5		2	送迎
3		1	ぞうさんはもっと好きです♪
23		1	掃除機のタイヤをシャーシャー回す
3		0	走召！≠ﾙﾔﾙ
4		0	装飾系男子
1		0	装飾動物
39		1	象印賞
15		3	**象印夫人**
7		0	相続放棄
55		0	そうだ、ビスコを食べよう！
3		0	壮大なスケールのコント？
1		0	早退の鉄人
4		1	そうだよそうだよソースだよ。
6		0	早朝西部劇
477	●	1	**早朝バズーカ**
90		0	想定外・・・オジャマモン
3		0	想定の範囲内
21	●	2	**そうは、い神崎！**
59		1	相葉ちゃんヤギみたい。
2		0	創聖のアクエリアス
4	●	0	**総武線の女子高生**
1		0	相楽晴子
38	●	0	**総理大臣専用便座**
772		14	**ゾウリムシ**
6		0	僧侶
43		0	ソーセージ学園
2		0	そーたに
48		0	ソープ引退
64		0	ゾーマにはベホマ
2		1	曽我 Fit み
3		2	曽我キッス
5		4	**蘇我入鹿**
21		2	続・加勢大周
5		4	**続・猿の惑星**
261		0	続・ムッシュかまよて
63	●	0	**即戦力と自負しております。**
35		0	側転ヘッドバット
36		2	足尾銅山
2		0	ソクラテス
63		0	そこ、そこ、そこも好き。
75		0	そこがかゆいの日本人　　（即、打ち切り決定）
10		0	そこにＴＨＡＴ節が！
15		1	そこにグラスがあったから
79		0	そこの角を右に左折して！
7		0	そこは、バントだろ

135

さ

4	3	**そこまで言って委員会**
134	2	そこまでマニアじゃねえよ！
20	1	そこんトコ、よろしこ！
6	0	祖師ヶ谷ーズ
47	0	組織の女
63	0	そして伝説へ…。
1	0	粗品
30	1	卒業式バトル！
3	0	卒業証書
3	0	卒業証書を探す旅に行った奴はどうした？
39	2	そっとしておいてほしい時の顔写真集
89	0	卒楽式（そつぎょうしき）
6	0	ソテーガイ
9	0	袖ビーム
15	0	ソニッケアー
8	0	その男、教頭につき
4	0	その男、貧乏につき
10	0	その顔セクハラですよ！
128	0	その顔でその胸かよっ
93	0	その言葉、そっくりそのままお返しします
84	2	そのスポーツ界では「美人」
3	2	ソノチームハ、イチバンデース
13	2	その透明感は大人気ない
88	0	その二松谷
1	0	その他もろもろ
27	0	そのまんま干菓子
4	0	そのまんま東　出馬
3	1	そのまんま東が田代裁判傍聴失敗
15	0	そのまんま美川
1	0	そばかす
34	2	そばばばーん！（効果音）
34	0	そばめしふりかけごはん
25	1	ソビエト
5	1	ソフィーの世界
4	0	ソフィーマルソー
6	0	ソフトバンクごっこ
150	1	ソフト麺
10	0	祖父のセミヌード
1	0	そぼろ
4	0	そらジロー
156	1	そら豆
259	0	そら豆集会
39	2	空耳 発祥の地
18	1	空耳アワー
19	1	**空耳スト**
1	0	ソリティアで時間潰し
1	0	それ、スイカの名産地
10	0	それ、前に聞いた
6	0	それ、レンジでポアして
21	1	それいけ！ズッコケ三人組
13	0	それが男の夢
136		

2	0	それが大事
63	0	それそれ。あ、そうだよ。
179	1	それっ、居合い切り！
163	0	それってーマジ、ナウくね？
35	0	それでいいのか盆ダンス
67	0	それでだめならFXやめろ
12	0	**それでは、新郎・妊婦の入場です。**
8	0	それでは先行、ぴったしチームから。
8	0	それでは皆さんご一緒に…チャ～ラ～ン！
27	0	それでもボクはヤッケない
3	0	それは餅です
1	1	それゆけココロジー
31	0	ソレンスタム
22	0	**そろばん教室USA**
53	1	尊敬する先輩はマッチさんです
20	1	尊敬する人は高橋名人でした。
8	0	そんなにIT企業の社長がすきなのか！？
4	3	**そんなの関係ねぇ　レゲェ版**
4	1	そんなの関係ねぇ！！
59	0	そんなヒロシに騙されて／原由子
74	1	そんぽ24

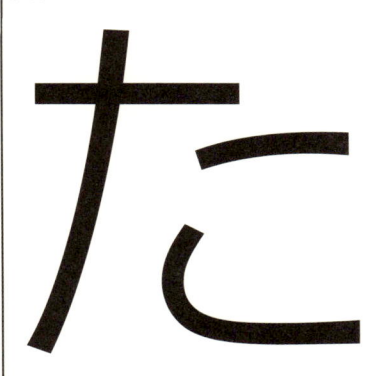

た

2	0	田　園 (By 玉置・K)
42	0	ダ～イシ
37	1	タ～イム、ピッチャー交代。(燃えプロ)
6	2	た～ちまちオムツが、大噴火～
24	0	ダ・食パンプ
15	2	ダーウィンは外国人
105	2	ダースロマーシュ
31	1	ターちゃん
2	0	ダーブラ

た

10		0	ダーンズ4
5		7	**第16回梅辰会**
27		1	第2次補正下着予算
225		1	第3次世界大戦
4	●	0	**第3のビール値上げ**
45		0	第82回全国帰宅部選手権大会〜沖縄予選〜
2		0	ダイアモンド☆ユカイ
87		1	体育館・やけど
66	●	0	**体育館すわり**
1		2	第152回 水木しげる杯 妖怪大運動会
5		1	第一パン
5		0	大往生
15		0	大音量でユーロビート
2	●	1	**タイガー**
13		0	タイガー マイコンジャー "炊きたて"
25		3	**タイガー炊飯ジャー♪ TA・KI・TA・TE♪**
1	●	0	**タイガースマスク**
27		1	タイガードラマなのに龍馬
1		0	タイガーバーム
2		1	タイガー服部
9	●	0	**大学駅弁**
5		2	大學眼鏡研究所
32		1	退屈！だるだる大辞典2
5		4	**大検**
10		0	大減某
21	●	0	**大後悔時代**
45		0	大航海時代
15		1	タイ子の達人
9		1	タイ米
5		1	大五郎
5		9	**大鑽井盆地**
10		0	第三国で開催
11	●	6	**大塩平八郎のRUN**
7		0	題字が、榊莫山
8		0	大使館前にクジラ
562		0	だいじな　だいじな　アタック茶ーーンス
279		1	大事箱
20		0	大事マン☆ブラザーズ
2		0	だいじょうぶだぁ〜太鼓
4		1	大丈夫だゾウ
38		1	大食いチャンピオン白田のぶあき
124	●	0	**退職金返上の生涯雇用**
53		1	大ジョッキでモンダミン
198		2	大神源太
5		2	大豆
15		1	大豆（遺伝子組み換えでない）
7		0	大好き朝青龍！と叫んでる旭天鵬似の女の子
138			

55		1	大好き五つ子!!
5		4	**大澄賢也**
2		0	大草原の小さな遺影
57		0	体操マット
31		0	大卒・就職・ハードゲイ
17		0	代打 ガルベス
2	●	0	**代打　俺**
98		0	代打 ぼちむら
73		0	代打・八重樫
4		0	だいだい色
12		0	ダイダイダイダイダイマナン!
5		3	**大宝律令**
60		1	炊いた肉
187		3	**タイタニックのふきかえ下手過ぎ**
72	●	3	**代打福王。**
72		1	代打八重樫。
1		0	だいだらぼっち
2		2	大地讃頌
37		0	大地参照
1	●	0	**大痔主**
32		0	大地魔王
114		0	大腸菌ビブリオ（稲中）
1		1	大腸にほえろ
1		1	大土井裕二
10		0	大天使ガブリエル
8		0	大道芸人とは3月に破局
14		2	ダイドードリンコ
46		2	タイトなふんどし
7		0	ダイナマイト関西
38		1	ダイナマイト四国
27		0	ダイナマンvsダイワマン
3		0	大に田；親を裏切れなかったんスよぉ俺は！
10	●●	3	**第二電電**
23	●	0	**第二ボタンをたくさんつけておく**
47		0	大八戒
2		0	大花*花火
27		0	大ピンチ！守護神の糖尿です！
91		1	台風が来ると妙にはしゃぎ出す奴
332		5	**台風君（15）**
10		1	台風のアジア名
7		0	台風の為、プーフーウーになるでしょう
7		0	台風の目、右1.5　左1.2
209		1	台風の目と僕の目があって恋の始まり
1		1	台ふきん
10		0	大福一気食い
3	●	0	**ダイブドア**

1		0	太平洋ひとりぼっち
5		11	**太平洋ベルト**
6		1	たいへん！バイキン音頭
41		0	台北、中国、トロント
1		0	逮捕特番１７％、西遊記２３％
17	●	0	**大魔神・中魔神・小魔神**
6		0	大マンボ
9		4	**大名行列のできる法律相談所**
54		1	タイムオカン
58		0	大桃美代子の流行桃
1		0	大門軍団
11		0	タイヤが雪にはまってスリッパを使う
1		0	ダイヤモンド映像
1		0	太陽ケア
3		0	太陽新党
3		0	太陽の Komachi Angel
4		0	太陽のタマゴ
9		3	**第４０回全国花いっぱいコンクール**
30		2	平性教育委員会
25		1	たいらのまさカード
3		2	大リーグ養成ギブス
5		1	大霊界
35		1	第6の銀河系人
9	●	0	**対話と圧力鍋**
3		0	台湾という国
7	●	1	**台湾に行きたいわん**
7		0	ダウトマン
146		4	**タウリン１０００㎎＝１g**
3		0	だ円率
2		0	田尾 安志
8		0	田尾監督 『そちらで誰か余ってる？』
7		0	田尾バイバイ
92		0	タオバイバイ
168		0	タオリン Z
19		0	タガード巡査部長
68		0	高いいちご罪
1		0	高枝切りバサミ
3		1	たかが選手が＝のび太のくせに
1	●	1	**高木 豊は　HAIR FOR LIFE**
762	●	0	**高木プー**
4		2	高木ブーとキャンプ
149		1	高木豊はヘア・フォー・ライフ
1		0	タカさんチェック
142		1	貴さんひど〜い！（ジョンソン）
105		0	貴乃花親方
8		0	貴乃花レディースクラブ
2		1	貴水 博之
102		2	高田怪鳥
140			

た

2		1	たかたかし
88	●	1	**高田の婆**
73		1	高田文夫
1	●	1	**高田文夫のラジオビバリー昼ズ**
1		0	高田みづえ
1		0	高田みづえの『秋冬』と嶋大輔の『秋冬』
115		2	高菜高なったかな？
3		0	田臥の宣伝効果
196	●	0	**高野豆腐**
7		0	タカノフルーツパーラー
15		2	たかの友梨
9		1	たかの友梨ビューティクリニック
9		2	高橋　力
4		1	高橋かおり
51		1	高橋名人
7		0	高橋名人１６連射
3		1	高橋名人のBugってハニー
7		0	高橋名人の面白ランド
2		3	**高橋レーシング**
1		1	高部知子
1		0	高見恭子
111		0	高見盛小槌
4		1	高見盛もびっくり土俵に女性客乱入
4		0	高見知佳
1		0	高杢禎彦
5		2	高森原人
35		0	だからあなたも息抜いて
24		0	宝くじで大当たり。宝くじ２枚ゲット
667		2	だからジャイアンにはやらせたくなかったのに。
15		0	だから全部妄想ですって
15		1	タカラトミー
25		0	たからばこは赤く光っている。
7		0	だから早めにやれって言ったでしょ
706		0	だから余計に生きてる感じ♪
2		2	太川　陽介
1		1	太川陽介
4		5	**滝川クリステル**
21	●	1	**滝川斬リ捨テル**
1	●	0	# 滝川で暮らしてる
3		0	滝川ラルドゥクリステル雅美
544		2	薪
57		0	炊き込みバルサンご飯
4		1	タキシード仮面
24		0	炊きたてごはんにあったロトの剣
613		1	滝錬太郎　高城の月
37		0	宅ｖｓ田中知事
69		1	抱く子もなまる、田舎の赤ちゃん
7		1	田口浩正

506		0	濁点抜き江戸っ子てやんてぃへらほうめ！
5		3	**宅八郎**
100		0	宅八郎とゆかいな仲間達
36		0	宅八郎のオールナイトニッポン
3		0	タグボート「韋駄天」
34		0	たくま　まもるくん（仮名）
3		1	琢磨「非常に落胆している」
1		1	タケカワユキヒデ
4		0	健髪先生
3		0	たけし教授
5		15	**たけし城**
1		1	健想『敗因は元彌ギロチン尻』
81		0	竹下恭平（生茶 boy）
42	●	0	**猛導犬**
23		1	たけしの挑戦状の飛行機
98		2	武論尊
2		1	武田 久美子
15		1	武田久美子のつくり方
1		0	武田鉄矢ゲーム
2		0	武田鉄矢の、今朝の三枚おろし
88	●	8	**竹千代**
55		1	だけどやっぱり MAMA が好き。
10		1	竹中ドリーム
58		1	竹の子族
5		7	**タケノコ族**
3		0	武部「１００％のイエスマンになる」
1		1	竹本孝之
16		0	タケモトピアノ
1		0	竹山崎
13		0	竹山先生
7		0	竹山隆範、ミュージックステーション出演！
3		2	竹山隆範「必ずまた2人で」
184		0	タケヤ味噌汁
16		0	竹脇無我×塚地武雅ムガムガブラザーズ
12		0	多胡輝
5		1	タコナイト鉱
285		1	タコのワキ毛あえ
19		2	たこ焼きドンキーノ　¥380
47	●	0	**たこ漁師**
50		3	**ダさいたま**
90		0	多才より多妻か・・・
58		2	ダシテル？
45		0	打者1巡してペ・ヨンジュン
38		0	田代まさしに捧げます
33		5	**田代まさしのプリンセスがいっぱい**
3		2	田代明神 vs 植草天神
24	●	1	**ダスキン　ホフマン**
142			

た

72	4	**助けてピッコロさん。**
69	3	**たそがれせんべえ**
4	0	ただいま放課後
11	0	忠夫の娘のイヤイヤ肩車
1	0	但し お品代 として
31	0	只野仁
27	0	たちあがれ日本。じじ率が高い
4	0	立ちくらみ日本
7	0	立ち飲み屋
3	1	立花兄弟「スカイラブハリケーン！」
4	2	立花理佐
23	0	立ち読みをしてから買ったので、返品した
6	0	脱　線
9	0	脱・ダム宣言
4	1	脱・プラトニック
13	1	達川
2	4	**タッキー＆司**
9	2	タッキー＆鶴瓶
98	1	タッキー＆廉太郎
34	1	卓球会館
7	0	ダックハント
5	18	**ダック引越しセンター**
21	2	タック松本プロデュース
5	1	脱穀
102	0	脱穀兵
140	0	ダッシュ　ムラムラ
2 ●	2	**ダッシュ四駆郎**
3	1	脱走ワラビー
2	0	ダッダーン！ポヨヨン、ポヨヨン
38	0	たった今ちびりました
10	0	たった一人の卒業式
10	0	たった一人の同窓会
7	0	だったら「イエスマン募集」って書いとけ！
4	0	だっち君ビーチクリーン大作戦 06
81	0	だっちゅ〜の。
11	1	だっちゅーの
1	0	脱腸
55	0	脱腸クラブ
35	0	だってインゲンだもの
32	0	だってオラは人間だから by ジェロニモ
2	0	タツノコプロ
50	1	竜飛海底
2 ●	1	**だっふんだ**
93	1	竜巻旋風脚
55	0	ダディ
4	1	田中3兄弟
27	0	田中あま君
4	1	田中義剛の生キャラメル
4	0	田中クン

143

9	0	# 田中マルクス正造
78	0	田中マルクスって「みなごろしの剣」だよね
15	1	田中マルクス闘莉王
27	0	田中マルクスの言うトゥーリオ
21	8	# 谷 亮子
11	0	ダニエル・カール
17	0	ダニエル・パウダー
3	1	谷佳知「年末年始は子作り最大のチャンス」
3	2	谷佳知 vs 黒田慶樹
2	0	谷口浩美「コケちゃいました。」
4	0	タニシ飼った思い出
74	1	谷選手の選球眼
3	0	谷なら花子もいけるはず
3	1	谷は神
16	1	谷隼人
3	0	谷亮子 「つわりもなく順調です」
15	6	# 谷亮子、馬肉で驚異的な回復
3	1	谷亮子「子づくり頑張りたい」
15	2	谷亮子「負けても金」
55	3	## 谷亮子のオールナイト一本
1	0	## 他人丼
5	0	種苗
1	0	たのきん全力投球
13	0	たのきん闘莉王
5	5	## たのきんトリオ
23	0	タバコを捨てて、山で自然の空気を吸う
31	0	ダバディ
11	2	田原年彦（稲中）
2	1	田原俊彦:「ジャングル Jungle」
6	1	タバルス博士
296	1	田卑　丘彦（たぴおかひこ）
5	4	## タブクリア
26	0	ダブゴリ
10	0	ダブルP
22	1	ダブルざこば
10	0	ダブルダブリューです
29	0	ダブルダブルダブルどっと
103	1	ダブルトマホークブーメラン
9	0	ダブルブッキング
14	1	ダブルベッド（五木ひろし）
115	1	食べ〜られる〜♪（ピクミン）
4	0	たべたい菜
1	0	食べる前に揉む！
16	0	だ捕

た

144

5		2	多摩川河川敷
27		0	タマ奇行児ＶＳ青田典子
4		0	玉置宏 vs 玉木宏
30		0	たまごっちしつけぇー
4	●	0	**たまごっちをまだ育てています。**
1		0	タマゴボーロ
18		1	魂斗羅
2		0	玉ちゃん（玉袋筋太郎）
206		0	玉ちゃんファイト
21		1	タマちゃんを救う会
37		0	多摩テック
478		0	玉葱から一場
1		0	玉袋すし太郎
2		0	玉袋筋太郎：「タマブクロドットコム」
32		1	タマホーム
64		0	玉門占い
9		0	多磨霊園
10		1	ダミダ如来
4		0	タミフル
2		3	**タミヤＲＣカーグランプリ**
23		0	タミヤのアルカリ電池
5		1	ダム
2	●	1	**タムチンキパウダースプレー**
121		0	田村で金、谷でも金 ママになっても金
2		1	田村直美：ゆずれない願い
41	●	0	**タメゴッチ**
1		0	ためしてガッテン
2		1	ためして寒天
84		0	だめずんうぉーか？
55		0	ダメ魔神ミセリ
30		0	だめよだめよだめよだめよそれじゃ・・・（主題歌）
78		0	タモさんも驚く痩せかた
6		0	タモちゃん
31		0	タモリ倶楽部
39		0	タモリは五つ子
30		0	多ヶ森漫子
467		2	タモリン
97		0	だよねー！だよねー！ゆっきゃないかもねそんなときにはねっ！
5		2	鱈
107		0	たら〜ちゃん♪ちょっと金貸して〜♪
18		1	ダライ・ラマ
3		0	タラ散乱
78		0	タラソワ人脈
33		0	たらちゃん＝ハイテク靴下
20		0	たらちゃん先生
30		1	たらちゃんそのゼリーは食べれないんだ
662		0	タラちゃん爆発
			たらはつのり
7		0	タリバン
4		1	ダル

70		1	ダルシムの男気に乾杯！
105		0	ダルセーニョ
81		0	樽生達人
3		0	ダルビーラーメン
2		1	ダルビッシュ 有
3		0	ダルビッシュ パチンコ屋で喫煙
3		0	ダルビッシュ、電車を乗り違える
3		1	ダルビッシュ「霊が見える」
62	●	2	**ダルビッシュ有ります**
27	●	1	**ダルビッシュ言う**
3		1	ダルビッシュがパワプロでイメトレ
3		0	ダルビッシュ停学
3		0	ダルビッシュに早食い禁止令
8		0	だるま脅し
8		1	だるまさんがコロンビア
364		2	誰か、半ドアちゃうん！？
15		0	誰が貴様なんかに！（ベジータ）
1		0	誰か絆創膏持ってない？
4		0	誰でもピカソ
10		1	たれパンだ！
17		0	ダレン・シャン
5		2	タロ芋
6		1	旦
1		0	弾厚作
1		0	ダン池田
1		0	だん吉・ひとみのおまけコーナー
6		3	**たんけんぼくのまち**
2	●●	0	# 談合三兄弟
33		0	丹哲の「死んだら驚いた！」
5		0	炭酸ナトリウム
79		1	断食ファイター清腹
9		1	男子禁制の香り
4	●	1	**男子十二楽坊**
47		0	男児の靴の匂い
15	●	1	**男子ハンガー投げ**
128		0	男子マンション高跳び２６ｍの日本新記録
108	●	2	**男爵ディーノ**
24		1	誕生日のプレゼント　グリコのおまけ
3		0	男女の館　秘宝館
183		0	ダンシングベイビー
22	●	0	**ダンス★マン**
35		0	淡水魚だけの水族館
9		1	ダンスインザムード
15		0	たんすケータイあつめタイ \(^o^)／
36		1	ダンス甲子園
1		0	段田 男
16		1	団地妻、真昼の譲二

た

5		1	探偵学園 Q
7		0	ダンディ坂野「月９！」
23		0	探偵神宮寺三郎
18		0	ダンディズム
2		0	探偵ナイトスクープ
4		0	ダンディハウスのひげ脱毛
79		0	ダンディ松野
181		1	タンパク質みたいな
11		1	蛋白宣言／さだまさし
16	●	0	**タンパタ質**
5		0	丹羽長秀
6		0	タンバリン
6		0	ダンプカー
5		4	**壇ふみ**
5		3	**ダンベル体操**
5		0	ダンボ
74		1	田んぼマスター
2		1	反町隆史：「POISON」
42		0	ダンレボ
6		0	ぢ
2		1	痔 遠藤
9	●	0	**痔・END**
5		1	千昌夫
5		1	チーかま
5		6	**地域振興券**
5		0	地域文化
9	●	0	**ちいさいまえならい**
75		0	小さく前にならえ！　←なぜ小さく？？
6		0	小さな巨人
4		2	ちい散歩
1		0	チーズかまぼこ
1		0	チーズビット
1		0	チーズビットのにおい
36		0	チータンタン
30		0	チーチーチー、地井武夫
5		9	**チーちく**
2		0	ちぃちゃんの影送り
8		0	ちい兄ちゃん
1		0	チーバくん
27		0	チーム・バティスタの A コープ
3		0	チーム青森
1		0	チーム浅虫
3		0	ちぇ　ほんまなん？
32		1	チエ「うちは日本一不幸な少女や…」
1		1	チェ・ホンマン
73		0	ちぇ・ほんまん
5	●	20	**チェキッ娘**

147

13		1	チェケラー
1		0	チェケラッチョ
47		0	ちぇっ！　（納豆業者）
20	●	1	知恵の輪マン
32		0	チエの輪マン
70		0	チェブラーシカ
65		0	チェリーBOY
13		0	知恵を貸してください
18		3	**チェン爺**
46	●	0	**違いのわかる馬鹿**
41		0	近くてもトイレ
5		12	**地下茎**
65		1	近頃なんかもういっぱいいっぱいです
3		1	近づかないで！カンガルー
36		0	地下鉄銀座線サーブ
155		0	地神噛み成り梶親字
4	●	0	**近山の銀さん**
45		0	力（りき）ラリアット
9		1	力水
83	●	1	**痴漢者トーマス**
31		0	チキチキ
22	●	0	**地球っ子クラブ**
10		0	地球はかい爆弾を
65	●	0	**地球よってく？**
42		0	チキンナゲッツ！
3		0	チキンを4つ下さい→チキンをフォーーー！
21		1	チグリス、ユーフラテス川
44		0	チクリ魔よしこ
11		1	ちくわぶ
10		2	地上勤務も一割カット
30		0	父「スマイリーキクチがピザ持ってるぞ」
31		1	秩父セメント
2		1	チチヤス
30		0	父夕焼け、母こやけ、妹しもやけ
8		0	縮れっ毛
6		0	ちぢれ麺
51	●	1	**チチロー**
10		0	ちぢわみげる
1		0	チチンプイプイ
17		0	ちっこい姉ちゃん
138		0	チッしくじったか。
10		1	チッチキチー
13		0	痴デジ
147		0	血と骨と・・大五郎ォ～♪
3		0	ちなみに大仁田は「棄権」
5		1	地熱発電所
12	●	0	**知念里奈**
2		0	千葉　麗子

148

27	●●	0	# 千葉県知事を Webで健作
68		0	千葉真一　はぁ〜
5		4	**千葉すず**
4		1	千葉のがばい母ちゃん
76		1	ちび
4		0	チビカツ
6		0	ちびっこ大集合
1		0	チビノリダー
7	●	1	# チビノリダー、 海にもぐる
9		0	地ベタリアン
648		0	血ペット錠製
1		0	血まめ
1		0	血豆
576		0	魑魅魍魎
53		1	チャーハン２万３千円　本当にあった怖い話
2		0	チャーミーＶ
8		1	チャーミーグリーン
13		0	チャーリー ボブ彦
5		5	**チャーリー浜**
32		1	チャーリー浜とチョコレート工場
5		12	**チャールズ皇太子**
22		2	ちゃい栗
1		0	チャイクロ
17	●	0	**チャイ語**
208		0	チャイナドレス
9	●	0	**チャイニーズタイペイ**
10		0	ちゃい夢
45		0	チャオズ内藤
117		0	チャオズの意味ない自爆
16		1	チャオプラヤ川
69		2	茶カテキン
4		2	茶髪の風雲児
1		0	ちゃきちゃきの江戸っ子
7		0	着信拒否
9	●	3	# 着信ナシ
1		0	着信ナシ　ｂｙ　俺の携帯
10		0	着ボイスがラテン語
2		3	**チャゲ＆ゾマホン**
21		0	チャゲ＆日テレ
531		0	チャゲが乗ってます

11		0	チャゲチャゲ馬コ
11		0	チャゲ鍋
2	●	2	**チャダ**
43		0	チャチャ
16		0	チャッカマン
50		0	ちゃっかり八兵衛
22		3	**チャック・ウィルソン**
18		1	ちゃっくんぽっぷ
517		0	チャバ王
9		0	茶葉感動
251		1	茶畑入り口
1		1	ちゃぶ台
5	●	33	**茶魔語**
16		1	チャラ男
2		0	チャラリ～♪鼻から乳牛
16		0	チャラリー鼻から牛乳
33		2	ちゃり毛
12		1	チャレンジ ジョイ！
24		2	茶碗蟲
6		0	ちゃんこ
2	●	0	**ちゃんこダイニング 若**
13	●	2	**ちゃんこダイニング若**
30		0	チャン追一
16		0	チャンドラヤーン1号
108		0	チャンネルひねればみのもんた
18		2	チャンピオン鷹
29		0	ちゃんら～
21		0	ちゃんら～～～ん！！（こん平）
94		0	中華街への片道キップ
9		0	中学生（チューボー）ですよ！
2		0	チュー学生日記
228		0	中堅 ミキサー大帝
3		0	中国紅客連盟
31		0	中国語
7		0	中国五千年の大和魂
47		2	中国産を食べる勇気
116		3	**中国人アルアル言わないアルよ**
3		0	中国のメディア「中国でUFOが大爆発」
1		0	駐在所
23		1	駐車場を借りて、そこに家を建てる
15	●	2	**中年隊**
5		3	**チューバッカ**
8		1	宙ブラリン
6		0	注文の多い理髪店
78		0	昼夜逆転生活でよかった
11	●	2	**チューヤン**
17		0	チュッパチャッパー

150

82	0	チュパカブラ
2	0	チュパカブラス
1	0	著：哀川翔　『翔、曰く』
6	0	ちょい金（キム）オヤジ
2	0	ちょいテレ
6	0	ちょい不良（ワル）オヤジ
63	0	ちょいんす
7	2	**腸、気持ちいい**
179	1	超MM
301	1	超兄貴
16	0	長兄：中尾彬次兄：故鈴木ヒロミツ
2	2	超獣戦隊 ライヴマン
7	0	超合金
27	0	超降霊化社会
4	2	銚子商業「黒潮打線」
31	2	長州小力
5	11	**超人オリンピック**
8	0	超人ビビューン
67	0	朝鮮カルタ
3	0	朝鮮総連５０周年祭で猪木がダーッ！
175	0	朝鮮にんじん
7	0	超電磁スピン
7	0	超電磁竜巻
7	2	超電磁ヨーヨー
69	2	蝶ネクタイ対決　軽部　vs　ビビる
6	1	超能力学園Z
1	0	蝶のようにアイーン、蜂のようにあざーす。
5	16	**調髪**
13	0	超鼻セレブ
16	0	超必殺技伝授
5	1	調味料革命
5	0	チョー・ヨンピル
3	0	チョー怖い
23	1	直射日光で黄色くなったはんぺん
4	0	チョコエッグ
15	0	猪口邦子　ファンデーションは使ってません
73	0	チョコビー
18	0	チョコボ
7	1	チョコボールむかひ
4	2	著書 「武田久美子という生き方」
33	2	ちょちゅね
172	0	直感
1	0	ちょっちゅね〜
54	1	ちょっと、待っちんぐ
63	0	ちょっとアンニュイにパープル
65	0	ちょっと臭うね、このシチュー
58	2	ちょっとだけスレンジャー
1	0	ちょっと辛いあいつ　ｂｙ　息っ子クラブ
1	1	ちょっとバー
157	0	ちょっとぽっちゃりのソバージュ

103		0	ちょっと待ったおじさん
8		0	ちょっと待ったコールだ〜！！
281		3	**ちょっと待ってかゆくなってきた**
54		0	チョナン・ザ・グレート
8		0	千代の富士と書いて『ウルフ』と読む
14		0	千代の富士横綱記念館（北海道福島町）
330		0	ちょばちょぶ
1		0	チョベリグ
62		0	チョミメン共和国
20		1	チョメ太郎さん
20		1	チョメの助チョメ太郎さん
30		0	ちょもらんマン。
113		2	チョリ〜スっ ^-^/
131		0	チョリソー
36		0	チョロQ
4		1	ちょんまげ課長
14		0	チラベルト
1		0	ちり紙
4		1	ちりちり
4		1	ちりとてちん
14		0	チリ人
14		0	チリ人の妻
11		0	チリ人妻XP
50		0	チルチルみちる
79		0	チルチルミチルってんだよ
63		0	チロルチョコ
6		0	チロルチョコドリンク
22	●	0	**チンクワンタ会長**
73	●	0	**陳建一**
3		1	チンゲンサイ♪チンゲンサイ♪
780		0	チンゲンツァイ
6		1	鎮魂さんいらっしゃい
6		0	陳謝
18		0	チンジャオロース
114		0	ちんすこう（沖縄銘菓）
4		1	ちんたらちんたら
1		0	珍道中
4		1	ちんどんマン
11		0	珍念
1		0	チンピラごぼう
27		1	ちんぷん漢文
557		0	珍遊記
11		0	ついた〜!!（たまのランニング）
66	●	0	**一日一偽善**
9		0	対左打者○
19		1	ツインズ探偵社
5		4	**ツインピークス**
22		1	痛快！ロックンロール通り
17	●	1	**着うた古**
152			

た

9		1	通天閣打法
2		0	ツービート
37		1	痛風
1		1	ツームストン・タクシードライバー
634		1	津軽弁のゾマホン
21		0	津川さん(朝丘雪路より)
50		1	次五郎ジゴロー
7		0	次世紀ファーム研究所
20		0	次の方どうぞ〜♪
3		0	次は2007年に地球滅亡らしいよ
60		0	次は選挙のお食事券に関するニュースです
6		0	次は何ポンにする?
34	●	2	**ツクダオリジナル**
9		1	筑波山に抱きつく婆さん
16		0	九十九黄人
20		3	**つこてる豆がちゃう!**
551		1	ッシャ寝る
5		0	土井たか子
4		1	つちやかおり
17		1	土屋博士
129		3	**つつw。**
6	●	2	# 津っ子
1		0	ツッタカ坊や
20		0	つっぷり?
2		3	**堤 さやか**
1		1	堤大二郎
4		1	美人局には気をつけろ!!
3		0	っていうか　一場がかわいそう
15		1	ツナ引き
3		0	ツネ様
55		0	つのだ＊〜アスタリスク〜ひろ
55		1	つのだ@ひろ
23		0	翼君、岬君を探しにドルアーガの塔へ
502		0	っぱっくしょん
243		1	つぶやかないシロー
243		1	つぶやきシロー
3		0	つぶやきシロー vs サッカーの大黒
66		0	つぶやきシンジ
32	●	1	**ツベルクリン反応**
3		0	つま恋多目的広場
1		0	妻に贈る5億円御殿
42		0	妻用事
9		0	つまらん!おまえの話はつまらん!
1		1	つみきみほ
6	●	0	**つむじ風舞うティーグラウンド**
2		0	ツムラ
6		0	ツモ
40		1	露木茂

275	1		つゆだく
19	1		梅雨時の湿水洋一
7	0		強い子の、ミロ
6	2		つよインク
104	1		強がり卒業式
26	0		強く〜強く〜突き出すうぉおに〜♪
2	2		剛 竜馬
93	1		つよし、しっかりしなさい！
42	0	●	**ツヨシしっかりしなさい**
13	2		剛紫
568	0		ツヨポン
6	0		ヅラ
90	0		づらをかぶらず罪かぶる元支店長
23	0		つり革ひっぱると、天井が低くなるから座る
23	0		つり革を外して、両手で回して運転手気分
25	0		つり人
38	0		吊り輪
47	1		鶴岡八幡宮お前もか？ （元朝青龍談）
334	1		つるくファミリー
6	0		ツルゲーネフ
16	0		鶴光のゴールデンアワー
20	1		つるセコ〜！
18	0		鶴仙人
5	8		**鶴ちゃんのプッツン5**
16	1		ツルネンマルテイ
2	0		鶴は千円、亀は勘弁
4	4		**鶴は千年　亀は万年　鳩は天然**
9	0		釣れたんじゃない、釣ったんだ　平松慶
38	0		つんく♂
1	0		つんく♂「期待してたのに」
69	0		つんく♂ファミリー新ユニット「美勇伝」
3	0		つんく♂プロデュース「クラシック娘。」
72	1		つんくの叫び
189	1		つんくんプロデュース！！
35	1		ツンコ
3	2		つんこ♀
11	3		**つんつく（つんくのそっくりさん）**
20	0	●	**ツンデレ地方**
5	0	●	**ツンデレラ**
119	1		ツンドラツンドラ
1	0		デ・トマソ・パンテーラ
29	1		出会い系グレコローマン
17	0		テアトルアカデミー
101	1		手編みの毛糸
56	0		ディアーネット。
19	1		ディアボラ風
5	7	●	**定礎**
526	0		ディーフェンス、ディーフェンス
154			

た

597		0	テイカロ
5	●	0	**帝京平成大学**
5		2	帝国秘密探偵社
1		0	でいごの花が咲き
100		3	**ティシューを選ぶ時が来た。**
8	●	0	**泥酔して盆は帰らず**
27		1	泥酔大臣（元農水大臣）
4		0	ディスカぼちゃん
4		0	ディズニーランドは遠すぎる
24		2	ディズニ‐シ‐カルツ君のハリネズミ登場
1		0	ディック・マードック
1	●	0	**ディック・ミネ**
433		1	定詰
3	●	2	**停電による間接的損害の賠償義務は一切ない**
17		0	低反発娘
1		0	デイビーボーイ・スミス
8		0	ティファニーで増殖を
37		1	底辺×高さ＝マウスの面積
5	●	143	**ティモテ**
75		3	**ティリリー　鼻から牛乳ー**
5		0	ディレクTV
131		1	ティンティンTOWN
2		0	デヴ・パレード
6		3	**デヴィルマン**
16		1	データ装備費
6	●	1	**デーブ大久保**
10		0	デーブと定詰が外人チーム
16		1	テープをじっかんジャパネットがサービス！
15		0	デーモン小暮のオールナイトニッポン
83		0	デーモン小暮は劇団ひまわり
4	●	0	**デーモン子連れ**
32	●	0	**デカい系サイト**
3		1	手鏡職人の秀
3		0	テカガミスト
7		0	手鏡で経済を見る男
3		0	手鏡没収
3		0	手鏡を渡したところ上手に覗き始めた
42		0	デカパンダス
1		0	デカメロン伝説
11		1	出川哲朗VSパンチ佐藤　無制限一本勝負
5		1	デカン高原
17		0	テキサス産
13		0	デキスケ
15	●	4	**できちゃった血痕**
21		1	敵にCoを送る

23		2	敵は本能寺になかったので、帰る
39		0	できる自家発電 増刷
15		1	できるだけニュースです
2		0	テグザー
29		3	**テクシー**
5	●	1	**手首**
1	●	0	**でこピン**
7		0	凸凹大学校
6		0	デコポン
93		1	テコンドー3段
84		1	デザート＝杏仁豆腐
20	●	3	**デジ亀**
13	●	0	**手下のジョー**
12		0	デジタルガメラ
41		0	デジタルゴジラ
40		0	デジタルツーカー
32		0	てじな〜にゃっ♪
45		0	てじなーにゃ
20		1	テジナーニャ
5		6	**デジモン**
542		0	デジャブだ
40		1	デシリットル
112		0	デスチャ
31		0	デストラーデ
6		1	デスピサロ
3		0	デスマスク
59		2	出ちゃう、出ちゃうよ、内臓出ちゃう。by D木伏
8		0	鉄亜鈴
99		0	でっかいどう北海道！
8		0	デッカいのは袋だけでやんす。
8		0	てづかおさ虫
2		0	デッカチャン
22		0	鉄球兄弟
3		1	鉄筋減らしてういた金→かつら
10		1	徹子　光
296		0	徹子 (黒柳 ver.)
8		1	徹子、大はしゃぎ
59		0	鉄骨飲料
7		1	鉄骨娘
2	●	1	**徹子のヘアー**
5		6	**テッシー**
16		1	テッシュ
8		0	鉄漿（おはぐろ）
8		1	鉄つるぎ＆白銀ひびき
7		0	徹底的に修行するぞ！
38		0	出っ歯
17		0	出っ歯時計

た

13		0	鉄板少女アカネ
13	●	0	**鉄板少女アカネ！**
13	●	0	**鉄柳黒子**
7		0	鉄腕ガッツ！！
17		0	デトロイト
19		1	デトロイト警察のアクセル・フォーリー
31		0	デニーロムタ
4		0	テニプリ
11		0	手のひらにサディスファクション
8		0	出番待ちする長州小力
30		0	デビット・ハッセルホ
11		0	デビットバウイ
1		0	デビュー曲の作詞作曲が小林亜星
13		0	デビルトムボーイ
1		0	デビル雅美
5		9	**デビルマンレディー**
48		0	デブだからデーブ大久保
219	●	0	**テブで小食**
10		1	デブではなく、ぽっちゃり型なの
14		0	デブモニ
2	●	1	**手ブラ**
15		2	手ブレ補正ジャイ子
1		0	デベロッパー
178		0	手歩ドン
7		1	テポドン2号
2	●	0	**テポ丼**
3		0	テポドン乱れ撃ち
22		0	デポン青木
20		0	手短かに話そう会会長
264		0	てめぇのケツはてめぇで拭きな
10		1	デモvsデモ
281		1	でもあっちのサムのほうがいいと思うよ
5	●	47	**でもぞうさんはもっと好きです**
117		1	でもどちらかというと俺は平井堅似かなー
117		0	でも羽賀研二はもっと好きです
3		0	でもほらばい菌うつっちゃう
117		0	でもルミコはやっぱり嫌いです
8		0	てやんでい
18	●	0	**デューク更家**
4		1	デューク更家の秘密
35		0	デュエルスタンバイ！
8		0	寺林 少
1		0	寺尾 恥
88	●	1	**てらおストア43年の幕を閉じる**
88		2	寺尾ストア廃業

157

16		4	**寺尾のつっぱり大相撲**
2	●	2	**デラべっぴん**
11		0	テリープリン
51		1	テリーマン
8		0	テリーマン vs ザ・摩雲天
75		1	テリーマン「そういえば聞いた事がない。」
103		0	テリソ Q-ing
16	●	0	**デリヘル→デリバリーヘルニア**
5	●	14	**テレタビーズ**
54		1	テレビ寺子屋
67		0	テレビ東京伝説
673		0	テレビのジョ～ン！
58		3	**テレホン、ストッキング**
17		0	照れメール
7		0	テレンス・リー
21		2	電 波子
42		1	電気グルーブ
1		0	天宮 良
32		0	天空×字拳
308		0	天空×字拳（ＢＹナム）
12		0	天空ベケ字拳
5		27	**電光超特急ヒカリアン**
2		0	デンコー仮面 (江守 徹)
34		0	甜菜（ビート）きよし
7		0	天才・秀才・バカ
42		0	天才たけしの元気が出るテレビ
8		0	天才脱臼少女
66		1	天才てれびくん
31		1	天山
73		0	天山広吉
7		0	電子計算機大学
111		0	天使とサンマ
21		3	**天使のような悪魔の笑顔**
3		0	電車男の寄付に感動した人の数→
3		0	電車男よ、おまいには２ｃｈが付いている
4	●	0	**電車女**
734		0	電車でＧＯ
3		0	点じゃないよドットなの
32		1	デンジャラス・ドライバー・テンリュー
11		0	天井知らずのジャックナイフ
23		1	テンシンハン、第四の目が開く
45		0	伝説のコンビニ
7		0	デンセンマン
1		2	天知 茂
3		1	天地神明に誓って・・・ミラーマン
109		2	天誅
10		0	店長ただいま戦争中

た

158

55		0	店長のおすすめ
4		1	でんでん
10		1	電電公社
43	●	1	**電動こけし**
3		0	天童先生がマヤ化
1		1	電動火消し
2		1	てんとう虫の丹波
6		1	てんどんまん
15	●	4	**天然ストレートパーマ**
7	●	0	**天然化け**
4		0	天バー
4		1	てんぷくトリオ
99		0	てんゆうちゃん。
5		7	**でん六**
13		2	電話して干芋
41	●	0	**電話にでんわ**
6		0	と、その時！！
17		2	ドM－１グランプリ
4		0	ドアは腐りかけてるから大丈夫。
125		0	トイス
111		0	斗威烈頭
24	●	0	**トイレットペーパールハーパー**
113		3	**トイレつまる・・・**
48	●	1	**トイレのトラブル 8000 円**
46		1	トイレの発臭源
5		4	**トイレハイター**
89		1	どう？そうかい (^_^;)
19		0	胴上げ旅館
1		0	闘育論―亀田流三兄弟の育て方
4		1	東映がまん祭り
118		0	東海大相撲
12		0	東海道中ピザ食いねえ
5		0	冬瓜
7		0	党議拘束
7		1	闘牙　対　隆の鶴
9		1	闘牙はまもなく離陸いたします
21		2	トゥギャザーしようぜ！
30		0	東急田園都市線
1		1	東京伊良部ストーリー
14		1	東京ヴェルディ１９６９
1		0	東京生まれ、カムチャッカ育ち
21		2	東京生まれヒップホップ育ち
5		4	**東京エックス**
10	●	1	**東京許可局**
64		1	東京靴流通センター
7		0	東京芸術大学大学院映像研究科教授北野武

5		9	**東京研磨マイスター学院**
10		1	東京砂漠
23		1	東教授の総回診です
7		0	東京大賞典
4		0	東京だわー
35		1	東京デズニーランド
36	●	0	**東京デブストーリー**
10		1	東京電話アステル
5		21	**東京ドイツ村**
9	●	1	**東京特許許可局局長**
7	●	0	**東京特許きょきゃきょきゅ**
16		0	東京特許ときゃきょきゅ
9	●	0	**東京都港区汐留日本テレビ局内DASH村**
10		0	東京トワイライトゾーン
153	●	3	# 東京ネズミーランド
59		0	東京バナナボーイズ
185		0	東京ビンゴビンゴダイナマイトジャパン
4		0	東京ブラストーリー
18		0	東京プリン
13		0	東京フレンズ
3		0	東京保護観察所
9		0	東京メトロ
12		1	投稿特ホウ王国
1		0	闘魂三銃士
72		2	父さん。アフロ犬を下さい。
38		0	父さんのジャンバー
44		0	父さんの残り湯
6	●	1	**同時多発ベロ**
14		0	唐十郎（からじゅうろう）
2		0	同情するなら蟹をくれ！
5		3	**同情するならカネをくれ**
21		0	同情するなら金をくれっ！
4		0	同情するなら毛根をくれ！
11		1	どうしょうもないほど濃厚な愛
3		0	どうする？アイフル
102	●	4	# どうする？ライフル
83		0	どうするマイケル？
709		0	逃走中
3		1	東大史上最高額
439		0	父ちゃんの入れ歯、めっかった？
7		0	堂珍パパ
3		4	**堂珍ババンと**
14		0	どうでしょうゼミナール
118		0	どうどうどうどう？株価どう？
102		2	堂々としたチキンです。
160			

16		0	トゥナイト2
5		6	**豆乳**
4		1	糖尿だよおっかさん
159		0	闘尿病
5		2	東鳩
4		0	動物占い
6	●	1	**銅ペダル**
2		1	東方力丸(漫画読み屋)
1		0	倒木バク転ボールペンイーグルス
64		0	東北楽天ゴールデンイーグルス
134		0	透明人間　じゃじゃまる　じゃじゃまる♪
22		0	どうも、チューブの前田です。
33	●	2	**どうも睡魔戦。**
1		0	道路ウォリアーズ
3		0	道路財源旅行
19		1	トゥンクP
189		0	トーカードーの北さん「１９８００円で！！（半笑い)」
29		0	どおくまん
3		2	どおすんの？どおすんの？どおすんの俺？
51		1	ドーター・コバ
6		0	トータル・与党・リコール
10		0	トータルリコール
13		1	どーでもいいですよ
88		0	ドーデもいい苗字聞いてくださいその一恩田
37		0	トートパンツ
6		2	ドーナツ化現象
17		0	ドーナツスピン
3		0	ドーナツテルノ？
55		1	ドーバー海峡横断部
8		1	ドーハの秀樹
6		0	ドーピング
1.		7	**とーほぐすんかんせん**
43		0	トール・トーラーザン・トーレスト
21		0	トオル賞（1万円）
2		1	土方
25		0	トカチェフ
13		1	十勝花子
21		0	トカちゃん
1		0	ドカベン香川・勘違い・没収試合（涙）
1		0	トカレフ
2		0	戸川昌子
35		1	土管がふっとんだ
7		0	ドカンクイズ
6		0	時　任三郎
1		0	時々、無性にコーラ飲みたくなんね？
2		0	ドキドキ学園チョコ
25		0	ときのすなによる遡及効
68		0	時のひと親方
24		1	ときめきリアルタモリ
22		0	どきんちょ！ネムリン

19	0	得意料理はスパムむすびです。
10	1	毒盛りブログ
18	1	徳島製粉
19	1	特集・炸裂！ワイヤー・アクション
2	2	読書感想文
4 ●	**0**	**独身禁止法**
6	**5**	**とくせいれいカード**
775	1	独占女の６０分
47	0	ドクター中松の野望
5	1	ドクター・キャッポー
74	0	ドクター孤島
6	1	ドクターマシリト
284	0	ドクターモリ
17	0	特定危険部位
17	0	ドクトル・ワグナー jr.
2	1	毒蝮 三太夫
19	**3**	**毒蝮．com**
185	1	毒まんじゅう
31	0	徳光
31	**3**	**特命係長**
9	0	匿名係長
4	0	特命捜査班『ネットハンター』
34	0	特盛
6	1	ドクロベェさま
1 ●	**0**	**時計じかけの俺ん家**
62	0	トゲ抜き地蔵
7	1	どこでもポア
8	0	常滑川まこと
10	0	ドコモ王朝の崩壊
4	0	ドコモダケ
24	1	-床屋- かんぺい「かいいとこあります？
2	1	所さんのただものではない
4	0	所さんのドバドバ大爆弾!!
3	0	所スピード出しすぎ
41	0	トコロテン・目・がテン
3	1	ところどころで「サー」を出した
15 ●	**0**	**ど根性ダイコン**
12	0	土佐鶴
33	0	どさんこわいど
3 ●	**0**	**ドジでのろまなカメ**
1	0	歳は取っても心はハタチ
118	1	年寄株５１％取得！ライブドア部屋
17 ●	**0**	**ドス恋**
92	0	ドスランポス
3	2	どぜう
1	0	どぜうもん
3	0	戸田 vs ベッカム
4	0	戸田奈津子

た

162

2	1	ドダバ富士
5	9	**土地**
5	6	**栃木わんぱく公園**
10	0	土地持ちテント住まい
39	● 0	**途中下車マニア**
3	0	途中で配達が嫌になった
9	0	トッカータとフーガ 二短調（バッハ）
25	1	戸塚ヨットスクール
58	0	特急券のほかに身体券が必要です
1	0	特急田中3号
7	0	ドッキリカメラ
57	0	ドッキリマンも復活
700	1	ドッキングピンク
2	0	とっくりセーター
8	0	とっくりのセーター
65	1	どっこいどっこい
6	0	どっこい風車の弥七
206	0	特攻の拓
598	0	特攻服でお買い物
5	13	**特攻野郎Aチーム**
95	1	ドッジ弾平
9	● 1	**ドッチーモ**
1	0	どっちの料理ショー 酢めしvs浅漬け
147	0	どっちもだ！どっちもだ！
26	0	とっちゃん
130	0	トッティのバードウォッチング教室
3	1	トットチャンネル
3	0	鳥取県職員「客は図に乗る民」
22	● 0	**トッピー4**
1	1	トップがパーマで襟足がストレート
4	0	トップバリュー
6	0	ドップラー効果
4	0	トッポジージョ
205	0	とつれんず
1	0	どてかぼちゃ
18	0	どといつ
396	1	トトとTODO.com
7	0	轟
4	0	轟二郎
4	1	轟轟戦隊ボウケンジャー
10	● 0	**都内各地で反日デモ**
10	1	都内在住って、川崎じゃん
75	0	ドナドナ電車にゆられて
4	0	隣のあの娘も大塚娘
61	0	隣の奥さん
9	0	隣の席のますだくん
120	2	となりのトグロ（兄）

4	●	0	**となりのトトロ**
81		3	**ドニーチョ**
153		3	**とにかく暑い**
5		31	**トネちゃん**
16		0	殿方
6		0	殿様ガエル
154		1	殿様キングス
16		0	殿様キングスレー
128		1	トノス・ハリーマーク
80		0	ドバイ
22		0	ドバイ出身ドバ子
8		0	鳥羽一郎Ⅲ世
13		0	ドバイばあちゃん
4		0	ドバうさぎ
108		0	トバコの弾丸（アト・ボルドン）
5		3	**都バス**
6		0	とばっちり
6		1	奴婢
6		0	ドビュッシー
77		0	飛ぶ教室
51		0	とぶくすり
84		0	徒歩２分１８秒（GPS 測定）
1	●	0	**苫大駒小牧**
3	●	0	**苫小牧**
4		0	苫小牧市長
15		1	止まって・溶けて・拡がる
1		0	泊まって治すブリザエース
119		0	トマト以外がいい
5		2	トマト銀行
25		1	トマム
2		0	止まらない HA〜HA
44		1	止れま
41		0	トミー＆マツ
11	●	1	**トミーズ健**
13		0	富井リージョーンズ
6		0	トミカ
16		1	富永一郎博物館増殖中。
625		0	富永一朗は見るもの全てを吸収する
71		0	ドミノ
11		0	ドミンゴ
8		1	トム・ソーヤーの暴言
76		0	トム2
3		2	トムクルーズ ノーコン始球式
4		0	トムクルーズとは前世で友人でした。
136		0	トムとチェリー
4	●	2	**ドムドムバーガー**
1		0	ドムドムハンバーガー
66		0	トムのにきび
164			

た

66	1	トムヤンクン
168	10	**トメイトー**
2	0	ドメスティックバイオレンス
8	0	ドメスト
1	0	ともさかりえ
24	0	友達以上　恋人蜜柑
143 ●	0	**友達の友達がアルカイダ**
195	0	ともだちんこ
5	6	## 友だちんこ
61	0	友近ランド
29	11	**ドモホルンリンクル**
16	0	ドモホルンリンクル並の低姿勢
245	1	ドモホルンンリンクル
5	3	**富山**
168	0	富山県長崎市
78	0	トヨタ →ヤンマー
5	2	トヨペット
62 ●	0	**トラ・ジョンボルタ**
5	1	ドラ・ハッ・パー
46	0	トライダガーX
1	0	ドライブイン
583	0	ドラえもん
3	1	ドラえもん　声優に泉ピン子って、、
32	2	ドラえもん・のび太のオレオレ詐欺
98	0	ドラえもんが変声期
35	0	ドラえろん
9	1	ドラコ・マルフォイ
6	0	怒羅江門
349 ●	0	**ドラゴンクエトス**
84	0	ドラゴン退職
9	0	ドラゴンドラ
1	0	ドラゴンロケット
7	0	トラジ・ハイジ
6	0	寅次郎　怒りの脱出
16	0	寅次郎恋やつれ
6	0	ドラゼミ
17	0	トラッキング現象
32	1	トラック、走行中に出荷
83	0	ドラッグドラゴン
45	0	トラと友達になりタイガー
1	0	トラネキサム酸
34	2	ドラネット
41	0	虎バーユ
1	0	トラベルチャンス
43	1	ドラマティカルストレート
6	1	ドラミ
5	1	ドラム缶風呂
83	0	ドラムスコ

45	●	1	**トランプとカルタどっち？「ジャカルタ」**
26	●	0	**トランプマン**
1		0	トランポリン
2		0	鳥・犬・鴨・鶴(ドリカム)
7		0	とりあえず、買収
44		0	とりあえず事務所こい
63		0	とりあえずソフトタッチ
4		1	とりあえず大根サラダ
29		0	とりあえずビールで
29		0	とりあえずホッピー
1		0	とりあえずマインスイーパ
10		0	とりあえず立候補
51		1	ドリアン助川
3		0	ドリアン食べ死亡＠タイ
23		3	**ドリームキャスト2**
18		0	ドリームズカム鶴〜
3		0	ドリームズカムトゥルー
4		0	鳥インフルエンザ
18		0	トリカブト
10		1	ドリキャス12300円
61		0	虜
1		1	鳥越マリ
4		0	取締役 島耕作
1		0	鳥人間コンテスト
1		1	鳥の詩
2		1	鳥肌 実
519		1	ドリフインフルエンザ
154		1	ドリフで笑ってるのはうちの母です。
23		0	トリプルゼータガンダム
537		0	ドリムノート
48		1	鳥山明先生の作品が読めるのはジャンプだけ
16		0	ドリューバリモア
1		0	ドリル・ア・ホール・パイルドライバー
129		0	ドリンク剤よりSUIMIN
7		0	トルネード打法
397		0	トルマリンG
10		0	トレードのおかげで勝てました
10		1	どれが田上？
8		0	ドレスに着替えて、ちょっと巣鴨まで。
61		0	ドレミ団
7		0	トレンディードラマ
3		0	トレンドマイクロ「役員報酬、月594円」
74		2	トローチ
30		1	トロール
5	●	2	**トロカデロ・デ・モンテカルロバレエ団**
1		0	トロたく
23		0	ドロップキューブ
2		0	ドロップハンドル
85		0	トロ葱
80		1	トロピカ〜ル恋して〜る
166			

た

40	1	とろろ昆布
4	1	ドロンジョ ボヤッキー トンズラー
2	2	ドロンズ
87	1	トロンボーン
21	0	トワイライト サムライ
157	0	ど忘れ禁止法を適応したい
50	0	ドン・火ホーテ
5	0	ドン・ボルガン
429	0	ドン大西
76	0	ドンガー
19	1	とんかつ大関のマスター
150	0	とんかつワイド
71	0	ドンガバチョ
15	2	とんがりコーン指にはめすぎ
1	0	鈍感力
6	0	ドンキーコングJr.
94	0	ドンキー母校へ帰る
136	0	鈍器ホーテ
5	**13**	**呑キング**
73	0	ドンクサシビリ
31	0	ドン小西
2	2	ドンジャラ (BANDAI)
1	0	とんだ一杯食わせもの
1	0	とんだいっぱい食わせ者
8	0	翔んだカップル
1	0	どんだけ〜
20	0	どんだけ〜（って何？）BY俺
71	1	ドンタコス
8	0	屯田兵
30	0	どんち
22	0	ドンチャック
8	0	飛んでイスタンブール
30	1	とんでブーリン
16	0	トンデモ嘘800
32	1	トンデラハウスの大冒険
227	0	どんどこどん！ ハルマゲドンッ！
11	0	どんなんかな〜
94	0	トンネルくぐればサヨナラ駅だよ
2	1	とんねるず：「ガニ」
32	0	とんねるずのみなさんのおかげでした？
2	0	ドンパン節
2	1	どんぶり勘定
44	0	トンボ鉛筆
3	1	ドンマーイン
3	1	**ドンマイ駒大苫小牧**
1	1	ドン松五郎の生活

な

18	0	な、なにィィィ
3	1	なあなあ サメの話しようぜ
27 ●	0	**内閣私事率が上昇**
9	1	無いジェリア
14	0	ナイジェリア女子サッカー FW オコロ
21	1	ナイススティック
71	1	ナイスちょボラ！
12 ●	0	**内政不感症（日本国民）**
1	0	泣いた赤鬼
1	0	内藤やす子
102	1	内林プロデュース
7	0	内博貴
160 ●	0	**ナイフで撲殺**
5	3	**内蒙古**
30	0	ないものねだり
1	0	ないものねだりの I want you
100	0	ナウイ
3	0	ナオキこと赤松直樹被告
8	0	ナオコばあちゃんの縁側日記
52	0	ナオト・カーン
183	1	ナオミよ！
1	1	直りかけの Radio
29 ●	1	**なおりたガール**
3	0	中朝国境下半身丸出し男
2	0	永井 美奈子
4	0	永井風雲のオールナイトニッポン
1	0	永井真理子
10	0	なかうらじゅりあん
10	3	**中尾彬（29分49秒　いい声）上島竜兵**
168		

2	0	中尾ミエ
9	3	**中川家弟∽中川家兄**
3	3	**長崎・対馬沖を泳ぐシカ**
11	2	流されそうめん
33	1	長さん…。･ﾟ･(ノД`)･ﾟ･。
40	0	流しそうめん
15	0	長島☆自演乙☆雄一郎
27	0	長島が銀！加藤はどう？
155	0	長嶋茂雄＝東京都大田区（セコム）田園調布
56	0	長嶋チャンポン！！
63	1	流し目3割ってとこかな
2	0	中条きよし
12	0	中臣かたまり
3	0	中田が"天敵"に日本人を挙げた
3	0	永田自爆→前原巻き添え
14	0	中田英俊　湘南へ復帰か！？
2	0	中田浩
105	2	ナガタロックⅢ
5	1	中津江村
47	● 2	**中トトロ　二人前**
1	1	長門裕之
5	1	中二
4	1	中二の妹のあだ名がパウエ,レ国務長官
2	1	中原十段
1	0	中原理恵
38	2	仲本工事
1	0	仲間由紀恵　with　ダウンローズ
15	1	仲間由紀恵　with　タフィー・ローズ
5	1	中丸
7	0	中村GM
2	0	中村酒童
12	1	中村さんちもマックロード
4	0	中村繁之
105	0	中村剛也
2	● 1	**中村メイコ**
66	0	中村名人
2	1	中森明菜:「十戒」
5	1	中山きんにくん
45	0	なかやまきんに君、靭帯断裂
21	1	中山美穂＆WANDS
10	1	流れ弾注意
132	0	泣きかけ！！男塾
15	0	ナギコレちん百景
10	0	鳴きすぎて一萬のみ
10	1	泣きながら三振
8	0	泣きなさい　笑いなさい
6	0	泣き寝入り
16	0	ナ行「な～に～ぬ～ぬるぬれね」
1	0	なぎら健壱

9		0	鳴くよウグイス平安京
3		0	ナゲット4つ下さい→ナゲットフォーー!
698		1	和み系 森田健作
2	●	0	**名古屋 章**
8		1	ナゴヤ撃ち
5		1	名古屋打ち
51		0	名古屋コーチンつくね鍋のおじや
6	●	0	**名古屋の瀬戸内寂聴**
5		2	名古屋場所
1		1	梨花だと思ったらSHEILA
9		0	茄子嫌だ!ゴニャ!
2		0	ナスダック総合死数
11		0	なすび
18		0	ナスビ仮面
553		0	なぜか埼玉
4		0	ナタ男現る
2		1	灘そうそう
2		0	なたね油
56		0	雪崩式 エビ固め!!
2		3	**雪崩式 ナガタロック2**
56		3	**雪崩式サソリ固め!!**
17		0	雪崩式雪崩
2		1	夏木 ゆたか
1		1	ナッキーはつむじ風
2		1	夏木ゆたか
1	●	3	**夏だ一番!ドラえもん祭り**
1		0	納豆=嘘フラボンがいっぱい
8		0	納豆クィーンに選ばれた華原朋美さん
30		1	納豆の手話
8		0	納豆巻、納豆巻、むしえび、納豆巻
56		0	夏の日の1993 ~2001バァージョン~ 発売決定!!
13	●	0	**ナッパ**
2		0	夏休みの友
51		0	なでしこJAPAN
4		0	なでしこジャパン
7		1	なでしこリーグ
3		0	等
6		0	ナトゥ 踊る!ニンジャ伝説
2		0	なとり
3		0	なにー!!402氏に抜かれてる!
45		0	何か書くことあったのに忘れた
2		1	何も言えねー
31		0	ナニワ金融道
7		0	何をゆ~、あびる優~
40		0	ナネガミオジョソ

な

170

7	●	0	**菜の花体操**
52	●	1	**那覇空港をハブ空港化**
1		0	那覇ハーリー
1		0	ナビスコ
34		0	ナフタレン
747		1	なべ、やかん、フライパン
5		0	ナポリン
4		0	ナポレオン　ボナパルト
62		1	ナポレオンの禁句:「それは無理！」
4		1	名前変えます。　太木数子
7		2	名前を付けて保存
16		1	なまこ酢
8		0	生コン
4		1	生茶　なまちゃって
16		0	なまはげ
43		0	生八橋を焼いて食う男
5		0	生パン粉
40		0	生麦事件
37	●	1	**生麦生米ゆで卵**
108		2	涙くんさよなら
130		0	涙のパラシュート
3		1	泪目族
1		0	ナムコスターズ
8	●	1	**ナメクジ生ゴミ生たまご**
90		0	なめこ汁
2		0	なめたカレー
72		3	**ナメック星人ごときが**
42		0	ナメック星
5		7	**なめんなよ**
7		0	ナヤミ　ムヨウ
5		18	**平城京**
5		0	奈良公園
6		1	平城遷都キャラクター
5		0	奈良テレビ
3		1	奈良病欠職員
36		1	成田離婚
5		0	成田童夢
10		0	なるっきゃない！
663		1	なるほどザ・ワールド！時は止まった
22		0	ナン男
1		1	なんか・・・におうよね？　ね？　ね？
3		1	南海・野村監督「代打、オレ」
8		0	軟禁玉すだれ
42		0	南国少年パプワくん
12		0	ナンシーより緊急連絡！
20	●	0	**なんじゃ俺ゃ〜？**
29		0	なんじゃらホイ
22		1	なんだ、スネ夫か。

171

32		0	何だチミは!?
1		0	なんだろう君
140		0	ナンチャンおばさん
10		0	なんでかフラメンコ
33		0	なんてったって2メガやし
21		5	**何でもないような事が幸せだったと思う**
73		0	なんでんかんでん
6		0	ナントカ還元水を飲んでる
19		0	なんとなく　クリスタルキング（笑）
16		1	なんと孫六
5		4	**ナンパオ**
73	●	0	**南部虎弾**
4	●	0	**なんぼのもんじゃ焼き**
47		0	なんまん DOVE
54		0	ナンマンダウ平均株価
6		1	なんも買えねぇ
39		3	**何らかの初段**
340		0	に、肉が、私の肉がぁぁ！！
42		0	にぃ〜しぃ〜おか〜すみこだよ！！
27	●	0	**新潟インフルエンザ**
30		1	ニーズをキャッチ！
125		0	ニーチェ
16		0	兄ちゃん堀江、小兄和田。一つ屋根の下。
2		0	ニート
2		0	ニート16ターボ
2		0	ニート黄門
1	●	0	**ニートソース**
32	●	2	**ニートたけし**
10		1	ニートだけど心は多忙
10		0	ニートの貴公子
1		0	ニイニイゼミ
2		0	新沼 謙治
6		0	ニーヒャ
22		0	ニオイノンノ
4		0	におわなっとう
17		0	二階から胃薬(顆粒)
17		0	二階からホイミ
11		0	ニカウさん
2		1	にがり
48		1	にきにきにきにき二木の菓子
74		1	肉、しゃぶり放題
3	●	0	**にくくん**
41	●	0	**肉ジャガー**
14		2	肉汁
4		1	肉球
11		1	肉だんご
34		1	肉のタニグチ

な

172

44		0	肉の天然水
67	●	0	**肉の万世**
12		1	肉骨粉
77		2	肉村プロデュース
62		0	逃げ足の速さは光ファイバー並み
22		1	ニコニコ堂
2	●	0	**ニコラス刑事**
82	●	3	# ニコレット
3		0	ニコン
10		0	二酸化マンガ
18		0	二酸化マンガン
2	●	0	**にしおか すみこ**
68		0	西岡 頭御子
1		1	西川ヘレン
4		0	錦織一清
8		1	錦野旦戦争 （スターウォーズ）
2	●	2	**西田ひかる：「ときめいて」**
21	●	1	**西田ひかるのバースデーパーティー**
139		0	にしてつライオンズ
1	●	2	**西ニッコリ**
2		2	西松屋
25		0	二十四時間耐久「よぉメ〜ン」
62		2	二十四時間耐久パチパチパンチ
39		1	二重跳び保険
14		1	二十山親方（元北天祐）
1		0	ニセ国勢調査員
46		0	偽札職人募集中
84	●	1	# ニセ天然ｖｓニセ計算
4		1	ニセ二億円当たりくじ
8		1	偽ヤフー
4		0	二千円札
35		0	二千円札は変えないの？
10		0	二代目あばれはっちゃく
2		1	二代目そのまんま東
10		0	二代目は左とん平
7		0	煮玉子
7	●	0	**二炭化酸素**
3	●	0	**日大三高**
3		0	日大生「１万円作る勇気なかった」
10		0	日ハムの立場
23		0	日番谷隊長の大紅蓮氷輪丸
231	●	2	**日ペンの美子ちゃん**
5	●	1	**日明貿易**
10	●	0	**日曜のみ半休**

7			1	日曜日の秘密基地
1	●		1	**ニッカウヰスキー**
8			0	ニッカボッカ
15			0	日刊ツルネン
3			0	日勤教育で苦痛
13			0	ニック＆ネーム
7			0	日光写真
38			0	日光たけし軍団
5			0	日産レンタカー
34	●		1	**日清カップヌードル戦争**
1	●		1	**日清マヨドレ**
4			0	新田純一
24			3	**新田の芸術的なドリブル**
1			0	にっちもさっちも
242			0	日東駒専
16			0	日暮里体育大学（日体大）
9	●		0	**日本！（茶・茶・茶）**
20			0	日本、玉田、ゴーーール
265	●		0	**日本×ハラグアイ**
6			1	日本アマチュアカバディ協会
60			0	日本烏賊大学
15			2	日本一の芋煮会フェスティバル
5			8	**日本一のカッ飛び男**
5			37	**日本一勇気のある嫁**
5			2	日本コナモン協会
108			1	日本昆布協会
9			2	日本電波塔株式会社（東京タワー）
2			0	日本泥公団
5			1	日本粘土学会
1	●		0	**日本脳炎**
22			2	日本のコンソメにちょうせ〜ん
3	●		0	**日本は信頼できない貿易相手国だ**
5			0	日本鳩レース協会
2	●		3	# 日本ブレイク工業
7			0	ニッポン放送
17			1	日本ミルクコミュニティ
2			2	仁藤 優子
9			1	ニドラン（♂）
4			0	二年連続「福男」
46			0	二の腕スペシャル
106			0	二倍の速度でCM中
52			0	二番底で買い
190	●		3	# ニビル星の接近
18			2	ニベア
180			1	にぼぼ
174				

な

5	●	0	**日本新党**
3	●	1	**日本人は日本から出て行きなさい**
55		1	日本版金融ビッグバン
5		0	日本版ビッグ・バン
108	●	1	**日本文化センター**
34		1	日本昔話出演回数1位　おじいさん
5		13	**二毛作**
3	●	0	**ニャホ・ニャホ-タマクロー氏が辞任**
3		0	ニャホニャホタマクロー
3		0	**ニャンウィン外相＠ミャンマー**
71		0	ニャンチュウ〜
6		1	にゃんまげ
23		0	ニューアルバム「ネヴァー・ゴーン」
120		1	入院タモリ
7	●	0	**入閣要請の電話が留守電でご破算**
1		0	乳歯
13		0	ニューシネマ蜥蜴
17		0	**入試のベテラン**
110		1	入場はライディーン
84	●	0	**ニュースがゼロ**
34		1	ニュースの森（ＴＢＳ）
6		0	ニュートリノ
38		1	ニューハーフヤンキース
5		9	**ニュー仏壇**
5		1	ニューメキシコ州
9	●	0	**入浴タイムズ**
8		0	如意棒
98		0	にょい棒の「にょい」ってなに？
11		1	女房がへそくり隠すトコ
74		1	ニョクマム
43		2	ニョロニョロは雷がエサ！
6		0	にらめっこ
91		0	煮るなり焼くなりコロ助なりぃ〜
38		1	鶏ガラみたいな祖父
171		0	庭にハチ埋めさん竹さん
712		0	人
110	●	0	**人気アイドルグループの、司会が上手い人**
7		0	人気者ハウス
7		0	人間失格ボクサー
2		0	人間性クイズ
45		0	人間ドックに行って人間サンドバッグ
37		1	人間ドリル
2		2	忍者「お〜い！車屋さん」
36	●	0	**忍者！ハッタリくん**
5		11	**忍者（ジャニーズ）**
3		0	忍者じゃじゃ丸くん

8		0	忍者パッと見君
2		0	忍者龍剣伝
2	●	1	**妊娠だ ひかる**
6		0	忍空
7		0	任天堂
23		0	任天堂128
37		1	仁徳天皇寮
1		0	ニンニン三脚
171		0	人の家で尻の穴弄るな
7		0	人は強く決断すれば、必ずやり直せる
23		0	ヌージの眼鏡
4		1	ヌーブラ
103		0	ぬーぼー
6		0	ぬか漬
12		1	ぬかづけ食べた～い！！
1		1	ぬかるみの女
9		0	抜き打ち尿検査
37		0	ぬけさく先生
6		1	ヌザビヨン
25		0	ぬし
18		0	ぬすっトド
88	●	4	**盗んだバイクが盗まれる**
6		0	ぬののふく
10		0	ぬのぶくろとらやす
13		0	ヌメリワンダー
6		0	ぬらりひょん（下の写真の一番左）
6		1	ぬるホッカイロ
34		1	ぬるま湯
6		0	ヌンチャク
3		0	ネイルと同化
606		2	ねえ、フーミンこっち向いて♪
21		2	姉さん事件です
7		0	姉さん女房
5		17	**ネーポン**
10		0	ネオニート
45		0	ネオメロドラマティック
120		1	ネガティブタモリ
305		2	ネカマ
1		0	ねぎま
2		1	ネクロマンサー
6		0	ネコ・ニャンダフル
44		1	ネコ産んじゃった
5		3	**ネコ絶好調**
3		0	ネコ大＠カリマンタン島
3		0	ネコ打線
785		2	猫で練習
39	●	0	**寝言美人**
7		0	猫パンチ
214		1	猫ひろし！猫ひろし！
176			

な

46		0	猫ひろしの猫パンチ
44		1	ねこまっしぐら
6		0	ネ申
34		1	ネスカフェ
17		0	ネズミ王国
3		0	ネズミ踊り
6		1	ネス湖
2	●	0	**鼠先輩**
7		0	ネスレじゃなくて、ネッスル
12		0	ネタ切れ
7		1	熱岡修造
11		1	根っからのバーコードバトラー
42		1	熱血高校くにおくんシリーズ
414		0	熱血闘魂
36		1	ねつ造騒動
15		0	熱湯甲子園
91		1	ネットで探せるブルブル
1		1	ネット同棲
13		0	ネドベド
10		0	寝ながら入浴
3		0	ねぬむゐゑ
2		2	ネバーエンディング素通り
5		6	**ネバーランド**
51		0	ネビラチェーン
15		0	寝豚祭り
1		1	寝巻き
17	●	0	**寝耳にミミズ**
51		0	ネモ船長
16		2	ねりけし
93		0	ネリョチャギ
83	●	0	**ねるとんず**
7		0	ねるとん紅鯨団
72		0	ねるねるじぇらじぇら
29	●	2	**ねるねるねるね**
6		0	年賀状イラストがハクビシン
32		1	念写男
134		0	燃焼しすぎてアミノ死に
39	●	0	**年末SP見せます！今年の天気ベスト５０**
8	●	0	**年末ジャンボあみだくじ**
1		0	念力集中ピキピキドカーン
18		0	ねんりんピック
36	●	0	**能ある鷹は爪を磨く**
5		10	**濃尾平野**
9		0	農家　VS　やませ
31		0	農協牛乳
19		3	**農協牛乳（プリンス）**
8		1	農協スカパラダイスオーケストラ

177

15	●	0	**濃厚接触者**
100	●	1	**濃厚なニュージャージ牛**
3		0	農心のセウカン vs かっぱえびせん
3		0	濃縮ウコン
4		1	脳内メーカー
5		0	農繁期
3		0	のうび平野
41		0	脳味噌パ〜ン☆
31		0	ノーザンライトボム
12		0	ノーパンしゃぶしゃぶ
1		0	ノーブラ。をプロデュース
1		0	ノーマネーでフィニッシュ
1		2	ノーロープ有刺鉄線電流爆破ピクニック
8		0	逃れ逃れて草津温泉
4		1	野口教授
73		1	野口五郎
18		1	ノサップ岬
6		0	野ざらし紀行
9		0	野猿
69	●	0	**ノストラダムスの大誤算。。。**
9		0	ノストラダムスの大予言
17		1	ノズル
5		1	野田クルゼ
7		0	野田社長、残念！
84		0	のだめカンビターレ？
17		0	野垂れ死にます
25		2	のちのボブ・サップである。
32		0	ノックは無用 (爆)
33		1	のっけからトペ
12		2	ノッチ
75		0	ノッポさん一回でいい、一回でいいんだ。何かしゃべって！
59		0	のど自慢（室井滋主演映画）
1		0	のどぬーる
34		0	野原みさえ（29）本当かよ！
34	●	2	**野比　ドラえもん**
33		1	のびく「いい奴だよ劇場版のジャイアンは
16		1	のび太、男泣き！！
473		0	のびたさん、クッキーが焼けたの。私の家に来ない？
15		6	**のび太にはあげないよ**
1		0	のび太の恐竜2006
619		0	のびたのくせに！
303		0	のび太のくせに生意気な
10		0	のび太のママまで声変わり！
5		9	**のび太は大リーガー**
15		1	のび太をプロデュース
50		0	野比のび太「いい加減な名前」
15		3	**のび太さんのエッチ！**
165		13	**のび太さんやめてぇぇ〜！！**
178			

な

87		1	ノブ
2	●	0	**信長の野暮**
7		0	飲み終わった牛乳を集める係
4	●	4	**のみにくいアヒルの子**
15		0	飲むグルト
7		10	ノムさん「清原は、いらんやろ〜」
3		0	ノムヒョン
46	●	0	**飲むホッカイロ**
109		0	のむヨーグルトに
36		1	野村ID野球
7		0	野村スコープ
4		0	飲め、飲んで忘れろ、あんな女
14	●	0	**飲める温泉と聞き、湯船のお湯を飲む**
152	●	0	**野茂は暗い**
1		0	のらりくらり
63		0	のりおちゃんポーン
1		0	法子は俺の宝っ子
13		0	ノリスケ
5		37	**ノリスケSOS**
86		2	のりすけさん
5		20	**ノリダー**
8		1	ノリダーフェスティバル&カーニバル
8		0	のりたま
131		1	のりつっこみ
98		0	紀宮さま、おめでとうございます
3	●	0	**紀宮さま仮免許合格（AT車限定）**
2		1	のりピー語
16		0	のり弁
8		0	則巻千兵衛
17	●	0	**ノロイウイルス**
6		0	ノロウイルス
1		1	のろけるチーズ
1		0	のろま大将
143		0	ノンコールスローン
44		2	ノンストップ田代
240		0	ノンストップバス
29		0	のんだあとはリサイタル
30		0	飲んでるっ・・飲んでるっ！！
1		0	のんピース

は

37	0	ハ、ハバロフスク(笑)
32	1	は〜いステップジュン
1	0	バーッとやってバーッと帰ろう
177	1	ば・・・爆弾発電!!(?)
45	1	はーい、じゃあ今日の体育はハンマー投げだ
193	2	バーガー味
5	7	**パーク・マンサー**
20	1	バーコーダー
4	0	バーコード=クールビズ
69	1	バーコードはげ
18	1	**バーコードバトラー**
125	0	バーコードバトラー
4	1	バーコー麺
2	1	バーシャルデント
23	0	バーソロミュー・くま
33	1	バーチャ・ファミコン
5	16	**バーチャルボーイ**
26	0	パーティ行かなあかんねん
74	2	ハードゲイ
2	3	**ハードゲイ「レイザーラモン住谷フゥー」**
55	0	バード羽鳥ウォッチング
2	1	バードマン
44	1	ばぁばに言っちゃうぞ
2	2	バーバラ アキタダ
72	0	バーバラが放屁
8	0	バービーボーイズ
26	0	パーフェクトなわき腹が
35	0	**ハーフだけど可愛くない**
43	1	バーベQ味
22	0	パーマネント
4	0	パーマの休日(美容院)
1	0	バーミヤン

5	16	**パーやん**
5	12	**パールライス**
4	1	ハーレーラビットさん
30	0	婆ロア
35	0	ハイ！五郎さん
4	1	はい、とぅいまてーん
440	15	**ばい～ん！**
7	1	バイオリンカ士ター坊
54	0	ハイカラマン
1	0	排気ガスを吸うと鼻毛が伸びる説
4	0	バイク王
17	0	俳句甲子園
19	1	拝啓、おひょい殿。
227	0	バイコー麺
7	0	ハイサイおじさん
472	2	ハイザックカスタム
42	● 1	**歯医者復活**
15	● 2	**歯医者復活戦**
68	0	排水の臣
6	0	ハイスクール！罷免組
1	0	はいすくーる落書
2	0	バイタルネット
24	1	バイト 時給1円 1時間以内に2円拾う
513	1	ハイドロプレーニング現象
38	0	バイ投げ
410	0	ぱいなぼー
1	0	ハイナルハンタジー
7	0	ハイパーオリンピック
4	0	ハイパーメディアクリエイター
15	● 0	**ハイパーメディアクリエーター**
6	0	バイバイキン！
35	4	**ハイは一回**
36	0	バイバイ恒雄ちゃん
743	0	バイバイブルー
34	1	バイパス下
17	0	ハイパワー風呂ポット
37	0	バイパンまん
1	1	ハイヒール・モモコ
51	0	パイプカット
2	1	パイプフィニッシュ
1	0	ハイミー
12	1	ハイリ、ハイリフレ、背理法
20	1	ハイリハイリフレハイリホー♪
3	0	はいりんしゃい
5	14	**パイレーツ**

52	●	1	# パイレーツ オブ ソマリアン
2		1	ハイレグ
2		1	ハイレグ刑事
17		0	バウアー
2		0	バウエル国務長官
2	●	1	# ハウス うまいっしょ
1		0	ハウスマヌカン
52		0	バウムクーヘン・オリンピック
4		1	バウリンガル（犬語が話せる人）
3		1	ハウルの動く腰
2		1	ハエ獲りリボン
15		0	生え際がグラデ〜ション
4		0	ハエコナーズ
13		2	生え際の魔術師
1		0	ハエトリリボン
7		1	ハエハエカカカ、キンチョール
45		0	パオ
6		0	パオ ポニョ パオ
5		6	# パオパオチャンネル
117		1	ハガー市長
95		2	ハガー市長の自宅訪問
64		0	破壊王弁当
4		0	はがき職人
58		0	葉加瀬太郎
72		0	歯型
18		0	バカ田大学
8		0	バカダ大学
1		0	博多どんたこす
23		0	芭月 涼 vs 蒼龍（蘭帝）
67		0	バカとテストと召喚獣
13		0	バカ日誌
18		1	バカバク
34		0	墓参り3段
21		0	ばかやろう！（高木ブー）
45		0	バカルディ
14		0	バカルディ改めサマーズ
1		0	バギーパンツ
1		0	パキスタンラリアート
75		0	バギ星人
1		0	萩健取引法違反
62	●	0	# 萩野（ハギノ）式
3		0	萩野式中学受験
1		1	萩の月
2		0	バギマ
1		1	萩本欽一だと思ったら村上ファンド社長
22		1	パク・チャンホ

は

182

5	12	**歯ぐき**
19	0	薄汚ねーシンデレラ
21	0	爆苦連亡世！（ばっくれんなよ！）
58	1	拍手喝采米「埼玉の米」
3	1	爆笑太田「盗作してすみません」
77	2	爆笑かきピー問題
260	0	爆笑問題？？
5	53	**ハクション議員連盟**
2	2	白線脱がし
23 ●	0	**白線の内側に下がりすぎて迷子になる**
423	0	ばくだんいわ
95	1	ばくだん岩の命乞い
1	0	爆弾低気圧
62	0	爆弾ボール
2	0	パクチー
24	1	バクチクのようなふとんたたき
2	0	爆乳戦隊「パイレンジャー」
638	1	白鳥の糊
19	2	バグった。
11	3	**爆発寸前ＧＩＧ**
41	0	白発中（ミニ三元）
9	1	伯方のＣＯ（一酸化炭素）
5	7	**伯方の塩**
9	3	**伯方の塩（塩分控えめ）**
3	0	伯魔王旭
6	2	莫山先生
7	1	パクリ商品「キリゾー＆モッコロ」発覚！
13	0	はぐれ悪魔コンビ
48	1	はぐれ悪魔超人コンビ
87	0	はぐれ刑事ジャコバン派
2	2	はぐれ刑事 非ピリン系
13	0	はぐれ刑事 ポルポト派
1	0	はぐれ国際軍団
35	0	爆裂Ｂガール
6	0	爆裂スーパーファンタジー
12	0	はぐれメタル
34	3	**はぐれメタル純情派（レベル8以上）**
17	1	ハゲ・ホーダイ
6	0	はげくらべ
62	0	はげしい牛乳
15 ●	1	**激しい小雨**
73	0	ハゲの軍団
5	5	**バケラッタ**
27	1	ハゲロンヒーター
60	0	バゴーン
31	0	箱根良夫鉄道
1 ●	0	**はごろも**

183

6	1	馬刺しのおかしら付き
3	0	はざみ山古墳、888万円で落札
6	1	バサロ泳法
17	1	破産法
2	1	橋 幸夫
6	1	恥
77	0	橋田壽賀子のオールナイトニッポン
4	1	橋田寿賀子ファミリー
124	1	橋田ファミリー
15	0	ハシッテホシーノ
2	2	橋爪 功
6	0	恥道楽
21	0	箸にも棒にもジェロニモ
6	1	恥の素
7	1	羽柴秀吉、また出馬へ
143	0	はじめてのタモリ
8	0	はじめてのチュウ
106	0	はじめての真弓
20	5	**はじめまして。**
5	8	**橋本名人**
12	● 1	**パシュトゥン人**
77	0	恥じる。
25	0	バシルーラにより帰郷
94	0	走れ！ガリガリくん！！
40	0	場末のスナック
3	0	恥ずかしいお願い
16	1	バスガス爆破ちゅ
2	0	バスコ・ダ・ガマ
7	0	バスタイム
1	1	破洲多山
9	1	バス停前高校
24	1	バスに乗る時、運転手に遊戯王のカードを見せる
24	0	バスのコイン入れるとこにレモン汁を入れる
1	0	バスボン
70	0	外れるのは、市川、カズ、カズ山本、北澤
9	1	はずれるのはカズ。細木カズ。
4	1	バスロマン入り風呂
3	0	罵声をあびる
7	2	長谷川理恵、愛の長距離走は途中リタイア
1	0	はせさん治
14	0	バゼドー氏病
5	13	**バンキヤ**
62	0	パソコンだけが友達じゃない!!
27	0	パソコンで、あくせく！
60	0	パソコンの事をファミコンと言う祖父
3	0	バター犬
4	1	裸で何が悪いTシャツ
2	0	裸の大将
50	0	はだかの元
66	0	裸よろいのトム

は

21	2	はたけ（シャ乱Q）
9	0	畑正憲
2	4	**畠山鈴香サーキット**
3 ●	1	**畠山容疑者「不審車を見た」**
75	0	バタコさん不倫発覚！
107	1	バタ子のコントロールは２５５
4	0	裸足の王様　石田純一
1 ●	0	# はだしのゲソ
4	1	波多ニュー陽区
650	1	ばたやん
2	0	働いたら負けかなと思って医龍
3 ●●	0	# 働いたら負けかな と思っている
68	0	働きマン
1	0	働く菊池桃子
14	2	パタリロのモデルは浩宮様
26	1	肌を露出しない男
45	0	バチカンで、コンクラーベ
99	0	八丈島のキョン
362	1	八時だよ！　全員死亡！！
8	0	パチパチパンチ
115	2	ハチミツボーイ
336	0	はちみつレモン
52	0	バチューカ料理
2	0	パチラッチ
1	0	パチンコ　ＭＡＲＵＨＡＮ
2	1	パチンコＮＯＷ２
4	0	ぱちんこ必殺仕事人
12	0	パチンコファイトクラブ
104	0	ハッ フッ ホッ♪
5	17	**バツ＆テリー**
35	1	初ＭＯＤＥ
11	0	バッキー木場
3	1	バッキン
16	0	バツキン美女
6	0	バックギアに入った
41	0	パックマン
37	0	パックマンフォーエヴァー
8	0	パックンチョ
11	0	パックンマックン
7	0	罰ゲームは、こわくないかぁ～！
7	0	発毛剤「１０１」
5	15	**発毛日本一コンテスト**
4	2	白骨化温泉
150	0	はっさく

は

5	●	7	**ハッサン二世杯**
1		0	バッジェ〜ロ！ バッジェ〜ロ！
7		0	初芝、ビールかけで涙
5		2	初芝清引退
1		0	パッション屋良
29		0	ハッスル
21		0	ハッスル！ハッスル！
7		0	ハッスル年賀状
3		0	ハッスルは俺のもんだ！
7		0	八反安未果
1		0	バッチこ〜い
46		1	バッチタネル
6		0	はっちゃけた！！
4		1	八丁堀の七人
31		0	バッチョレック
65		0	ぱっつんぱっつん
4		1	バッツンバッツン
1	●	0	**バッテリー切れそうだから電話よこすな**
2		0	ばってん荒川
22		0	バット・モリタ
1	●	0	**パッとサイデリア**
29		0	ハッとしてグー
3		0	ハットトリック
3		1	バットの弟のケヴィンです
22		0	服部先生
6		0	バッハ
5		1	初場所
55		0	バッパパラリア河合
17	●	3	**ハッピーセット**
1		0	ハッピーターン
233		1	ハッピーマニア
4		1	ハッピーマンデー
9		0	初日の出暴走
20		0	ばっふぁろーまん（笑）
4		0	発泡酒
27		0	刃剣斬り
33		1	ハテハテフフー♪
5		2	ハト
4	●	0	**鳩cafe**
21		0	鳩インフルエンザ
1		0	鳩が豆鉄砲食らったような顔
19		1	はとむぎ・玄米・月見草等々
5		2	ハトヤ消防隊
27	●	1	**鳩山幸夫（みゆきのおっと）**
5	●	6	**鳩よ！**
1		0	バトラッシュ

5		0	バトル・ロワイアルⅡ 鎮魂歌
286		79	**バトルフィーバー**
9		0	花　屋敷
15		1	鼻＊鼻
8	●	0	**花＊花**
495		0	花＊花だって女なんだよ・・・(寂し気に)
5		6	**パナウェーブ**
14		1	花籠部屋
352		0	花形貢（はながたみつぐ）
6		0	鼻から飲乳
7		1	鼻からうどん出ちゃった
46		1	鼻からきたら、黄色の便座
8		0	鼻から牛乳
5		39	**花キューピット**
96	●	0	**はなきんデータランド**
629		0	鼻毛抜いていこう！！
162		2	鼻毛のアン
25		0	鼻毛の色 = Real Black
3		1	はなげのれんきんじゅつし
38		0	鼻毛をのばして in the sky
6		1	鼻呼吸パラダイス
5		2	花沢さん
4		1	離さんか爺さん
1		2	鼻セレブ
14		2	花田勝さん
70	●	3	# 花田憲子　『凛として』
82		1	花と夢
113		1	ばなな〜ぁ (*-o-*)/chu!!
65		0	バナナシュート。
26		0	バナナの皮を踏むと事故る
6		2	バナナはおやつに入りますか？
1		0	バナナラマ
4		0	鼻の頭に汗をかく女
4		1	花の命はけっこう長い〜
2		0	花の刑事
0		0	花は桜木、男は岩鬼
5		3	**ハナ肇**
5		3	**鼻博**
33		1	パナホーム
97		0	ハナマルガリ
5		7	**ハナマルキ**
32		0	鼻水キ／一青窈
4	●	1	**花柳糸之ダンサーズ**
33		2	はなわとゲルググ
16		0	はなわの新作「具志県」
4		1	ハニカミ親父
2		0	ハニカミ北大路 欣也

114		0	歯肉炎
22		0	パニクルー
6		0	ハニホー・ヘニハー
15		1	バニラアイスホッケー
11		1	バニラコーク
353		0	羽根付きガード
76		0	羽根付きギャザー
1		1	母「ノッポさんから電話だよー」
72		2	パパイヤダチウ
64		1	母親がセルジオ越後にそっくり
20		3	**ババチョップ**
30		0	ババババ・・パーマネント
8		0	母はパーマを当てに行きました
13	●	1	**母べえ**
2		0	ババヘラ
67		0	バハムーチョじゃなくてバハムート
67		0	バハムートじゃなくてバハムーチョ
184		0	パパラッチ、スキラッチ
21	●	0	**パパラッチのパパは、パパパパラッチ**
12		0	馬場ロア
7	●	0	**母をたずねて三千円**
162	●	0	**母をたずねて三千人**
13		2	バビーボレンタイン
6		2	パピコ
64		2	はぴひる！（終）
71		0	ぱぴぷぺポポラーレ♪
5		1	バブ
82		1	バファリンの半分
7		0	ハブステップ
4	●	0	**ハブとマングース空港**
6		0	ハブ名人
2		1	バブル青田
49		1	バブルガム・ブラザーズ
2		0	バブルガムブラジャーズ
33		2	バブルスくん
54		1	バブル二世
164		0	バブルマン
784		1	パペットこぞう
1		0	バボちゃん
22		0	バボラー。
17		0	ハマータウンの野郎ども
2		0	浜木 綿子
16		0	浜口氏「京子は抹殺された」
2		1	浜コー
9		1	ハマコーバレー
7		0	ハマコー節爆発！
21		3	**浜崎橋お天気カメラ**
11		1	浜省
31		0	浜田

は

188

2		0	浜田、松本、山崎、遠藤　OUT～！
149		0	ハマの静香は事件がお好き
4		0	ハマの静香は事件がお好き⑥
22		0	浜辺で CHI-RI　CHI-RI ダンス
5		4	**ハマラジ**
5		0	浜離宮
720		0	浜渡浩満
23	●	0	歯磨き粉がコーラ味なので、歯磨きよくする
23		2	歯磨き粉をよく味わってから磨く
3		3	**はみ刑事**
2		0	はみだし刑事アキバ系
45		0	はみだし刑事情熱系
2		0	バミューダ
1		1	バミューダパンツ
6		1	ハムストリングス
3		0	ハム太郎が佐賀で捕まる
5		10	**バム鉄道**
274		3	早く帰りたい・・・放題。
76		0	林
60		0	林米→ハヤシライス
2	●	2	**林葉 直子**
11		0	林マヤ
2		1	林家パー子の笑い方
29		1	林家ペー、パー子（シャア専用）
3		0	林家ペー様
6	●	1	**林家ライス・カレー子**
17		1	林ライス
39	●	2	**早とちりごっこ**
7		0	パヤパヤ
2		0	葉山 レイコ
4	●	3	**速水いまいち**
4		0	速水いまいち　いまに　いまさん
11		1	早見優のアメリカンキッズ
7		0	バヤリース
175		0	薔薇が咲いた。マイク真木
88		1	腹毛なやつら
4		1	パラダイス銀歯
22		2	はらたいら
132		1	はらたいらさんに全部
3		0	原田失格
4		0	原田大二郎
16	●	0	**腹立つのり**
7		0	払ったつもり監督
8		0	パラッパラッパー
68		0	薔薇のある花屋
4		1	薔薇のない花屋

189

5		6	パラパラ
6		0	ハラヘリコプターズ
5	●	7	# 原ヘルス工業
36		2	パラマウントベット
10		0	はらまるちの
23		0	パラモス瑠偉
99		1	ハリー・ポタージュ
16		2	ハリーポッターとキム・ヨンジャと仁志
50		1	バリーボンズ
11		0	貼り紙オバサン
7		0	ハリケーンミキサー
5		3	**パリっ子ジャージ**
2		0	パリッシュ
1		0	ハリポッター津市長の記者団
5		8	**パリミキ**
17		0	バリン・ロイシン・イソロイシン
7		0	バリンヤー
70		0	春・夏・秋・冬樹
4		0	春あらら
15	●	0	# ハルウララ
1		0	春夫キティ
71		0	バルサミコ酢
20		1	はるさめつるるん
17		0	バルサン体操
6		0	バルタン星人
51		2	はるちゃん5
1	●	0	**パルテノン心電図**
2		0	バルナス
146		0	はるなつあきふ
118		2	春になり桃にウグイス木が違う
5		0	春の高校バレー
5		1	春のパンまつり
22		2	春は伊達巻から。
93		0	バルバルバルバル
37		4	**パルプルンテ**
15		0	春待ち大根足バーガー
9	●	1	# ハルンケア内服液
1		0	晴れ 時々 ムッシュかまやつ
10		1	バレードでチョコを撒け
10		0	バレードに乱入
5		1	はれときどきぶた のりやすくんの交通安全
25		2	パレルモ教育相
67		0	バレンタインデー撲滅募金
33		0	パロ・スペ試して脱臼しました
11		1	ハローワークに行かずにダーマの神殿に行く
121		0	バロスペシャル
70		0	ハワイ・オアフ島出身
190			

は

225	0	ハワイ以外全部沈没
69	0	パワフルかな
16	2	ハンガーヌンチャク
1	4	**ハンカチ王子**
96	0	**バンカメ**
46	0	半巨人
489	2	バンクポンク
4	0	番組に一部不適切な表現がありました。
4	1	番組の内容を一部変更してお送りします。
52	0	**ハングリー精神で成功、一転メタボに**
93	0	**ハングルは宇宙**
29	1	バンゲリングベイ　ハドソ〜ン！
73	0	パン工場
3	0	反抗妻
67	0	犯行の動機→おかずの数が多かった
3	0	バンコクの必然
9	1	万歳！（マンセーと読む）
121	0	バンザイ・クリフ
17	0	ハンサム
22	0	**バンジージャンプの父**
8	0	晩酌セット
5	19	**播州ハム**
5	0	播州ハム
1	0	**半熟なまこ**
1	0	パンシロンでパンパンパン
46	0	半身半偽
10	0	反省は態度で
78	0	パンダ1頭4250万円/年
178	0	ハンター
116	0	ぱんだちゃん　ぱおぱお
6	1	パンダ笛吹
8	0	パンタロン
5	3	**パンタロン先生**
4	1	パンチパーマ
290	3	**半チャーハン大盛り**
6	1	パンチョ
4	1	番長日記
50	0	パンツきつきつぅ？
2	1	パンツ佐藤
2	0	パンツパーマ
23	0	パンでグラタン（給食の揚げパン）
98	0	バンテリン　クリーミィーゲル
5	1	バンテリンコーワ1.0%
7	0	バンテリンを塗ってからサロンパス
1	1	半ドア
42	0	坂東イルカ
46	0	はんどうでうごけない

191

57		0	ハンドクリームでできてるつり革
7		2	バントでホームラン
9		0	ハンナラ党
35		0	パンニカツハサムニダ
173		3	**パンニダレガハサマレルンダ**
18	●	2	**パンニハムハサムニダ**
2		0	般若心経
126		0	はんにゃら、ガッソリ〜ナ♪
1		2	犯人（ホシ）になった少年
9	●	0	**万人の万人に対する逃走**
48		0	犯人は「ヤス」
27		0	ハンバーガー五輪
23		0	ハンバーグぺったんぺったん
6	●●	1	**ハンバーグラー**
17		0	パンパース
15		2	パンパース1年分
10		0	万博に緑のムックが？
61		1	パンハサムニダ
48		0	ハンパな夢のひとカケラ
1		0	ばんばひろふみ
30		1	バンプオブ鶏肉
6		0	ハンブルガー SV
335		0	半分はやさしさ。
31		1	ハンマープライス
12		1	パンマス
6		0	ハンムラビ法典
131	●	0	**半ライス**
57		0	半ライス、残りの半分はやさしさで
9	●	2	**半ライス大盛り**
68		0	バンレイのグラサン
106		0	ぱんをたべたい
55		0	ピ（22）
33		1	ひ・と・つと・せ〜
45		0	ひ・み・つ
5		1	ピアニカ
3		0	非姉歯
3		2	ピアノマン
3		0	ピアノマン vs バナナマン
83		1	ピアノマン vs ミラーマン
19		1	ひいおじいちゃんの再来年の抱負
6	●	4	**ピーコジャパン**
21		5	**ピースな愛のバイブスでポジティブな感じ**
18		1	ピーター・ファンデンホーヘンぱんちょ
1		0	ピーターパンシンドローム
153		1	ピーターファンデンホーヘンバンド
41		0	ぴーたーぽん

は

192

109	3	**ピーターマン**
22	0	ビー玉のお京
1	0	ピーチツリーフィズ
17	0	ビーデルさんの手料理
11	0	ビート
68 ●	0	**ヒート　たけし**
8	0	ビート板
41	0	ビートかかし
5	14	**ビートきよし**
12	1	ピーピーキャンディ
14	2	ビーフン
81 ●	1	**ピーポ君**
10	1	ビールかけのビールが目に
94	0	ビーンとその愉快な仲間たち
42	0	ピエール瀧
76	0	ひえたっぽうさい
8	1	ビオフェルミンよりビール
5	11	**ビオレ**
1	0	ビオレU
9	0	東あずま（東武亀戸線）
64	2	東インド会社
8	0	東江戸川三丁目
2	0	東国原 英夫
4	0	ひがしこくばるひでお
5	1	東中野
10	0	東ハトに専念すれば？
10	0	東ハトの執行役員
35	1	ピカチュウ、電気アンマ！
6	2	ピカデリー1
61	2	ピカピカの一年生
5	18	**光 GENJI SUPER 5**
16 ●	1	**光ヶ丘スペルマン病院**
7	0	光合堀菌
4	0	光合堀菌は人の心を読む。
15	4	**光ファイバー並だな！**
16	0	ひかる一平
1	0	光る海、光る大空、鈴木大地い～♪
23	1	氷川きよし新曲・魔貫光殺砲
27	0	ひきこもり三中
4	0	ひきこもるほどのお金がありません。
50	1	ヒキツケ起こしたタモリ
8 ●	0	**ひき肉定食**
4	1	比企理恵
2	0	ピクシー
92	0	ピクミン
5	3	**ピグモン**

193

5		11	**ビケ足場**
11		0	美形ジャイアン
72		0	弾けたクリリン
5		11	**ヒゲタしょうゆ**
1		0	ひげダンス
1		0	ピコピコハンマー
3		0	彦麻呂の片えくぼ
59		1	彦龍ラーメン
50		0	彦六師匠
5		4	**膝**
23		0	ひざカックンで、カックンカックンしている
8		0	寿退社
2		1	寿チャゲ
11		1	寿美花代
16		0	寿不動産
47		0	久々の二千円札
1		0	氷雨
7		0	ヒサヤ大黒堂
34		0	被子植物
738		0	ビジュアル系―――っす！！
6	●	1	**美少女仮面ポワトリン**
26		0	非常ベルダーツ
104	●	2	**美女木ジャンクション**
2		0	ビジョン
3		1	聖飢魔Ⅱ
6		0	聖闘士聖矢
6		0	聖梵ミロク
5		10	**美白御殿**
4	●	0	# 美人整形外科医
393	●	2	**美人の口臭**
5		1	ビスコ
3	●	0	**ヒステリック・ブルー**
6		0	ヒステリック娘。
2	●	0	**ビスマルク**
4		2	悲愴感
6		0	額に「にく」
6		0	美宝堂
727		0	ピタゴラスイッチ
6		2	日立竜巻サイクロン
3		0	ひたちなか市
3		0	ぴたっとハウス　ヘイヘイヘイ
39		0	左利き伝説
258		0	左手は添えるだけ
22		0	左とん平
623		0	ピチピチギャル
12	●	1	**ビッグ東海**

は

4	1	ビッグマッチョセット
77	0	びっくらこきの助
53	2	びっくりコーラ氷抜きで！
165	10	**ビックリして耳がドロドロになっちゃった！**
1	1	びっくりドンキー
106	● 0	**びっくりドン小西**
64	1	ビックリマンのチョコは捨てる
48	0	びっくりラーメン　１８０円
77	1	びっくりラーメン１８０円
8	0	ビッグワンガム
3	1	ひっこーしひっこーし　さっさとひっこーし
32	0	引越し、引越し、さっさと引越し、シバクぞ
2	0	引越ー引越ーさっさと引越ーシバくぞっ！
20	0	ヒッコロさ〜ん！
21	1	ピッコロ大麻王
67	0	ピッコロ大舞おう
38	1	ピッコロと同化したい
280	1	必殺！からし酢味噌！！
27	1	必殺仕事人2000〜2054（放送時間）
4	0	必殺仕事人2009
17	0	必殺技ダメージ30
5	13	**羊**
8	● 0	**羊が１００２３匹、羊が１００２４匹・・・**
8	0	ピッチャーびびってるよ〜
15	1	ピッチャー前ホームラン
1	0	ピップエレキバン
26	0	ヒップポップ演歌
3	0	ひつまぶし
20	2	引っ込みジアンビー
14	1	ヒデオ　ノモ　ソング
1	0	ヒデキ感激！
13	0	美的弱者
4	0	秀樹の妹コンテスト
101	2	ヒデブ
44	0	ひでぶ
9	0	ひでんマシン２ そらをとぶ
12	0	微糖イサオ
3	0	ピトケアン島民しっかりしろ
51	0	ビトたけし
16	0	ーとととと窃
13	0	ひとみ（２４）
21	0	ひとよひとよにひとみごろ
11	0	ひとりＧＬＡＹ
304	1	一人高山病【１８４ｃｍ】
11	2	ひとり笑点
17	● 0	**一人で二本食うなよ**
4	0	ひとりビューティーコロシアム
45	0	一人ブレーンバスター
38	0	一人ぼっちのクリスマス
458	0	雛人形のみやひで

360	●	2	**避難ばしご「オリロー」**
195		2	ピノキオ＜キノピオ
430		2	ひのきの棒を装備した！
1		0	ピノコ
690		0	ヒノコメニャカメヒコ、謐泙靴ぼうさいずきんわすれました
11		1	日出郎
36		1	日の丸弁当
1		1	日野美歌
7		0	日々是決戦
1		0	ビビビのねずみ男
5		2	ピピン＠アットマーク
447		0	ビビンバ
1		1	ビフテキ
2	●	1	**びふナイト**
2	●	1	**微分・積分・いい気分**
10		0	びぶんせきぶんいいきぶん
6		0	秘宝館
3		0	ピポパポそんぼ24
8		0	ヒマなプーさん
206		0	卑弥呼
27		0	姫クリ・・・カレンダー
1		1	ヒメダカ
8		0	ヒメダカが死んだのは飼育係のせいだ！
3		3	**姫は姫でもやんちゃな姫でございます**
14		0	百条委員会
2		1	百姓一揆
91		0	ひゃくななじゅうごあーる
155		0	百均（百円均一）
115		2	白夜白夜白夜…（強引だと思う）
8		1	日焼けコンテスト
39		0	日焼けサロン（陰干し）
40		1	日焼け止めクリームを修正液に使った上司
22	●	0	**冷やしカレー**
8	●	0	**冷やし中華、おわりました**
7		0	冷し中華、はじめました。
88	●	1	**冷やし中華始めさせられました**
88		0	冷やし中華始めたい
136		0	冷やしトマト
6		0	ヒャダルコ
8		0	百貫デブ
34		0	ひゃっきん（百円均一）
17		0	ひゃっこい
5		1	冷や麦
24		0	日向君のネクタイがーちょっとずれてる
1		0	ヒューザー
7	●	1	**ぴゅう太**
21		0	ヒューヒューだよ！
193		1	ヒューム部長（英）
196			

は

16	0	ビュッフェ
53	0	ヒュフテヴィッセンシャフター山田五郎です
197	1	ヒュンダイ
29	0	ヒョウ、ショウ、ジョウ
26	0	氷結果汁 〜貴方のためだけに〜
19	0	標高8000m級のバカ
97	2	美容室で、「つぶやきシローみたいにしてください」という
1	0	ひょうたんからこま
11	0	兵藤ゆき
25	●	**病名：胸キュンによる心不全**
69	0	漂流部隊！出動！！
3	2	ヒョードル「小川にハッスルさせない！」
6	1	ピョートル1世
20	2	ヒョードルVSヌードル・・・ファイッ！
38	1	ひょっこり岸部四郎
2	0	ひょっこりひょうたんZIMA
210	1	ひょっとこ行進曲
4	1	ひょっとこハム太郎
17	0	ビヨンド・マックス
2	1	平泉SAY
40	0	平泉成
21	4	**開いてる奴と閉じてる奴**
8	0	平川地一丁目
81	0	ひらけ！ポンキッキ
102	2	ひらけ！モンキッキ
697		ひらけ白ゴマ
110	● 0	**ピラミッドの二段目**
65	0	ヒラメの一本釣り
78	2	平山ほど〜の〜
9	1	ヒラリー夫人
68	● 0	**ビリー　キャンプ　デ　ゲリー**
16	0	ビリーバンバン
119	2	ピリ辛小僧
12	2	飛竜の拳
2	0	ヒル
7	● 1	**ビルゲッツ**
4	1	昼下がりのジョージア
16	0	ビルヂング
13	0	ヒルトン獅子舞
17	0	ピレバラアース
6	1	ヒレハリソウ
89	0	疲労！！
1	0	ヒロシ＆警棒
32	1	ヒロシでぇす☆
50	1	ひろしのズンドコ節
5	2	広島建設
75	0	広島の粗大ブス
2	2	広瀬君（『元気が出るTV』東大に入ろうね会）
5	26	**ヒロミ**

29		0	ピロリ菌
13		0	美我空
1		0	ヒンガーハイブ （フィンガーファイブ）
15		0	敏感肌
80		0	ピンクの小粒、三遊亭コーラック
7		0	ピンクのゾウさん
2		0	ピンクの電話
16		0	ピンクのポキャ天
4		0	ピンクハウス
31		1	ピン芸人
27	●	1	**ピン芸人ボーリング大会**
73		0	ピン子
6		0	ピンコラ音頭
5		2	ピンコロ石
1	●	0	**貧困さんいらっしゃい**
15	●	3	# 瀕死の軽傷
19		5	**ヒンベ**
27		0	貧乏者のコダックさん
36		4	**ピンポンダッシュ**
39		0	ピンポンダッシュまがいの犯罪だぞ。
10		0	麩
2		0	ふ〜みん
77		1	ファー（ひき笑い）
13		0	ファーベッチノーイ・クラティンデーンジム
2		0	ファイティング原田
26	●	1	**ファイト一発半**
2		0	ファイトーッ！　一発朗ーッ！
23		0	ファイナルファンタジー トリプルX
209		0	ファイナルファンタジー・(テン)
24		0	ファイナルファンタジーガスター１０
24		0	ファイナルファンタジータクティクス
34		0	ファイナルプレゼンテーション
11		1	ファインディング・チャゲ
62	●	0	**ファインディング・野茂**
2	●	6	# ファインディング・ホモ
60		0	ファインディング・ミモー
40		0	ファウンテン
79		0	ブアカーオ
2		1	ファザナドゥ(ハドソン)
12		1	ファジィ
1		0	ファブリーズ
132		0	ファブリーズが効きません
16		0	ファミカセ
23		2	ファミカセをフーフーしてホコリ食べる
57		0	ファミコン ブルーレイディスクシステム
2		1	ファミコンウォーズ
33		1	ファミコン消しゴム

は

198

42	0	**ファミコンジャンプ**
12	1	**ファミコンロッキー**
7	2	ファミスタと出会った時の、あの感動
7	0	ファミっ子大作戦
5	12	**ファミッ子大集合**
3	0	ファン・ウソク
2	0	ファンキー末吉
16	1	ファンタジア男鹿
18	1	ファンタスティポ
15	2	ファンデーションは使ってません
16	0	フィギュア長洲
13	0	フィファ
4	1	フイブイ言わす。
104	1	フィフィだと思ったらキン骨マン
13	0	フィヨルド
18	0	フィラデルフィア
5	4	**フィリピン海溝**
6	0	**風雲！たけし城**
50	0	風車のやしきたかじん
111	0	風船太平洋横断計画
101	0	風船わり人形
16	0	風俗刑事　ハンサム
2	0	ブー太郎
50	0	フードプロレスラー「プロセッサー」
3	0	ブーに初孫
617	0	ブービーマジック
5	1	ブーブークッション
11	1	フーミン
3	0	ブーメラン・キッズ
18	1	ブーヤン
3	0	ふーん
273	0	ふぅんふんふん♪
33	0	ふえ科
239	0	プエル虜
56	0	フォ～エウ゛アラウ゛～（FROM小泉）
7	0	フォー・ビューティフル・ヒューマンライフ
6	1	フオォォ～～
22	1	**フォークダンス DE 成子坂**
19	0	ふぉとーふぁらさん
722	0	ふぉりふぉり
30	1	フォルダー5は6人組
4	2	フォレストガン子
2	0	ふかしイモ
52	0	吹き始めたのかなぁ、秋風。
47	2	武器用ですから・・・
1	2	福井でごじゃいましゅ！
19	1	福井でごじゃります。
2	3	**福王　昭仁**
3	0	副王はいま広報

52	0	福岡県みやこ市、卑弥呼観音
7	0	福建省茶葉分公司推奨
57	0	腹式エラ呼吸
57	0	複式メタボ呼吸
50	1	ふぐた　タラオ
11	0	福田明日香
17	0	フグ田サザエ
5	2	フクダ電子アリーナ
10	0	福田のみ放置
51	4	**福原愛の卓球一直線**
13	0	ふぐりすみえ
7	1	袋とじ、開けてガッカリ
7	0	袋麺を砕いて粉かけて偽ベビースター
52	0	不幸の宗教
15	0	負債総額もジャンボ
19	1	**ふざけんじゃねぇこのやろー（笑）**
62	0	不幸せそうな目⇒不幸せ総ナメ
7	0	藤井一子
55	0	藤岡　弘、
2	0	藤岡琢也
1	0	フジが男祭りならNHKはアッコ祭り
183	1	**藤木君、きみは卑怯だね。**
13	0	藤崎マーケット
640	0	富士山
45	0	富士山≠藤さん
5	2	藤島メリー泰子
11	0	富士大系ミュージシャン
3	0	藤田スケール
3	0	藤田まこと「プロ野球とは縁を切りました」
7	0	不時着セスナの翼を飛び越えるサッカー部
34	0	藤の牛島
47	1	武士の瞳に恋してる
60	0	富士の病
2	2	不二家
5	12	**不二家 ネクター**
3	2	侮辱されたのは高岡さんですから！残念！
40	1	不織布
105	0	藤原女将
33	3	**不仁子の声に艶がなくなってきた**
1	0	負新太郎
4	4	**ブス・ノート**
9	1	ブス共通カード
1	0	**ブスなバスガイド**
4	1	ブスの一分
47	1	**ブスの太目に恋してる**
8	0	**ブスユニバース日本代表**

は

200

1		0	布施明 『シムラケンのかほり』
3		0	ぶ然
17		1	ふた
2		0	豚インフルエン座
6		0	ブタキム！ブタキム！
69		0	ブタギリブー
5		27	**ブタゴリラ**
33		2	ブタゴリラがやけにハッスル
4		0	豚コレラ
5		26	**二木ゴルフ**
3	●	0	**豚肉ダイエット**
3		1	豚磨
3		0	豚磨2
2		0	ブタメン
14		0	二人で行った横丁の風呂屋、赤いマフラーを手ぬぐいにする。
54		0	ふたりでぱっぱ
1		0	ふたりの愛ランド
5		0	二人のロッテ
2		0	ふたりはぷにキュア
5		1	プチ海老
15	●	1	**プチ出家**
23		1	プチプチ君の丸を1つ割って10円のバイト
4		0	プチプチプチプチプチシグマ
390		1	プチフレア
22		0	フツオ
89		0	復活！！
16		0	ふっかつのじゅもんがちがいます
23		0	復活の呪文が短いと喜ぶ勇者
12		1	ブッカブーカドンドン冷たいね
142		1	腹筋いれてみて
5		0	プッシュトーク
18		0	ぶっすま
156		2	ぶつだん
17		0	ブッチャー面
3		0	ブッチャー流血
54		0	ブッチンバポペエブリバデぷりんぷりん！！
4	●	0	**プッツン女優**
22		0	プッツンプリン
241	●	1	**沸騰石**
83		0	フットワークコンピューター
117		0	ブッフバルト
8		0	仏滅ストリート
4		0	ふとっちょさん
11	●	0	**太ってるからキャッチャー**
12		3	**プトレマイオス朝**
9		3	**ふとんが吹っ飛ばない**
3		1	布団パック即身成仏
201			

5		81	**フナ**
7		1	船橋ヘルスセンター
47		0	不慣れですまぬ＾＾:
7		1	無難に
12		1	フニャコ・フニャ夫
5		1	船
8		0	不発！！ウォームビズ
19		1	ブブカ　vs　スター☆にしきの
14		0	吹雪ジュン
8		0	ブブッピドゥ
18		2	ブブブプロレスニュ～ス
92		1	ぶべらっ！ひでぶっ！
17		0	フマキラー
23		0	踏み切りの矢印の方向に、宝がある
6	●	0	**プミポン国王**
13		0	フミヤフレンズ
13		0	不滅のフェイス
5		2	蚋
6		0	武勇伝！武勇伝！
15	●	3	**冬ツナ**
10		1	冬にスキー場閉鎖
111		0	冬の寒さお年玉を直撃！
3		1	冬のスマタ（寸又峡温泉）
7		1	冬のナリタ
5		23	**冬彦さん**
8		0	不要家族
3	●	0	**不要なギフトはリサイクル**
10		0	不要なリフォーム
31		1	ブライアント
10		0	フライデーで脱退
89		0	プライド
46	●	0	**プライベートジャイアン**
6		0	フライング・ヒューマノイド
1		0	ぶら下がり健康器
9		0	ブラジル体操
42		1	フラスコ
10		0	フラスコ＝ザヴィエル
88		0	プラス五歳肌
12	●	4	**フラダンスの犬**
193		0	プラチナ聖闘士
5	●	9	**ブラックビスケッツ**
19		1	ブラックレザーに草履とハチマキ
7		0	ブラッシー
5		4	**プラナリア**
4	●	0	**富良野市の皆様**
202			

は

1		0	フラビージョ
6		1	ブラピ像
6		0	ぶらぶら遊んでる訳じゃないけど途中下車
6		1	ブラボーおじさん
16		0	フラワーロック
9		2	フランキー為谷
5		**4**	**フランコフルト弁当**
47		1	フランス帰り
8		0	フランソワーズ・モレシャン
5		1	フランダース
1		0	フリーウェイクラブ
524		0	フリーザーーー
95		1	フリーザの父、クーラーの存在価値について
15	●	**1**	**フリーター見習い**
33		**3**	**ブリーフ**
12		2	振り返れば奴が犬
40		0	ふりかけ詰め合せセット
7		0	ふりだしに戻る
7		1	振付：ルー大柴
7		0	フリップに書いてください
41		1	プリティーピーマン
59		1	プリティ釜本
55	●	**1**	**プリティ長嶋**
30		0	鰤とにーすぴあーず
1		1	振り逃げ
7		1	ぶりぶりはかせ
2		0	プリマ
13		0	プリマダム
11	●	**0**	**ふりむけばヨコハメ**
31		1	プリン
21		1	プリン体
6		0	プリングルズおじさん
15		0	プリンス・マイケル二世
9		1	プリンセス天候
18		2	プリンセスメグ
89		1	不倫と風鈴
14		0	プリンプリン物語
1		0	ぶるうたす
86		**4**	**ブルータス2＝3**
40		0	古内東子
7		0	フルーツカルピス
320		2	フルーツグラノーラのＣＭの女！
1		0	フルーツバスケット
7		0	ブルートレイン
37		2	ブルーハワイ味
7		0	ブルーハワイって何味？
2		1	ブルームオブユース
55		0	ブルーレットおくだけ
15		0	ブルーレット闘牙の置くだけ

12	1	ブルーワーカー
484	1	ブルーンかな〜と思って拾おうとしたらプルーンだった
20	0	ふるさと不足
13	0	ブルシュワ〜
4	1	古田新太
152	0	ブルタブ任三郎
2	2	ブル中大兄皇子
36	0	ブルった
50	0	ブルドーザー
695	0	ブルトン
7	0	ブル中野
13	0	古畑中学生
7	0	ブルブル消臭
20	1	ぶるぶる打法
4	1	ぶるぶる美肌
15	1	ブルブルンのキュのボン
10	0	ブルペンでミーティング
34	1	ふるポテ（ロッテリア）
5	31	**ブルボン**
51	0	ブルマ
61	0	ブルルン・キュッ・ボイ〜
136	0	ブレーキってなに？
5	1	ブレーメン大島
108	0	ふれっしゅ！
74	1	フレッシュ・アップ！
103	0	プレデターと仲良し
13	0	フレフレ少女
52	0	ブロウンミー
1	0	フローレンスセイコ
23	1	プロゴルファー猿、猿山ランキング45位
22	2	**プロ猿ファー・ゴル**
24	0	風呂に入らない人「汚れだけが風呂に入るよ
40	0	プロパティ
50	0	風呂場で修羅場
6	1	プロポ
6	0	ふろ水ワンダー
34	0	フロム・エー
27	0	プロ野球・セパ交流せぇへん？
16	0	フロリダの英雄「ケント・ディップ」
8	0	プロレスバカ 剛 竜馬
13	0	ふわふわマオマオ
84	0	粉飾ではない決算書
5	0	噴水
6	1	ふんどし味
6	0	ふんどし医者
7	0	**ふんどしの縦の部分**
33	0	ふんぬ！！
33	1	ふんばるまんず
10	0	ヘ〜イ ジュード フフフフ〜ン

35		1	ペ・40
83		2	ペ・ウォンチュウ
4		0	ペ・オフ
6		1	ペ・ヤング
79		0	ペ・ヤング「ヤン様」
7	●	1	ペ・ヨンジュン　９７０億円の経済効果！
32	●	1	ペ・ヨンジュン　ソース焼きそば
22	●	0	ペ・ヨンジュン祭
15		0	ヘア・フォーライフ
10		0	ヘアコンタクトのモヒカン青年
14	●	0	ヘイ　ジュードー
9		0	塀・１０°
43		1	平安京だと思ったら平城京だった。
6	●	3	ぺ家
14		1	平原徹男（カルーセル麻紀）
56		1	ベイしてドゥ！！
3		0	平成１８年豪雪
22		0	平成おじさん
17		0	平成の大仏
57		1	ヘイデン・クリス点線 (45cm)
84		0	閉店のためテポドン大放出
3		0	閉店閉店閉店閉店ライブドアオ〜〜ト
2	●	0	米粉
25		1	ヘイポー
62		1	ヘイポーのオールナイトニッポンスーパー
8		0	平凡な主婦
561		0	平野レミ
190		1	へぇ〜
29		8	へぇ〜プシッ
4		1	ペーイチ兄さん
7		0	ペーしっ君
7		0	ページを表示できません
13		0	ペーソス
5		6	ベープ
17		0	ベープマット
46		0	ペーペーマリオＲＰＧ
60		0	ぺぇやん
17		0	ベガ
4		1	ベガス味岡
5		7	ペギー葉山
4		1	北京原人〜 Who are you？
5	●	7	北京原人〜 Who are you？

205

267	●	1	**ヘクター'87**
94		0	ペコちゃん
4		1	ペコちゃん盗んだ男に実刑判決
6		0	ペコちゃんポコちゃん
4		0	ペコちゃんも涙
6		0	べこ殿
144		3	**ペコポン侵略**
465	●●	4	# ペ様
6		0	ベジータ
10		0	ベスメルトヌイフ
1		0	ベストスパニストの山田優さんです。
16		1	ベストヒット森三中
2		1	ヘソゴマ
11		1	ヘソだしチリ人妻
5		5	**へそ展**
6		0	へそ曲がり
60		1	へそまつり
6		0	ベタジーニ
40		0	べたつかない
32		0	ベタでぇーす v(^^)v
17		0	へたり牛
50		0	へたれ
51	●	0	**ペタンク**
5	●	12	# ベッカマー
23		0	ベッカムがトウモロコシに醤油をかけた
6		1	ベッキー
52		0	ベッキー・クルーエルさんが紅白に？
5	●	10	# ベッキンガム宮殿
44		1	ベッコベコベーコン
7		0	別紙参照
27	●	0	**ペット霊園・旭山成仏園**
25		2	ヘッドロココ
721		0	別に…
9	●	4	**ペッパー警部補**
6		0	ペティオ
10		1	ベテラン？ロートル？
10		1	ベテランは去れ
1		0	ベトコン
21	●	1	**ベトちゃんドクちゃんごきげんテレビ**
5		0	ペドロ&カプリシャス
554		0	ベニータ
66		0	へのつっぱり
3		0	屁のつっぱりはいらんですよ
1		1	へのへのもへじ
6		1	ペパーダイン大学

は

206

4	●	1	**ヘビーメタボリック症候群**
220		0	ヘビーユーザー
8		0	へびつかい座
1		0	へび使い座
15		0	蛇にピアス
6		0	ヘビメタ
2		2	へべれけ
3		0	ヘベレケ女
16		0	ベベローション
8		0	ベホマズン
3		0	ベホラップ
13		0	ヘボン式
17		0	ヘム鉄
34		0	ヘモグロビン
4		1	ヘヤーカット　ダンデー
134		1	部屋とYシャツとたわし
163		2	部屋とババシャツと私
2	●	0	**部屋とワイセツと私**
29		0	ペヤング
7		0	ペヤングソーズ焼きそば
144		3	**ペヨン　潤**
5		4	**ベラ**
57		2	ヘラクレスオオカブトとんがりコーン
57	●	3	**ヘラクレスの栄光5**
2		1	へらちょんぺ
18		0	ベラボーマン
5		0	ヘラルド・トリビューン紙
610		0	ぺりー
4		0	ベリー　ラブぃ。
1		0	ベリーヌ物語
37		1	ベリーロール
87		0	ヘリトンボ
1		1	ベルサイユの馬場
6	●	1	**ベル友**
3	●	4	**ヘルニア国物語**
2		2	ヘルニア緑茶
3		0	へるにあ緑茶
11		0	ベルマーク委員会
23		1	ベルマーク回収箱をあさる
110		0	ベルマークを集めろ！
17		1	ベルマーレ平塚
1		0	ベルミー
92		0	ベルリンの壁
6		0	ベレ1つ
18		1	ペレストロイカ
53		0	ペレだって飲んでるんだ！…そんなリオの夜
112		1	ヘレニズム文化

71	0		べろ
5	0		弁
37	2		変(恋)人宣言
5	1		ベン・ジョンソン
2	0		ベンガル
10	0		弁慶の泣き所
181	●	2	**弁慶の皮膚**
100	0		便座下げ忘れんなばっきゃろうめ
3	1		へんじがない ただの豚肉のようだ
9	0		返事がない。ただのしかばねのようだ…
2	0		ベンジャミン伊東
6	1		ベンジャミン君
9	1		変人はスナイパー
4	●	4	**ヘンゼルとグレてやる**
5		29	**勉三さん**
2	2		変態仮面
36	1		ベン太君♪
92	0		ペンタゴン
26	0		ベンチで肉をはさみ込む
16	0		ベンチ無用
88	1		ペンテル
64	0		ペンネーム 竜王は生きていた
16	0		ペンペン草
69	2		ぼ〜くのお尻にブ〜さん
6	2		ボア
18	0		回鍋肉(ホイコーロー)
14	0		ホイ婦人(ドイツ)
125	0		ホイミ
38	0		ボイラー技師
2	0		ボインちゃん
32	0		ポイント2倍!
7	●	0	**ポインとカード**
2	0		報・蓮・筋
16	1		萌え株急騰
204	●	2	**萌えつきちまったぜ…**
1	2		萌えよ! デブゴン
32	0		萌える!お兄さん
16	0		萌える刀痕
32	0		萌えるゴミ (;´Д`)ハァハァ
32	0		萌えろ!! プロ野球
66	2		放課後キャンパス
645	0		放課後電磁波クラブ(再)
6	0		崩御
16	0		暴挙
6	0		暴君ハバネロ
126	0		亡国のあざーす!
40	1		胞子
13	0		帽子を斜めにかぶる

は

208

12		3	**報ステ**
76		0	放送禁止用語
760		0	暴走戦隊　アバレンジャー
9		1	包装大学
236	●	0	**放置国家**
1		1	放置国家　日本
2		2	防人
7		0	忘年会のせいで、お金がどんどんなくなる
103		3	**法の華三法行**
8		0	暴風雨はブーフーウーではありません。
116		0	暴風神父
13		0	冒冒グラフ
4		1	坊や〜良い子だ金だしな。
74		2	暴力団追放の町
424		2	ほうれん草炒め
21		3	**ホウレンソウ（報告・連絡・相談）**
13		0	放浪ステーション
177		0	ボーイズビー、アンダーシャツ
19	●	2	**ボーカル　Toshiさん（36）**
9		1	ホークスの川崎も応援しています
5		12	**ポークビッツ**
9		1	ホージー（元ヤクルト）
40		0	ポージョボー人形
18		0	ポージングリーチ
11		0	ほおづき
2		1	ポートピア殺人事件
18		0	ポートボール
6		0	ポーニョポニョ
15		0	頬はカサつくのに、Tゾーンはテカッちゃう
752		1	ホームラン数最多だけど最下位
2		1	ホームラン軒
4		1	ホームレス中学生
4	●	0	# ホームレス中高年
6		1	ホーリーネーム
680	●	0	**ボーリングのボールがスイカ**
6		2	ポール 牧
5		8	**ポカホンタス**
17		0	ポカリスエット＝牛の汗
6		1	ホカロンだけでなく、ヒヤロンもある。
5		17	**簿記**
6		1	ボキール星人
4		0	ボキャ天
25		0	ボキャブラの加賀谷くん
210		3	**僕、汚職議員！！**
50	●	1	**ボク、ドザえもん**
22		0	僕、笑っちゃいます。BY 風見しんご
209			

4	●	0	**ぼくさー、ボクサー。**
101		0	北辰テスト
1		0	ボクちゃん植松
85	●	1	**僕って生きてる車さー♪**
3		1	北斗の拳－ラオウ伝説－純愛編
35		0	北斗のペン
6		0	北斗のメモリアル
10		0	ボクに反対するなら落ちちゃえ！
13		0	僕の、世界の中心は、君だ
368		0	僕の家はホームセンター。
61		0	僕のお父さんはペ・ヨンジュン
21	●	2	**僕の考えた超人**
8		0	僕の先生は（フィーバー）嵐を巻き起こす
17		0	僕のターン
210		2	僕の時計知りませんか？
45		0	僕の名前はヤン坊♪
63		0	僕は歩く身代金
48	●	1	**ボクはしたたか君**
21		0	僕は死にましぇ～ん！
1		0	僕は死にましぇ～ん！あだだが好きだかだ！
97		0	僕はゼリーの所へ・・・・・
49		1	僕はボディコン派
5		11	**北部同盟**
21		0	ぼくらの７日間戦争
1		0	ホクロの数だけ抱きしめて
13		0	僕を見直して
5		1	捕鯨
4	●	0	**捕ゲイ禁止**
4	●	2	**捕ゲイ反対**
27		0	捕鯨を阻止するジョーンシェパード
6	●	3	**保毛尾田保毛男**
2	●	7	**保毛尾田保毛男 と思ったら 石波防衛相**
57		1	ポケスーファミ
1		0	ポケットビスケッツ
10		1	補欠待ち１ヶ月
3		2	捕ゲ捕ゲ
9		1	ポケモンセンター
9		1	歩行者警ら隊
12		2	ボコスカウォーズ
483		0	ポコニャン
32		2	ポコペン
87		1	ポコペン ポコペン・・・ダーレガ ツツイタ
3		1	保坂尚輝「布袋寅泰の一ファンに戻ります」
241	●	0	**保坂尚希出家**
10		0	補佐官が返り咲き
2	●	2	**母子家庭**
5		0	干しナマコ
210			

は

36	0	星のカービィ
1	0	補助席@マイクロバス
6 ●	0	**補助輪**
7	1	ポスト大泉
6	0	ボスニアヘルツェゴビナ
6 ●	0	**ポセイ丼**
19	2	保切
69	0	ホソオモテヤマネコ
2	0	細川たかし：「矢切の渡し」
3	0	細川ふみえ「だっこしてチョ」
2	0	細川ふみえ「にこにこニャンニャン」
6	0	細木数子
3	0	細木数子「(堀江が)こうなると言った」
3	1	細木数子「堀江社長は見てくれ悪い」
4 ●	2	**細木数の子**
3	1	細木が保坂に「あんたは地獄に落ちる！！」
9	0	補足トリビア
40	0	ぼだっこ
4	0	ホタテマン
89	0	蛍の火、借り、扇げば、凍と死
92	1	ぼちゃ系
5	6	ポチョムキン
15 ●●	2	**ほっかほっか亭(by plenus)**
3 ●	0	**ホッキ**
16	0	ポッキンアイス
95	0	ポックリ大魔王
33	0	ぼっくん
21	0	ぼっくんは歩く身代金
144	2	ほっしゃん決勝進出
77 ●	1	**ボッシュート**
48	0	ほったいもいじるな
20	0	ほっちきそ
793	0	ぽっちゃりバー「リックドム」
1	0	ぼっちゃんスタジアム
5	0	坊っちゃんスタジアム
14	0	ホッテントット
2	3	**ほっとけないよ(楠瀬誠志郎)**
72	2	ポットで消臭
616	1	ホットビール
1	1	ホッピー
2	0	ホッピング
4	2	ホップ　ステップ　窪塚洋介
55	0	ホップ、ステップ、サランラップ
450	0	ポップコーン正一
694	3	**ホップスッテプジャンピングー**

211

219		0	ほっぺたが落ちた
3		0	ポッペラ歌手
7		1	ぽっぽっぽっぽぽぽぽ～ん！
103		0	ボツリヌス菌
6		1	ボディコン
11		1	ボディコンかあちゃんコンテスト
88		2	ポテチしょうゆマヨ味
47		0	ポテチの手
88		2	ポテチのりしお味
104	●	1	**ポテトが辛くてなぜおいしい**
4		0	ホテルエリザベス石庭
66		0	ホテルさり気なく
1		0	ホテル聚楽
7	●	2	**ホテルニュー岡部**
1		0	ポテンヒット
6		0	ボナンザ
8		0	ポニーテールは振り向かない
6		1	ほにゃらら
158		0	骨皮筋衛門
1		0	骨川スネ夫
25		4	**骨っこ食べてぇ～♪**
9		0	骨伝導スピーカー（ツーカー）
2		2	ホネホネロック
13		0	ボノ・タイガー
7		1	炎のコマ
4		0	炎のチムニー
20		0	ホの字
41		0	ポパイ
75		2	ポパイ「しもたぁー！これチンゲンサイや！！」
7		0	ポパイの英語遊び
3		0	ポピー vs ムルアカ
38		0	ポピー・オゴロン
7		1	ポピーといっても、オロゴンじゃないよ
17		0	ポピーに同情される
6		0	ポピーバーガー
12		0	ポピンケース
4		0	ボブ・デービッドソン
7		0	ボブ・ホーナー
4		0	ボブサップ、医者役に初挑戦
67		0	ボブとはたらくブーブーズ
54		0	ボブとマングース
1		0	ボヘミアン
93		0	微笑みの爆弾
76		0	ボボォン・ジョヴィ（豊玉、先制点）
1	●	0	**保母コップ**
13		0	ポボタウ解散
2		2	ポボ出川
3		0	ほぼノーポイントに近いんだけど飽きない味
169		1	ほぼブラジル
1		0	保母ブラジル

は

38		0	ホホホイ
1		0	ボボボーボ・ボーボボ・ブラジル
4		0	ホホホの細木　カカカの数子
50		2	ポポンS
12		0	ポマト
2		0	ホメロス
1		0	ほや
6		1	ポヤッキー
6		0	ぽよよ〜〜ん！！
5		0	ボラ
44		0	ほら、こぼした！
94		0	ボラギノール
13		0	ボランチ
32		0	ほりいゆうじえにつくすどらごくえすとだよ
2		0	堀内 孝雄と思ったら中澤 佑二
1		0	堀内内閣も総辞職
30		0	堀江社長の秘書
22		0	ポリエチレン
8		0	堀江メール
3		0	ホリえもーん　仙台とられちゃったよー
6		0	ホリエモン
1		0	ホリエモン　『ソテーガイ』
3		0	ホリエモン　vs　ホラエモン
42		0	ホリエモン『ライブドア〜』
3		0	ホリエモン vs サラシモン
3	●	0	**ホリエモン vs ムイチモン**
15		0	ホリえもんの野望
3	●	0	**堀江容疑者**
5		2	ポリカインV
6	●	2	**ポリグリップS**
17		1	ホリケンルンバ
15		1	ポリジョイサーカス
5		5	**堀ちえみ**
15		1	ホリデー快速ビューやまなし号
3		0	ホリプロの窃盗女性タレント
45		0	ぽりぺぷちど
660		1	ポリンキー
71		2	ポリンキー
224		1	ホルスタイン・モリ夫
24		0	ポルノグラフィティ新曲　揚げパン超うまい（アゲハ蝶）
31		0	ボルヘッティ
2		1	ポルポト派
55		0	ボレボレっと行こう
45		0	ポロシャツ
6		1	ホワイティ
6	●	0	**ホワイティ梅田**
10		0	ホワイトナイト
3		1	ホワイトバンドｖｓ赤い羽根
22		1	ボワトリン

213

6		0	ボン・キュッ・ボンの顔
63		0	本格的にあれだねあれあれ。
30		0	本格生茶、はじまる
5		7	**ボンカレー**
4	●	0	**本気(マジ)**
530		0	盆敉ｑハ丸賞抒〇〇{? テｑベ？麹ハ菌袋刹
2		1	本気で言っていいの？
9		2	ホンキン・オン・ボーボゥ
8		0	ポンコツ
1		0	ボンゴレビアンコ
31		1	ほんこん
11		0	ホンコンさんにヘキサゴン！
29		0	ポンジャン
7		1	ぽんしゃんラーメン
6		0	ポンジュース蛇口
9		4	**ポン酢ダブルホワイト**
25		0	ポンセ
76		1	ぽんた君
1		0	本田美奈子 『ｓｏｓｏｔｔｅ』
3		1	本田美奈子.
1		0	本田恭章
1	●	0	**ボンタン狩り**
2		4	**ぼんち ポンスケ のりあじスナック**
35		0	本当にあったら怖い話
196		0	本当にありがとうごｚ（ｒｋ
181		1	本当のへそのごま
16		0	ほんとにあった呪いのビデオ的な有名人
236		0	ほんとに良い子でいいのか YO!
22		0	ほんにゃらかあさん
3		0	煩悩ガールズ
389		0	ボンバー：可愛子ちゃん
267		0	ボンバーキング
5		17	**ボンバー森尾**
20		1	ボンバイエ決起集会
11		2	ボンバヘッ！
4		1	ポンビー面
1		1	ポンピングブレーキ
87		1	ボンベ
5		1	ボンボニエール展
85		0	ぼんぼん まりぽんぼん
38		1	ぼんぼんが痛い
41		0	ポンポンポン、ジャンケンポン
4		0	ホンマでっ会
16		0	本名：スベスベ饅頭蟹
549		0	ほんやくコンニャク
74		1	翻訳蒟蒻
7		2	ボンヤスキー

は

214

ま

20		2	魔
6	●	0	**マ・マー スパゲティ**
101		1	マーキング
31		0	マーク渡辺
27		0	マー君神の子、田中さんの子
59		0	マーシー、本日解禁
3		3	**マーシーUターン**
138		0	麻雀野郎
33		0	マーチルーダさーん！！！
17		0	マーベラス
65		0	まーべらすコンビネーション
2		0	マーマレード ボーイ
104		0	マーメイドプリンス
23		0	毎朝、コーヒーを飲む
10		0	マイアヒー
21	●	1	**マイクハナサーズ**
9	●	0	**マイケル・冗談**
19		2	マイケル・ホイのハリウッド奮闘記
93		1	マイケルジャクスン
3		1	マイケルジャクソン被告無罪
55	●	1	**マイケル富岡**
5		27	**マイケルの真実**
162		1	マイケルはくしょん
3		0	マイケル無罪 =Thriller
1		0	マイコン
65		0	まいて行こう
12		0	マイティボンジャック
1	●	1	**毎度お触らせします**
58		0	毎年恒例の交霊実験です
4		2	マイナス5歳肌
136		0	マイナスイオンメガネ
3		1	毎日コツコツ捨てればよかった

215

4	0	まいにちまいにち僕らは鉄観音
29	1	マイネルコンビーフ
13	0	埋没マイヒーロー
65	0	まいまいしてます
786	0	まいむまいむ
1	0	マイムマイム
5	0	マイライン
6	0	マウスピース
1	0	マウンテンデュー
39	2	マウンテンデュー世代
10	0	前ガーナサッカー協会会長
232	0	前髪甲子園
15	0	まえけん♂トランス・プロジェクト
27	0	前静岡県知事は石川知事でしたね
2	2	前説
2	1	前園 真聖
2	0	前田 武彦
2	1	マエタケ(前田 武彦)
1	0	前田耕陽
4	0	前田忠明
1	0	前田美波里、略して「前バリ」
10	0	前より数が増えてるぜ
78	0	真央ｖｓヨナ 勝者は舞
6	0	魔界5号
7	2	曲がった事が大嫌い〜杉村タイゾウです！
31	0	真壁刀義
11	0	マカレナ
25	0	マカロニ西
58	2	マカロニほうれん荘
9	0	マギー審司
6	0	マギーポコ
6	1	撒き餌
1	1	真木蔵人
11	0	マキシブリースト
2	1	牧瀬里穂「ミラクルラブ」
6	0	マギヌン
168	1	牧野区
284	1	牧野ゆみえ 55歳
50	0	マキバオー
30	0	槇原敬之 no
39	1	魔球！マイボール
19	1	マキロン好きな医者
297	0	マクドゥエル
4	1	**マクドナル男**
4	2	**マクドナル子**
3	2	**マクドナル丼**
63	0	マグナムドライ
13	0	マグノアウベス
10	1	幕張劇場

216

ま

17		0	幕張ファイヤー
99		0	マグマ大使
12		0	マグマックス
72		1	枕からチラシ寿司の匂いがします。
65		0	マクラ対戦2〜修学旅行の夜〜
65		0	マクラ大戦3 〜巴里は投げているか〜
25		1	マクレモアさん
48		0	マグロ　撮影開始！
40		0	マグロ男
2		0	マクロス
17		1	まぐろ類保存委員会
3	●	**0**	**負け犬の遠吠え**
2		1	負けたら切腹
7		0	マケボノ
3	●	**2**	**まけぼの**
6		1	孫
3		0	真心ブラザーズ、活動再開！
13		0	真・友情パワー
1		0	魔拳カンフー・チェン
18		1	雅（ミヤヴィ）
60		0	マサイの戦死
51		0	まさかり投法
134		2	まさかり担いだ金正日
34		0	まさし君
14		0	雅夢
44		1	まじうまい棒
1		0	まじかる☆タルるートくん
2		0	マジソンバック
10	●	**0**	**マジデジマ**
20		2	マジデスカ。
1		2	マシモトキヨツ
31		0	摩邪
139		0	マジャスティックトゥウェルフ
12		1	まじゃりんこシール
9		0	マ証しいか（BTOK16より）
644		1	マジンガーZ メスロボット
41		0	マジンガードット
99		0	マジンガードット・・・com.
95		0	魔人ブー
1		0	マスコミの前に出て反論すればいい
32		0	貧しい人に合いの手を　ヽ(ﾟ｡ﾟ)ﾉﾖｯ！
33		0	舛添洋一の朝までファミコン
16		**3**	**舛添要一の朝までファミコン**
18		0	マスターズチョイス
46		0	ますだおかだの事情
79		0	ますだおかま
3		2	ますはメンバーのごあいさつからどうぞ
132		1	まぜるな危険
8		0	またKANのメロディが聴ける

27	●	0	**まだいけるジャクソン**
3		0	また親父?!
50		1	また俺かよー
22		0	マタギ
2	●	1	**又吉 イエス**
40		1	まだ子供が食ってるだろ!
9		0	また最下位
10		1	また田村で金!
4		0	またチミに恋してる
55		0	また肉離れ
2		0	マタニティーヨガ
32		0	またボートでへいこらほ〜
22		1	マダム・ヤン
170		0	マダムヤン
106		0	またやってるよスラムダンクの(再)
6		0	マタンゴ
21		1	まちがい7(ピモピモ広場)
18		0	待ちガイル
8		0	マチカネタンホイザ
23		1	街の入り口で、街の名前を教えない
8		0	待ちぼうけ
9		0	マチルダ(ドラクエⅦの最初のボス)
32		0	マチルダすわぁ〜ん!!
9		2	松犬サンバ
4		1	松居棒
5		4	**松江**
1		0	松岡きっこ
9		0	松岡修造の食いしん坊!万歳
218		0	松方弘樹
25		0	松方弘樹直筆サイン入りカジキ
15		2	松方マグロ2009
198		0	松木うるさいよ
158	●	1	**マッキンダッシュ"**
22		1	松金よね子
10		0	マックスコーヒーの甘さ
7		0	マックチャイナ
24		0	マック店員「何買う?」じとう「タイ!」
7		0	マックのカレー
7		0	マツケン組体操
7		0	マツケン再婚
102	●	2	**マツケンさん**
15		2	マツケン産婆
2		2	マツケンサンバⅡ
5		1	マツケンサンバⅢ
7		0	マツケン丹波
7		0	マツケンハッスル
7		0	マッケンロー
3		0	マッコリ
27		0	松坂ダイスキ!
218			

ま

3	0	松坂パパ
6	1	松坂屋　冬の男市
47	1	まつざきしげるいろの作り方
18	1	松崎しげる色
59	0	マッスル（いいとも出演外国人）
17	0	マッスル記念日
19	2	マッスル銀行
25	0	マッスルミュージカル
69	0	マッチ売りの熟女
748	2	**マッチョが売りの少女**
60	1	マッチョメン
40	0	松鶴家千とせ
33	0	まっててコイサンマン
8	1	マットやプールでブレーンバスター
2	0	マッドリスペクト
2	0	松野 明美
16	1	マッハパンチ
8	0	**マッハ文朱**
13	1	松原桃太郎
30	0	まっぴらぴらぴらピラミッド
8	0	まつぼっくり
5	2	松前藩
167	0	松本　清
1	0	松本小雪
44	0	松本人志
22	0	**松本ハウス**
2	0	松山市 坊ちゃんスタジアム
11	0	松山千春ベスト「O・I・RA」
18	0	政所（まんどころ）
486	0	窓際族
18	4	**マドハンド**
3	1	まとまった生活資金
41	0	マトリックス・リローデッド
3	0	マトリョーシカ
3	1	マドンナ改めエスター
21	1	マドンナ議員
26	0	マナーウルフがなってない
4	0	真鍋ちえみ
589	0	マニア様
4	1	マニアック物真似
25	0	マニフェスト：他力本願寺の建立
9	0	マニュファクチュア
255	0	マニラで社長さん
79	1	マネーの虎。深夜へ追放。
2	0	まねき NASDAQ
1	0	マハラジャ
33	1	まぶいなおん
5	11	**マフディ軍**
22	1	魔法戦隊マジレンジャー

1		0	魔法瓶
12		0	マホステ（未使用）
75		0	ままー、裸じゃイヤ！！
30		2	ママは小学4年生
5		13	**ママレモン**
6		2	マミーポコ
14		0	真美容疑者
11		0	豆しとぎ
2		0	豆パン
2		1	マモー ミモー
11		0	マヤク・パンサー
5		33	**眉毛**
4		1	眉芸
20		0	まゆ毛キュイ〜ン
14		0	黛ジュン
65		1	マヨチュッチュ
3		0	真夜中のサンコン探し
3		1	マヨネーズ散乱＠東名高速
52		0	マヨネーズ横丁
1		0	マラカニアン宮殿
19	●	2	**マラガの海の贈り物**
24		2	マラソン大会で後からスタートした女子に負けて学校を休む
24		1	マラソンでコース間違えてそのまま家に帰る
24		0	マラソンの給水コーナーにコップと入れ歯
744		0	マリーベル
2		0	マリーン
57		0	マリオ、横断歩道の白い部分を踏んで喜ぶ
16		0	まりちゃんズ
19		0	マリッジイエロー
5		0	マリモ
72		1	まりも栽培
221		0	マリモッ！マリモッ！エゾマリモッ！！
1		1	まりもっこり
5		12	**マルエツ**
29		2	丸刈り〜太
4		1	丸刈り2分で退場
16		1	マルキーニョス
341	●	1	**マルコ・ポール**
164		1	まるごとバナナって言ったら皮もだろ。
1		0	マルコメ
7		1	マルサン豆乳
8		0	マルシア ＞ 李麗仙 ＞ 大鶴義丹
6		1	丸出ダメ男
80		1	マルチ商法
59		0	マルチマックス
2		0	マルちゃん 屋台十八番
2		0	マルちゃん 麺づくり
3		1	マルちゃん＝すぐできる＠メキシコ
4	●	0	**まるでダメ男**
220			

ま

23		1	丸と三角と四角を選べる楽しいつり革
2		1	マルホンカウボーイ
4		0	丸山弁護士
7		0	丸山弁護士、今度はハッスル参戦か？！
33		0	丸山弁護士と金日成は兄弟
656		0	マレー
2		0	麻呂
2		0	マロニー
6		0	まろやか
53		0	まわしをとったら最強の笑点メンバーって？
92		0	漫　画太郎
2		0	マンガ肉
52		0	満漢全席とカップめんの違いも分からない
170		1	マンギョンボン
167		1	まんぎょんぼんごう　だっぽく
197		0	万券の哲
30		0	マンゴー
2		1	マンション久保田
11		1	マンセー！
2	●	2	**萬田 久子**
2		2	マンタ
10		0	マンダム
1		0	真ん中分け
4		1	万波医師
7		0	マンバギャル
21		1	万引きGメン
2		0	万引き爺MEN
82		2	万引きでつかまったルパン
130		0	まんぷく天使98
75		4	**まんぷく丸**
1		1	マンマミーア！
61		0	マンマン!!(ママ)
135		1	マンモス西
419		1	ミ　ニ　に　蛸
366		1	ミートくん
76		0	ミートホープ
110		1	ミーのトサカにくることを！
9		0	身内自慢コンテスト２００４春
14		0	みうら　じゅん
4		0	三浦和義
1		0	みうらじゅん
5		0	三重県
5		14	**見栄晴**
1	●	0	**見栄晴シューマッハ**
24		1	見えない物を見ようとしてゾウリムシを覗きこんだ
153		4	**ミエハル・シューマッハ**
1		1	みかじめ料
471	●	0	**見方を360°変えたら戻った**
87		2	三日月

221

57		0	三日月型クロワッサン
2		1	美香ハッキネン
36		1	三上　大和
291		1	美川憲一のあふろへあー
36		4	**みかん星人**
21		0	右　とん平
218	●	0	**右Wクリック**
25		1	ミギー
89	●	1	**右イコール左の反対（広辞苑）**
39		0	右から2番目のひょろっとしたのが父です。
218		0	右クリック
581		0	みきゴルフ
21		3	**ミキティー（ジェームス三木）**
7	●	0	**右に左折して**
54		0	ミキプルーン
6		2	右へならえ
2	●	3	**三木道山**
461		0	右目だけ美容整形
713		0	眉間み〜っけ
6		1	尊　師
71		0	ミサンガ
43		0	身障の大移動
6		0	ミジンコ
130		0	みじんこピザのフルコース
17		0	ミシン目
5		0	水
39		0	水3にカルピス1は多いだろ。
8		0	水カマキリ
7		0	水着の跡
1		1	水島新司ー野球＝0
1		1	ミス四万十川
39		0	ミス巡査長
5		7	**みすず学苑**
15	●	1	**ミス先住民**
1		0	ミスター・ボーゴ
81		1	ミスター味っ子
74		1	ミスター梅介
48		0	ミスターサスケ　山田勝己（アルバイト）
71		1	ミスターサタン
11		1	ミスター女子プロ
1		1	ミスター珍
32		0	ミスターちん
6		0	ミスターポポ
4	●	1	**ミスターレディ**
4	●	0	**水でいいです**
5		1	ミステリーサークル
222			

1		1	ミステリーハンター
17		1	水取りぞうさん
41		0	水に弱いカッパ
3		0	水野晴郎73歳「列車男」になりました
59		0	水呑み百姓
44		0	水虫の威力
4	●	0	**ミスユニットバス**
5		1	ミセスロイド
263		0	魅せます。
10	●	0	**ミゼリ「日本の美しさについて話した」**
62		2	味噌汁
10		0	味噌煮込み丼
38		0	味噌ボーイ
4		1	味噌ユニバース
14		1	三田次男手記「YUYA」
4		0	見た目は大人　頭脳は子供
647		0	みだれうち
15		0	ミチココシノジャパン
20	●	0	**道で草食ってました（笑）**
2		0	未知という名の船に乗り
2		1	道の駅 たこ
2		1	みちのくプロレス
4	●	0	**三井ゆり**
2		1	ミツカン
2		0	三ッ木 清隆
1		1	ミッキー・カーチス
70		0	ミッキーマウス軍曹
5		2	三越カード
1	●	1	**密談ホステス**
42		0	みっちー
5	●	8	**ミッチー**
4		0	密着！大荒れ成人式
5		1	三塚派
2		0	三つ子の魂 吐くまで
114		0	三橋 美智也
9		0	ミツバチ、ミツバチ、ミツ、バチ
1	●	0	**三菱キャタピラ**
32		0	三菱自、血管隠し
15		1	三菱東京ＵＦＪ銀行
2		1	みつまＪＡＰＡＮ
13	●	1	**密リターンズ**
85		0	ミツローがウィンドミルをする
4		0	みつを＆みつお(相田＆せんだ)
63		0	見て！見て！もっと見て！！
94	●	3	**ミド、ファド、レッシー、宗男**
38		1	ミド♪ファド♪レッシー♪秀雄

5		2	水戸泉
15		1	水戸泉メモリー
24		0	水戸黄門、印籠と間違って肩たたき券をだす
45		0	ミトコンドリア
2		2	水戸コンドリア
10		0	緑土日月憲休子
23		0	緑のインスタントカメラ付ケータイ
26		0	緑はゼリー、紫は暴走族
3		0	緑夢と書いて GURIM と読む
7		0	ミナサン コニチハ
10		1	みなさん、カンバンわ
50		2	みなしごハッチ
198		0	港の第3倉庫
15		0	南阿蘇水の生まれる里白水高原駅
15	●●	1	## 南セントレア市
54	●	1	## 南総里見発禁伝
10		0	南ちゃんを探せ！
8	●	1	## 南の島のフローネ
50		0	ミナミの帝王
3		1	南はポーカーチップじゃないゾ
5		0	南ファミリー劇団
7	●	0	## みなもんた
5		0	ミニーマウス
47	●	2	## みにくいアフロの子
13		0	醜いのに愛されることを切望する街
46		0	ミニ四ファイター vs ポケモンマスター
7		0	ミニスカ巡査
2		0	ミニスカバン
65		0	ミニチュア打ッ苦酢憤怒
2		0	ミニにタコ
33		0	ミニにタコ（純情派）
12		0	ミニバントゥモロー
140		0	ミニミニ長渕
139		1	ミニモミ
23		0	ミニ四駆モーター1つで頑張ってる回転寿司
5		5	## 峰打ち
21		2	未納8兄弟
9		2	未納何兄弟？
59		0	みのだめ
10		0	みので大晦日
516		0	美濃のスネークバイトの御堂蛮
25	●	0	## ミノフスキー粒子
11		0	みの面接
4		0	みのもんた＆ブラザーズ
94		0	みのもんたの朝スマッ！！
5		5	## みのもんた爆裂77

ま

224

4	1	みのもんた双子説
4	1	みのもんたろう
18	0	ミヒャエル・シューマッヒャー
2	0	美保 純
2	2	ミポリン
37	0	耳毛
3	0	ミミズバーガー
54	0	みみず晴れ
1	0	耳年増
8	0	ミミ萩原
31	1	三村マサカズ
2	1	宮 史郎
8	0	宮川一朗太
10	0	都の西北・・・性格には西北西
1	1	宮崎哲弥
1	2	宮崎は変わらんといかん
40	0	宮崎駿監督作品 ひきこもり

宮里藍 vs ばくだん岩

3	3	
4	1	宮里藍記念切手

宮沢検事

9	0	
2	0	宮路社長
2	0	みやむー
6	0	ミャンマー

ミュータント タートルズ

51	3	
2	1	明星
222	0	みょーちゃん

三好デコ師

14	10	
1	0	三好鉄生
16	0	ミラ・ジョヴォヴィッチ
66	0	未来戦体タイムレンジャー
22	0	未来ナース
2	0	未来予想図 通
3	0	ミラクル・ジャイアンツ童夢くん
22	2	ミラクル☆シェイプ
9	0	ミラクルさん
13	0	ミラクルランドセル
15	0	ミラノ風ドドリア
4	1	ミラバケッソ

ミリンダ

5	7	
119	1	見るからにうどん
17	2	ミルキーがないからママを噛んだ
57	0	ミルコのはいはい分かりましたのはいキック
81	2	ミル姉さん
4	0	ミルメーク
13	0	みれいゆ
11	0	ミレニアムチャゲ
3	1	見ろ！株主がゴミのようだ
3	2	見ろ！株主がゴミのようだ

3		4	**見ろ！郵政族がゴミのようだ**
2		1	ミロ（ネスレ）
20		1	ミロード美人
3		1	みろ人間がゴミのようだ！
116		1	魅惑の金魚
96	●	1	**魅惑のチキルーム**
1		0	ミンキー・モモ
5		28	**ミンキーモモ**
52		0	民主主義の奴隷
27		0	民主党が309奇跡を獲得しました
2		1	みんなのうた：「おしりかじり虫」
2		0	みんなの糖
12		0	ミンナミンC
12	●	0	**民明書房**
124		0	向いてないのにエンタメ路線
13		0	ムイラプアマ
13		0	ムー
16		0	ムーディーズ格上げ≒ムーディー勝山
2		1	ムーディ勝山
60		0	ムーニーを履いたルーニー
5		17	**ムーミン谷**
7		0	ムーンウォーク
16		0	ムーンサルト＋炎のコマ・ダブルアタック
26		0	ムーンライト
22		0	ムエタイ祭
97		0	むきエビ！？
161		1	むきばんば遺跡
14		2	椋　鳩十
2		0	ムクミキュア
27	●	0	**むこうミズノ選手**
6		1	ムコ殿
3		0	無罪も金で買える
31		0	ムサンバニ
162	●	1	**虫が信号無視**
18		1	ムシキング
2		0	無視キング
1	●	0	**虫パン**
705		0	蒸しパンツ
20		2	ムシャラフムシャムシャ
1		1	ムシューダ
6		1	無条件降伏
2		0	無所属：外山恒一
4	●	1	**無印不良品**
9		0	無印良品
1	●	1	**無人精米所**
575		0	息子が日に日に、ギャル男に・・・
10		0	息子の名前はQ太郎
226			

ま

38		1	息子はピーナッツ
2		1	結び昆布
63		0	娘を埋める
30		0	無造作ヘア
6		2	無駄無駄無駄無駄無駄!!
43		2	ムックのプロペラは無意味!
82		0	ムツゴロウさんと不愉快な仲間たち
61		0	ムツゴロウさんの恋愛を描いた映画
1	●	0	**ムツゴロウとゆかいなオカマたち**
2		1	ムツゴロウと愉快なかまいたち
7	●	0	## ムツゴロウと愉快な本人
2		1	ムッシュ ムラムラ
43		0	ムッシュかまやす
261		0	ムッシュかまよて
163		0	六つに分かれた三段腹
12		1	むっつりスケベ
6		2	無敵王（ムテキング）
6		3	**ムトゥ 踊るマハラジャ**
3		1	武藤敬司のBUMP人生
15	●	1	**無糖派層**
142		0	むなぐらをつかまれてぇ〜♪
3		2	宗男氏外務省総攻撃
3		1	ムネオ新党
25		0	宗男の涙
8		2	ムネオマニュアル
19		1	胸ポケットに21円入ってました。
64		1	胸わくわくの愛がGISSIRI
10		0	無敗の九冠馬
87		0	ムミーン
1		0	無道SPIRIT
2		1	むむむ？ 何やら匂いますぞ・・・
1		0	村上 知子
5		1	村上ショージが知床で大暴走
5		13	**紫キャベツ液**
11		0	ムラサキサンセット
4		0	紫のバラの人
1		0	村西とおる
16		0	村西とおる 監督作品
9		2	村人C
21		2	無理しちゃダメですよぉ〜（曙）
10		0	無理なキャッシング
21		3	**無類のチャーハン好き、吉田栄作**
9		0	室戸のおいしい深層水
3		1	室伏スタイル
72		2	室伏広治がアブトロニック購入
38		1	室伏広治とかくれんぼ
33		1	むんな気持ち

227

71		0	めい
677		1	メイ・ウシヤマのハリウッド化粧品
8		0	メイ牛山
4		1	冥王星
12		2	迷宮組曲
15		2	明治ミルクと俺と佐野さん
17		0	名探偵 コロ助
172		0	迷探偵コ○ン
4		2	名探偵コンナン
5		10	**名鉄バス**
131	●	2	**冥土カフェ**
7		2	メイドと冥土へ
13	●	0	**メイドの土産**
89		0	命日（メイビー）
5	●	7	# 名阪国道
98		1	命名 悪魔
270		1	命名「トンヌラ」
15		1	命名「猛虎道」
15	●	0	**名誉助教授**
5		14	**メークドラマ**
9	●	0	**メーる？（おまけ付き）**
715		0	メールヨミマウス
3		1	目がぁ目がぁ
58		1	目がクランダースの犬
287		0	妾汁
287		0	妾番町
293		1	目頭2：50
19		0	メカタマちゃん（盗）
24		1	芽がでているジャガイモを半額で売る
6		0	メガてりやき
7		0	メガネ貝満
4		0	メガ幸子
5		7	**メガワティ大統領**
107		0	目木一勇気のある嫁
3		0	メキシコ
5		9	**メキシコ五輪**
1		0	恵方巻に踊らされやがって
3		0	目指せカッちゃん甲子園！
21		0	めざせカッちゃん甲子園！
39		3	**目覚ましが鳴らなかったんですよ。**
7		1	めざまし体操
10		0	メジャーでは大活躍
6		0	メジャー松井サブレ
17		0	メス♀フラスコ
12		4	**メスシリンダー**
66		0	めそ

ま

228

72	1	めだかの学校
4	0	めだかの兄弟
33	0	目立とう精神
1	1	**目玉のおじや**
138	0	目玉のおやじの秘密
57	0	メタルかちかちのパン
2	0	メタルギア リゾット
23	0	メタルキング・アーサー
23	1	メタルマックス3
4	0	めちゃウマい ＜ バリうまい
4	0	め茶の水女子大付属高校
1	0	メッコール
36	0	メトロイド
3	0	目の付け所がシャープでしょ？
27	0	目の前かまくらになった～秋田の旅～
11	2	メノンパパ～
1	0	めらんこりぃ
11	0	メリーアン
1	0	メリケンサック
16	0	メリポピンズ↑
81	0	メリヤス織り
435	1	**メル親**
30	0	メル友　テル友　ベル友
35	0	メル友の結婚式に呼ばれた
3	0	メロウセブン
30	0	メロメロパンチ
157	0	メロン記念日って何やねんっ！
97	0	メロンジャム
101	0	メロンパンナちゃん
4	1	メロンパンにはメロンが入ってない
6	0	麺・イン・ブラック
6	1	麺'S 倶楽部
9	1	麺'S TBC
108	1	麺がすごくうまい
36	1	めんこちゃんゼリー
13	0	めんスパイヤ
44	1	メンズビゲン
124	0	面倒だから総理と総裁別で
1	0	麺は残すな、名を残せ！
6	0	麺棒
1	1	綿棒
41	0	モ～！（牛）
165	10	**も～臭いプンプン！（さとうたまお風）**
3	0	モア・ベターよ
22	0	もう、イカにしか見えない。
84	0	もう「ドッキリ」はいいよ
11	0	もういいっていうくらい藤田まこと
351	0	もう一回～♪

99		0	もうお前はシンレンズ
4		1	もう恋なんてしないなんて言わないよ自衛隊
2		0	もう恋なんてしないなんて言わないよ接待
1		0	もう恋なんてしないなんて言わないよ絶対
5		3	**毛根**
3		0	毛根はすでに死んでいる
1		0	もうすぐトップテン
3		0	もうズバリ言うな！
626		0	毛沢東
4		0	もう誰も愛せない
13	●	0	**もう中学生**
10		0	もう電車はいいよ
5		1	毛筆
5		13	**毛利名人**
3		0	毛利名人（ピアノタッチ）
286		1	もう連打はやめます。
3		0	燃え尽きた闘魂（春一番）
44	●	0	**燃えちゃうゴミ**
6		0	燃えよデブゴン
5		13	**燃える！お兄さん**
8		0	燃える男の赤いトラクター
8	●	0	**燃えるゴミ・燃えないゴミ・微妙なゴミ**
144		3	**燃えろプロ野球**
32		0	もー、ウハウハ
40	●	0	**モーニング息子**
163		2	モーニング娘。クローン化に成功！
2		2	モールス信号
8		0	モーレツしごき教室
33		1	モーンゴールマーンサーン！！！
105		0	モカンバ
4		0	モギケン
2		0	木魚
31		0	モグス
5		0	木曜スペシャル
85		0	もぐランチ（もぐら入り）
1		1	もこみち命　　by　もこみちファン
4		1	もこみティー
4		0	もこロボ
2		2	もしかして パートⅡ
5		15	**モジモジ君**
9	●	3	**もしもし詐欺**
59		0	モジャ毛
6		0	モジャ公
22		0	モスさん
33		1	モストデンジャラス
2		0	モスビー（元巨人）
230			

ま

47		0	モスラチョコ
4	●	0	**もそもその始まり**
11		0	もたいまさこ
6	●	1	**モダンチョキチョキズ**
8		0	モダンな雰囲気
4		0	モチのロン
1		0	もち肌
4	●	1	**持ち前の明るさ**
407		0	モチミヤロッテ
70	●	0	**木工用ボンド**
65		0	もっさりヘアー
30	●	4	**モッズヘア**
54		1	もったいないおばけ
4		0	モッツァレラチーズ
44		0	もっと光を
119		1	モツ煮込み
4		0	モテる呪文
6		0	元・与党
37		0	元☆農水大臣
3	●	0	**モトGP**
10		0	元SOD社長
1		0	素意や！
1		1	元こずえ鈴
110		0	元首相達の居眠り
4		1	元ヒップアップ
3		0	元彌プロレスデビュー＠ハッスル・マニア
64		2	元やまかつWink
5		5	**元弥ママ**
3		0	元力士、警官と食事
3		1	元力士逃走
1		1	モナ王
2	●	1	**モニカ・ルインスキーさん**
2		2	モネールダンス
9		2	ものつくり大学
43		1	もののけ姫のマネが出来ると言い、もののけ姫のうたを歌う。
160		1	もののけひげ
5		9	**ものまね四天王**
18		1	モバ犬
15		1	モハメド・アリさんマークの引越社
93		1	もはや戦後ではない
1		1	モヒカン
6	●	1	**モヒカンをパタパタする**
13		0	モビット
11		0	モヘンジョ・ダロ
5		0	模倣犯
25		3	**もみあげはテクノカットにして下さい**

231

41		0	もみじまんじゅう
96		1	桃井かおり カルタ
81	●	1	**桃井かおり始動**
32		1	桃白々(たおぱいぱい)
14		3	**桃太郎侍**
12		0	桃太郎待
47		0	桃の毛姫
52		0	桃の節句スマップ
1		0	ももひき
14		1	桃屋
2		0	桃屋ごはんですよ！症候群
764		1	もやしっ子政策
2		0	森 慎二
244		2	森 光子
48	●	0	**森"スクワット"光子**
10		0	森「エンジン知らない」
1		0	森伊蔵
3		0	森且行
8		0	森川由加里
30		0	森きみ
48		2	森口エンジン
2	●	1	**森口博子：「スピード」**
9		0	森三虫
2		2	森末慎二(モリモリさん)
7		1	森末慎二「インクレ体操」
3		1	モリゾー&キッコロ「瀬戸の森へ帰ります」
83	●	0	**モリゾー&ピッコロ**
10		0	モリゾー（13秒 TKO）キッコロ
10		0	モリゾーの次はヘイゾー
10		0	もりそばとざるそばの違い
21		2	森田一義アワー
73		2	森田実
527		2	モリッツ
7	●	1	**森憎と木殺**
15		1	森の薫りウィンナー
3		0	杜の都親善大使
9		4	**森ビル**
2		1	モリマン
39		0	森本レオ 声変わり
16		2	モリモリ食ベヤサイ。
3		1	森脇健児ーマラソン＝？
15		1	モルツ
13		0	モレラ岐阜
32		0	漏れ流野球
1		0	もろきゅう
9		3	**もろこしヘッド**
2		2	もろこし村
64		3	**モロッコで買った何か　200ディルハム**
232			

ま

302	0	モロッコヨーグル
2	0	モロ平野
6	0	モロヘイヤ
631	1	もろぼし！！
1	0	もろみ
7	0	モロ師岡
6	0	モンガー・ダンス
211	1	紋甲イカ
1	0	モンキースパナ
89	1	モンキー母校に帰る
5	10	**モンゴイカ**
681	0	モンゴル
1	0	モンゴルドリームランド
17 ●	0	**モンゴロイド**
1	0	モンダミン
1	0	もんたよしのり
2	0	もんたよしのりダンシングオールナイト日本
29	0	もんちっち
96 ●	1	**モンドセレクション受賞**
1	1	もんぺ
164	0	紋舞らん
3	0	紋舞らん
18	1	モンモンモン
48	0	モンローちゃん

や

415	0	や〜まだ
7	0	やぁ！クラさんだよ！
22	1	やぁ、こんにちわクラさんだよ！
4	0	ヤーさん
25	2	矢井田瞳「ひとり達磨さんが転んだ」
34	0	やうぽんで〜地球外生命体〜
87	1	ゃおや
24	1	やかんがピーピー泣いてるのでハンカチでやかんを拭く
5	0	やぎ座

233

7		0	やきそば定食
23		1	焼きそばの湯きり口で虹が3つできた
6		0	焼きそばバゴーン
5		7	**焼そばバゴーン**
81		0	ヤキソバン
1		1	やきとり大吉
1		0	焼肉小倉優子
11		1	焼肉が焼き放題の店
15		1	焼肉焼いても家焼くな
9		0	焼き肉焼いても家焼くな！
45		0	焼肉焼いても家焼くな♪
65		0	焼肉焼き放題！
3		0	ヤギ入国禁止　ヤギお断り
1		1	ヤギの大将
10		0	野球W杯　ｖｓ韓国
60		2	やく○さん
4	●	1	**約100円ショップ　ダイタイソー**
37		0	薬剤師検定二段
5		34	**薬師丸ひろ子**
23		1	やくそうｖｓホイミ
90		2	薬物の次は野球賭博・・・整いました〜！
12		1	役満パラダイス
36		0	薬用石鹸　ミューズ
31		0	やぐら茶屋
1		0	ヤゴ
3		0	野菜ソムリエ
4		1	矢沢B吉
2		0	矢沢永吉「ANY TIME WOMAN」
41		1	矢沢大吉
1		0	矢沢永作、つんつくの耳噛みちぎる
2		0	矢沢ようこ
2	●	1	**椰子からナテラ**
88		0	安雄＆はる夫
2		0	やすこママ
7		1	保田圭、今なにしてる？
7		0	安田忠夫
7		1	安田忠夫はどこ行った？
9		0	安値世界一への挑戦
7		1	安めぐみ
13		0	やずや
15		5	**やずや　やずや**
1		0	ヤセタンとコロンタン
7	●	0	**やせる石鹸**
5	●	5	**痩せる石鹸**
22		0	家賃ハンター
5		5	**ヤックス少年団**
150		0	やっこさん

234

5	6	**ヤッターアンコウ**
1	0	八つ墓ヴィレッジ
4	0	やっと区別がついた、加護・辻。
7	0	ヤットデタマン
23	1	やっと背後霊が背中をかいてくれて嬉しい
7	1	やっぱ、石嶺は先発だよね
1	0	やっぱすき屋やねん
7	1	谷津遊園
52	0	野党には与党にない「味」がある。
490	0	ヤドカリに宿借りた
4	1	やととしお
2	0	柳 龍拳
2	1	柳ジョージ
8	0	柳葉敏郎の演技指導
2	0	柳原 可奈子
25	0	矢野顕子がラーメン食べたいとウルサイ
4 ●	1	**ヤバい (とても素晴らしい)**
1	0	ヤバイっす
7	0	やばいのは、出川、お前だ！
1	0	ヤバセバビです。
3	0	ヤバファイル
9	0	ヤフーBBスタジアム
4	1	やぶからスティック(棒)byルー大柴
15 ●	1	**やぶ北ブレンド**
17	0	やぶれかぶれ
35	1	ヤホーBB
5	1	山芋
13	0	山岡はんのはカスやっ！」
8	0	山男にゃ惚れるなよ
280	1	山形しあわせ銀行
1	1	山形新幹線
194	0	山口美江
41	0	山口百恵
9	0	やまさ
31	0	山崎ｖｓモリマン
9	0	ヤマザキナビスコカップ
14	0	山崎ハコ
4	2	山下清
22	1	山城新伍
4	1	山城新伍 IN db
35	0	山瀬まみえ
580	0	山田★花子
80	0	ヤマダGORO
1	0	邪馬台国じゃない方の卑弥呼
34	1	山田うどん
198	0	山田うどん優
235	1	やまだかつてない
1	0	山田かつてないＷｉｎｋ
12	0	やまだかつてないテレビ
119	0	山田勝己

235

12		0	山田甲八
10		0	山田久から渡辺俊へ
1		0	ヤマタク、ソウルに行くの巻
30		0	山田くん、子作りネタはやめてぇ〜
22		0	山田くん、例のもの持ってきてぇ〜。
1		0	山田恵一
4		0	山田太郎物語
38		0	山田花子と関係を持ちました
4		1	山田花子物語
4		1	山田まりあ
22		0	山ちゃんはやめへんで〜。
2		0	大和 龍門 (サムライ)
96	●	1	**山と渓谷**
5		4	**ヤマト車検**
4		1	大和ハウチュ
1		0	山根康広
5		2	山手線占い
1		0	山は死にますか・・・
11		1	山伏
38		0	山本KID ジャイ子
1		0	山本欽ドン徳郁
1		0	山本スーザンク美子
31		1	山本昌
4	●	2	**山本モナアナ**
5	●	19	**山本山**
85		0	やまりんムネオに500万
16		0	ヤマンバ
1	●	0	**病み上がりこぼし**
2		1	弥生会計
5		6	**弥生時代**
52		0	やらないか
12		1	耶律阿保機
15		4	**やる気!元気!井脇!**
99		0	やるぜ、アルゼ!
688		0	やるせなす石井の正直しんどい
13		0	やるっつぇ
90		0	やれ打つな 父が手をすり 足をする
3		0	やれるのかっ?おいっ!
2		0	やわらか洗車
3		0	ヤワラの子の一部は馬肉ですよフゥ〜〜!!
8		1	ヤンキー、暴行に耐える
23		1	ヤンキーがたくさん母校に帰った
19		2	ヤンキー語(応用編)
23		0	ヤンキース松井 母校に帰る
12		1	ヤンキーの 「やればできる」は 子供だけ
5		16	**ヤング島耕作**

51	1	ヤングドーナツ
10	0	ヤンジャンの矢口
6	0	やんちゃ姫
31	0	ヤンバルクイナ
5	1	湯
33	1	ユー、ライショイショイ♪ｂｙタモ倶楽
6	1	遊園地再生事業団
3	0	夕刊タモリ
36	1	裕木　奈江
66	2	遊戯王
23	0	有給休暇無制限
54	0	勇気を出して初めての告発
76	0	勇気を持つ勇気＝全身
2	1	有言実行シスターズ シュシュトリアン
1	0	裕子と弥生
7	0	ゆうこりん
3	0	ゆうこりん「オナラはバニラの香り」
7	0	ゆうこりんっぽい男子高生
27	1	有罪？無罪？さかいめ法子
54	0	勇者ガイガイオー
9	0	友情・愛情・年賀状
10	2	優勝監督と契約でもめるな！
21	1	優勝賞金は１００万ゼニー
41	0	**ユウスケ・サンタ・クロス**
35	2	ユースケ・サンタモニカ
7	0	郵政民営化賛成
2	2	ゆうたろう
42	0	ゆうたろうの遊園地
1	0	ゆうちょ
21	0	ゆうてい　みやおう　きむこう
1	0	ゆーとぴあ
10	0	夕飯は一汁
1	0	郵便局止め
3	0	郵便配達員「雨の日の配達がいやだった」
2	1	ユーミン（グ）
2	1	ゆうゆ
16	0	ゆうゆ改め岩井由紀子（なすび）
34	0	床上浸水体験したい派
3	1	ユカタン半島
8	0	**雪多すぎて雪まつり中止**
2	4	**雪国まいたけ**
1	1	幸子ＥＸ
2	1	湯木佐知子(船場吉兆取締役)
7	0	雪の宮崎に、ズームイン！
47	1	雪降る　食べるものあって　タミフル
7	0	ゆく年さる年
55	0	湯けむりウォーズ
39	1	湯冷め恐怖症
45	0	ゆず≒猿岩石
27	0	ゆずぽん

1	1		豊丸
22	●	0	**ユタ州**
13		0	ゆ着
105		0	ゆでたまご
3		1	ゆとりダイヤ
12		1	ユナボマー
15	●	3	**輸入和牛**
6		0	湯婆婆
14		0	指
1		1	指だけ！ お願い！
10		0	指パッチン FOREVER
40		1	由美かおる
12	●	0	**湯名人**
43		1	夢がモリモリ。
7		1	夢工場'87
15		0	夢ごこち、うっとりヘア
26		0	夢のジャパネットたかた…
48	●	3	**夢は時間を裏切らない**
26		0	夢ぶちこわしじゃん！
1		0	夢枕 獏
8		0	夢見る少女じゃいられない
55		0	夢見るバタコさん
4		1	ユリ ゲラゲラー
3		0	ユリ・ゲラー「ジョンレノン宇宙人と遭遇」
59		1	ユリオカ超特急
7		0	ゆりん
36		0	許してちょんまげ
4		0	ゆるめのパンチパーまで。
20		1	ユワッシャー！！
22		0	ユン・ピョウ
6		2	ユンケルンバ
4		3	**ユンソナ が コンソメ に見えた**
3		1	ユンソナの韓流パチンコ機
1		0	ユンボ
8		0	よ～く考えよう。 お金は大事だよ～。
86		2	よい子は寝る時間ですよ
138		0	良いダシがでるんですよ。
6		1	妖怪タコ女
41		0	妖怪人間ベム
27	●	0	**容疑者Ｘのガン検診**
1		0	陽気なプエルトリカン
5		7	**用言**
61		0	ようこそ！ビクトリア帝国え！！
8		0	洋介山改め陽海山
96		0	揚田.(ドット)あき
6		0	洋風和菓子

2	1	**養老町の星 佐竹幸二**
16	1	ヨーグルト。いいえ、ケフィアです。
85	0	ヨーグルトきのこ
521	0	ヨーグルトをストローで吸って食う男子
21	1	ヨーコ・ゼッターランド
20	0	よーしっ！負けないぞ〜！
5	15	**ヨード卵・光**
7	0	**ヨードチンキ**
147	0	ヨーヨー・魔
16	0	ヨーヨーブームまで後４年！
80	2	ヨガ・ファイアー
33	5	**ヨガァ〜。ヨガァ〜。**
6	0	よかきんぽこ
6	1	ヨガ指導者
12	2	ヨガフレイム
2	1	夜霧のハウスマヌカン
26	0	良く食べると書いて良食だ・・・・！
186	0	よくやった、おじさん
788	0	横須賀の英雄
7	0	横綱：播磨灘
40	0	よこどり４０萬
46	0	横とんぼ返り
5	3	**横浜博（ＹＥＳ89）**
22	0	横浜マッスルシアター
9	0	**横浜横須賀道路（横横）**
789	0	横モーションケータイ
36	3	**横山　輝一**
3	1	横山弁護士
9	0	よさくじいさ
7	0	与作はキッコロを切る〜
86	0	よし　いくぞう
276	1	四次元ポケッツ
13	0	よしずみ
12	1	吉田Ｂ作
2	1	吉田栄作
1	0	吉田君のお父さん
10	0	吉田茂＋佐藤栄作＝ビッグ
1	0	吉田照美
316	0	吉田照美のやる気ムンムン
63	0	**義経ＶＳナベツネ**
4	0	**よしなよの牛丼**
5	1	吉野作造
39	0	# 吉野家（よしのけ）
1	0	吉村明宏
12	0	吉本ナボナ
15	1	寄せて揚げるブラ

239

1	0	よせなベトリオ
4	0	ヨソ様
12	1	欲求ふマン
48	2	よっこい庄一
76	0	よっちゃん
66	2	よっちゃんのテレカ
8	0	寄ってらっしゃい見てらっしゃい
9	3	**ヨドバシ胃カメラ**
5	17	**ヨド物置**
6	2	夜泣きジジィ
652	1	世にも奇妙な8時05分
55	0	世にも奇妙なタモリ
9	0	世にも微妙な物語
5	9	**ヨネスケ**
9	0	ヨネスケ世界遺産
109	4	**ヨネックス**
8	0	余は満足じゃ
5	5	**予備校ブギ**
10	0	予備校歴5年
3	1	読売小人
4	0	読売新聞マスコット「だっち君」
10	0	読売の立場
6	0	黄泉がえり
61	0	蘇れ俺の友近！！！
2	2	嫁にこない課
14	0	嫁不足
179	2	よもぎ
3	0	よもやもやもや病？
7	0	**代々木ゼニトール**
19	1	夜の御菓子
4	0	よろこび組
7	0	よろしくぢゃぁん
222	0	ヨロシクどーぞ
17	0	よろず屋
38	1	よゐこ
1	0	世を忍ぶ仮の姿＝相撲評論家
259	3	**ヨン・ペジュン**
4	0	ヨン様
13	0	ヨンさま
4	0	ヨン様　紅白出演断る
35	1	ヨン冷まシート
733	0	よんせん、ごひゃくえん
7	0	ヨンハライナー

や

ら

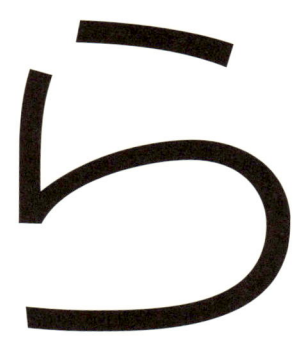

9	0	ラ・サール石井
8	0	ラ・セゾン
6	0	ラ・マンチャの男
7	2	ラ・ムー
1	0	ラーマ奥様インタビュー
1	0	**ラーマゴールデンソフト**
6	0	**ラーメソマソ**
7	0	ラーメン三段
5	0	ラーメン寺子屋
9	0	ラーメンとん太
22	1	籟・来・也
23	0	ライアン・シャベル
126	1	ライオネスコーヒーキャンディー
15	0	ライオネル・リチ男
16	0	ライオネルリッチー
35	1	ライオンキングの主人公って誰？
19	4	**来週のサザエさんは「わかめの赤飯」**
5	2	ライトツナ
10	0	来年から6チームでプレーオフ
10	0	来年はメジャー復帰さ
7	0	来年もきっといいことがありますように
5	4	**来賓祝辞**
7	0	ライフガード
2	1	ライフスペース
15	2	ライブドア
10	0	ライブドア　FSCから締め出し
4	0	ライブドア『もえろーん』
104	1	来夢来人（ライムライト）
7	0	来来軒
1	0	ラオウ昇魂式
1	0	ラガーマン
13	0	楽天「ナベツネ」
7	1	楽天応援歌「ガ・マンパワー」

7		0	楽天応援歌「肥マンパワー」
3		0	楽天ジェンキンスとかいうのはどう？
10		1	楽天って名前がねぇ・・・
64		1	楽天のミキティー似社長
27		1	楽天ファンに衝撃。野村監督、懐妊
79		0	楽天ホームラン【逆転ホームラン】
5		0	ラクトアイス
30		0	らくのうマザーズ
3		0	落武者
3		0	落武者 by オダギリジョー
6		0	落武者 by 山下達郎
10		0	らくらく本盗
1		0	ラケットベースボール
9		0	ラジアンカンフージェネレーション
39		1	ラジオ体操行列
7	●	1	**ラジオ体操第二**
7		0	ラジオ体操のうた
23		0	ラジオ体操のスタンプカード
1		2	ラジオたんぱ
3		0	ラジカセ主婦「抗議の意味でやった」
5	●	8	**裸子植物**
244		1	ラスベガスチェリー
4		1	ラズベリー賞
5		0	ラソーダ監督
10		0	落下傘候補がやって来る
7		0	ラッキー池田
5		1	ラッコ物語
5		0	ラッシャー板前
83		1	ラッシャー男前
12		4	**ラッシャー木材**
6		0	ラッシュアワー3
1		0	ラッセ〜ラ〜　ラッセ〜ラ〜
54		1	ラッタッタ
22		4	**ラッパ放浪記**
8		0	ラッパ我リヤ
6		0	螺鈿紫檀五弦琵琶
12		0	ラトゥ
1		0	ラドン温泉
12		1	ラナケイン
12		1	ラニーニャ現象
127		0	ラビット関根
11		1	ラファガ
6		0	ラブコメ風リアクション
13		0	ラブ注入
306		0	ラブプラス方程式
13		0	ラブポリス
21		0	ラブマシーンの法則
76		0	ラミレス
32		0	ラムズフェルド米国防長官
242			

54		0	ラムちゃん
1		0	ラメ
3		0	ラリアット
17		0	ラリアン
24		0	ラルク　アントニオ　シエル猪木
23		0	ラルクアンシエル　シングル6枚同時リリース
24		2	ラルクアンシェル vs ラルクアンブロテス
21		0	乱　一世
17		0	ランゲルハンス島 β細胞
94		0	ランディーオブジョイトイ
57		0	ランドセル
6		1	ラン棒
68		0	乱暴ーさん
2		0	ランボー　怒りの肺癌
5		1	ランボー3
25		0	ランボー怒りのアフガンとは名ばかり
102	●	7	**ランボー怒りの脱穀**
7		0	ランボルギーニ　カウンタック
14		3	**ランボルギーニミウラ**
25		1	らんま 1/2
4		0	リアル鬼ごっこ
173		3	**リーゼント３０％ OFF**
4		1	リーゼン党
6		3	**リーダー的存在**
10		0	リードオンリーメモリー
65		0	リーバイス 506i
17	●	1	**リービッヒ冷却器**
2		3	**リーブ２１**
9		0	りえちゃんは、朝鮮コース、
5		14	**りえママ**
7		1	リキシマン
6		0	力士マン
15		1	力也
1		0	離婚届がラブレター
61		0	リス避け
6		0	リストランテ
3		1	理想の兄弟
4		0	リチャードギア
4		1	リッチドーナツ
33	●	0	**律動体操**
5		14	**リットン調査団**
3		0	立命館大学びわこ・くさつキャンパス
5		1	離島戦隊タネガシマン
17		0	リトマス紙
15	●●	2	**リトルマツイ**
5		1	リニモ

243

5	4	**リネンサプライ**
58	0	リバイバル日本狼
19	1	リバプールで七五三
46	1	リボ払い
35	6	# リポビタン day
1	0	リボンシトロン
46	1	リモコン狩り
1	0	理由→むしゃくしゃしてやった
23	3	**竜王から世界を半分もらってから倒す**
24	0	竜騎士カインのジャンプ
1	0	竜鉄也
3	0	理由なき反抗
44	0	竜に乗れ！
56	1	竜峰太
1	0	竜雷太
20	1	了解ハムニダ
5	1	両国プラチナ予備校
10	0	領収書。宛名は上で
31	1	良純
38	0	両親からの愛を受けずに育ちました。
15	0	両方合って1点
5	2	両毛線
117	0	料理ｂａｎｂａｎ
5	0	料理研究家マロン
4	0	リリーフランキー
25	2	リレミト
3	0	リンゴはあっぷるあっぷる
7	0	リンゴをかじると歯茎から血が出ませんか？
128	0	淋シ・ガーリ
6	0	臨時職員
164	0	リンスのいらないメリット
5	0	りんどう湖ファミリー牧場
45	0	凛とする
1	0	リンドバーグ
5	2	倫理・政経
1	0	ル・クブル
9	2	ルイ１５世
4	0	ルイルイ
80	2	# ルーシー流
9	0	ルーズベルト
41	0	ルービックキューブ
2	1	ルーマニア・モンテ・ビデオ
5	0	ルール工業地帯
58	2	ルールルルルルル「ルー大柴」
37	2	ルーレットマン！！
5	15	**ルカナン**
22	1	留守番刑事
8	0	ルチ将軍（知能指数１３００）

1		0	ルチャ・リブレ
4		0	ルックルックこんにちは 女ののど自慢
4		0	ルックルックこんにちは！
17		0	るっこら
132		0	ルネッサンス情熱
3		0	ルバテッリの髪型
6		1	ルパン3世 念力珍作戦
2		1	ルパン音頭
2		1	ルパン酸性
12		2	ルパン弱酸性
12		0	ルパン反対
54		0	ルパンルパーン
249		2	ルビーモレノ
18		0	ルマンド
46		1	るろうにピーコ
2		0	ルンペン
9		0	零壱弐零一零弐弐一零弐弐（オー人事）
7		0	霊感ヤマ勘第六感
5		1	レイザーラモンRG
73		0	礼二
23		0	冷静と はみだし刑事情熱の間
60		0	霊的ビフォーアフター
4		1	冷凍イクラ
550		1	冷凍庫にピザまんとチョコまん
9		0	レイモンド（おはスタ）
9	●	0	**レインボー発**
7		0	レインボーマン
52		0	レヴィ・ストロース
18		1	レーサー100
155		0	レーザー脱毛
17		1	レーヨン
7		0	レールウェイズ実現！
40		0	レオタード
12		0	レオタード 熊
12		0	レオナルド 熊
12	●	0	**レオナルド・ザ・ピンチ**
1	●	0	**レオパレス21**
3	●	3	# レオレオ詐欺
4		0	歴女
23		1	レゴラスの活躍
43		1	レジの最中から豚まんを食い始める男
15		1	レタス2個分
17		1	レタスクラブ
30		0	レタスでコロス
4		0	レッサーパンダ
14		1	レッサーパンダ帽（函館で購入しました）
18		1	レッツゴー3匹
29		0	レッツゴーじゅん
29		1	レッツビギン！

8		0	レッドビッキーズ
1	●	1	**レディースアートネイチャー**
2		1	レディースマーブ
67		0	レディス4不敗神話
26		0	レトルトカレーをクリームシチューにかえる
51		1	レプチューンモーター
3		1	レマン湖
2	●	0	**レミオメロン**
30		0	レミオロメン
22		1	レミパン
12		0	レモネード 熊
5		21	**レモンガス**
7		0	レロン・リー
4		0	恋愛戦隊シツレンジャー
9		0	恋愛的冷気
46		0	レンジ借りていい?
6		0	レンジに入っています 母
37		1	連射機能付きクラクション
69		1	連続真夏日記録更新
5		8	**蓮舫**
2		0	練マザファッカー
37		0	レンラクコウシチコクヤマ
1		0	ロ〜ボコン、0点!
7		0	老害 vs 新興
7		0	老害が国を滅ぼす
45		0	廊下を走ろうか
7	●	0	**牢獄予備校**
5		5	**老人と子供のポルカ**
1		0	老人にとってのアカレンジャーは山田隆夫
85		0	ロウティーン・ブギ
1		0	労働・オブ・ザ・リング
8	●	0	**老婆の休日**
2		0	ローゼン麻生
194		2	ロータス123
20		1	ロード〜第7章〜
20		2	ロード〜第8章〜
20		3	**ロード〜第9章〜**
20		1	ロード〜第1章〜
20		1	ロード〜第5章〜
20		0	ロード〜第3章〜
5		16	ロード〜第二章
20		0	ロード〜第2章〜
20		1	ロード〜第4章〜
20		1	ロード〜第6章〜
20		1	ロード・・・ゴフッ・・。
58		0	ロードオブザリング「恋の空騒ぎ」
5		20	**ロート製薬**

ら

246

22	●	1	**ローリー寺西**
7		0	ログインしますか？
66	●	4	**ろくでなしブリーフ**
49		0	六波羅短大（探題）
39		0	ろくぶて
45		0	ロケットえんぴつ
1		0	ロケンロー
1		0	ロケンローラー
9		0	ロシア（飛地）
8		1	ロシナンテ
10		1	ロダ〜ンタイムッ
10		0	ろだ〜んダイムッ！
57		0	六角形のバックマン
4		0	ロッキー6
6		0	ロッキー君
10		0	ロック歌手ジャガー
1		0	ロック座の怪人
42		0	ロックマン
20		1	ロッケン・ローラー
6		0	六甲おどし
33	●●	3	**ロッチ**
10		0	ロッテ（7回　ファンの熱さ）阪神
10		0	ロッテシェーキ100円
4		3	**ロッテ優勝せずとズバリ予言してた細木数子**
3		2	ロッテリア早々と閉店＠大阪
4		1	ロデオボーイⅢ
12		1	ロバート・キヨサキ
13	●	1	**ロバート・デ・ニート**
13		0	ロハス
50		0	ロビンソン2階スピッツ売り場
1		0	ロビンソンのスピッツっていい曲だよね。
20		1	ロビンマスク
6		2	ロベルト本郷
41		0	ロボカップ
5		6	**ロボコップ3**
1		0	ロボットダンス
1		0	ロボブー
21		0	ロマン輝くエステール
24		0	ロマンシングサガ
57		0	ロマンシングサガ4
8		0	ロマンスの神様
72		0	浪漫飛行
33		0	ロマン広がるエステールより
37		0	ロムスカパロウルラピュタ
5		0	呂明賜
24		0	ロロノア・ゾロ4刀流（30ｃｍ定規）
3		0	ロンドン動物園で「ヒト」を展示

わ

8	0	ロンドンブーツ3号4号
16	0	ロンリーウルフ

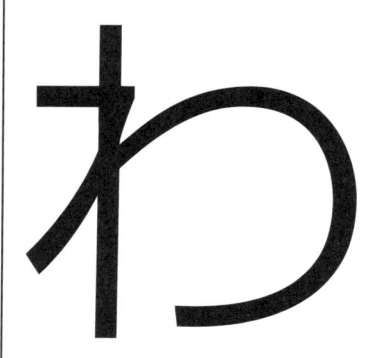

4	0	和　由布子
40	0	わ〜かめ すきすき〜
11	2	わ〜かめ好き好き〜
21	1	ワールドカップ決勝　主審は三井ゆり
3	1	わいせつ議員
33	2	ワイハ行ってシースー喰お...
1	0	わいは地球を救う
23	0	ワイルドアームズの口笛
7	0	ワイルドガンマン
55	0	わお！キツネザル
1	0	若いハゲ募金
4	1	和菓子の恩
35	2	**我が人生に悔いあり**
118	1	## わが青春のアルカイダ
7	0	若造はいつの世も生意気だ
7	0	若貴の次は、中尊寺
3	0	わかっ！、防具は？！
27	2	わが党の公約はETC無料化ｅｔｃ．である
25	3	## 若年寄
730	0	わかのぼんちたけむらたけこ
55	0	わかパイ
1	0	我輩は瀬古である
35	1	ワカパイは猫である
115	1	我輩は猫である。名前は間田菜衣。
1	1	我輩は猫ひろしである
1	1	若林豪
59	3	### わがままフィリップ
55	0	わがままボディ
22	2	わかめ食べます。

248

21	2	ワカメちゃんツーブロック
37	2	ワカメのチラリズム
102	2	我が家はいつもの冷凍食品
104	0	**わかるわかるよ君の気持ち**
6	0	脇賀源内
186	0	ワキガのやっさん
2	0	ワキワキ フレンド
29	1	わくわく汚物ランド
94	0	ワクワクさん
5	4	**倭寇**
3	0	**若人あきら**
149	1	技のデパート
1	2	わさびフルーチェ
6	0	わしが男塾塾長 江田島平八 である！！
208	1	わしが男塾塾長江田島
80	1	わしズム
44	0	わしづかみ
102	3	**ワシントンE．T**
2	0	ワシントン条約
27	1	**わずか十壺の骨董品店**
10	0	和製安打製造機ｖｓ和製大砲
21	1	和製カール・ルイス
11	2	和田アキオ
536	0	和田あき子「ヴォイスさんいますか？
4	4	**和田アキ子物語**
11	1	わだ家
147	0	和田解説委員の髪型
2	0	ワダカン
85	0	わたくし、スズキオートバイ
116	2	私、盗聴するっ！
797	1	私、妊娠してま～～～～～～～～～す（＾０＾）
43	1	私、ファンデーションは使ってません（＾＾）
4	0	私がオバサンになったらあなたはオジサンよ
48	1	私が上岡龍太郎です
21	2	私たちは、ライオンズマンション。
2	0	私の頭の中の消しカス
27	0	私のお墓の前で吐かないでください♪
70	0	私の舌はしゃあしゃあと嘘をつく
53	2	私の特技：友情出演
67	0	**私の名前はキムサムスン**
701	1	私の私のカレー（彼）はごはんと一緒！
5	0	私は，どうせドジでのろまなカメです
7	5	**私は、だいじょうぶだぁ～**
98	0	私はお手軽ジャパニーズ（U tada)
2	1	私は甲斐になりたい
8	1	私バカよね　　おバカさんよね
359	1	私はカレーが嫌いです。何故なら、ウンコみたいだからであります。

249

3	●	0	**私はこの映画を見るために生まれてきた**
10		0	私はジャイアン。
4	●	0	**私はダリでしょう？**
56		0	私はピスケスのアフロディーテ。
128		0	私は無実潔白だ
21		2	**わたしゃ、寝てないんだよ！**
2		0	わたしゃ音楽家 山の小力♪
70		0	わたしゅは、六甲 (ジョン・健・ヌッツォ)
138		0	わたしゅかにかまですぅ　ウザッ！
10		0	渡辺俊ｖｓメカゴジラ
13		0	渡辺徹の関西弁
40		2	渡辺マリネ
2		0	渡辺美里：「サマータイム ブルース」
4		0	渡辺めぐみ
9		1	和田ベンチャービジネス
168		0	渡る世間は ima ばかり
32		2	渡る世間はバネバカリ
83		1	ワッキー＆翼
20		15	**ワッハッハッ・・ゴファッ！？**
3		0	わてら陽気なオバタリアン
7		0	ワトソン
354		0	ワニアン
42		0	ワニワニパニック
9		0	ワム！
38		1	笑ウせぇるすまん
4		1	笑い測定機「アッハ」発明　ｂｙ吉本興業
31		0	笑い飯
4		1	笑笑
686		0	笑ってＥとも
9		0	笑っていいのか！（森田一義アワー）
36	●	2	**笑っていいホモ！**
4		0	笑って笑って６０分
4		0	わら半紙
5		0	蕨
5		0	ワラビー
22		0	わらべ
39		0	割られる数 つながり
33		2	わり！トレパン貸して
5		2	ワリチョー
19		1	割り箸と輪ゴムをうまく使ったギャンの盾
219		0	わりばし割り放題！
3		2	悪こぶ平
6		0	ワルサーP38
179		1	悪玉コレステロール
42		1	我修院 達也
7		0	我修院達也のマネをする若人あきら
73	●	0	**我那覇**
7		0	我満嘉治
11		1	湾岸スキーヤー

250

18	1		ワンギャル
13	0		ワンセグ
2	0	●	**ワンタッチそろばん**
7	0		ワンダフル復活希望
431	0		わんぱくのモントーヤ？
13	1	●	**ヱヴァンゲリヲン**
9	0		んーとーす
108	2		ンジャメナ（チャドの首都）
1	0		んちゃ♪
409	0		んん〜＾＾
4	0		んー　　はいりんしゃいっ
160	1		ヽ(・∀・)ノキャッキャッ
24	0	●	ーコンビニー　客「弁当、漬物は温めないで
24	4	●	**ー電話ー　モスバーガーの人「モスモス**
24	0		ー床屋ー　ニワトリ「蚊取り線香あるのでかゆくなりません
24	0		ー宿屋ー　御堂蛮「5Gだ

一発朗を支えるサーバーのおはなし

WEBサイト「一発朗」は、本書の編者の自宅にある、いわゆる自宅サーバーから公開しています。本コラムでは、この自宅サーバーについて紹介します。かなりマニアックな内容ですが、あしからず。

■サーバー本体は自作PC
一発朗サーバーのハードウェア本体は、秋葉原のパーツ屋で部品を揃えて組み立てた、自作パソコンです。主なスペックを挙げると、以下の通りです。

- CPU: AMD GEODE NX 1500 (1GHz)
- RAM: 512Mbytes (PC2100)
- HDD: 232 Gbytes (7200rpm, RAID1)

GEODE NX 1500は、知る人ぞ知る、超マニア向けの超低消費電力CPUです。熱がほとんど出ないので、CPUの放熱にはファンが不要で、非常に静かなサーバーに仕上がっています。

■ OS は Linux
サーバーで使用しているオペレーティングシステム(OS)は、皆さんが普段お使いのWindowsではありません。LinuxというOSを使用しています。Linuxには、様々なディストリビューションがあります。OS本体であるLinuxカーネルは、全てのディストリビューションで共通です。しかし、付属ソフトが異なっており、そこにディストリビューションごとの独自性があります。一発朗サーバーでは、投稿される「お言葉」が基本的に日本語であることから、日本語に強い純和製ディストリビューションであるPlamo Linuxを使用しています。

■プログラミング言語は Perl
コラム「WEBサイト管理の裏ばなし」で述べた通り、サイト管理は基本的に自作プログラムで行っています。これらの自作プログラムは、Perlというプログラミング言語で書かれています。Perlは、文字に関する処理が得意で、かつ柔軟性に富んでいる、素晴らしいプログラミング言語です。当サイト用のプログラムの作成で、Perl言語のスキルが身についてしまったので、それを仕事にも生かしております。本書の作成にあたっても、大量のデータを処理するために、Perl言語の自作プログラムを使用しました。

■回線は光ファイバー

自宅サーバーをインターネットにつなぐ回線は、実はコロコロと変わっています。具体的には、引っ越しとともに、下記のように変遷しました。

① イーアクセスの ADSL
② NTT 東日本の B フレッツ ファミリータイプ
③ 東京電力のテプコ光
④ NTT 東日本の B フレッツ マンションタイプ

最初の ADSL 以外は、光ファイバー回線です。回線のトラフィック量のみから考えると、ADSL でも十分です。しかし、電話がかかると回線が切断されるなど、ADSL は非常に不安定でした。24 時間 365 日、安定してサーバーを運用する必要があるので、ADSL をやめた後は、安定性の高い光ファイバーを使用し続けています。

■「お言葉」以外もやっています

一発朗サーバーからは、「お言葉」に関するページだけではなく、編者の趣味に関するページも多数公開しています。中でも、旅行記「一発旅行」と鉄道ゲームに関するページ「一発 A 列車」は、多くのアクセス数があります。暇なときに、是非覗いてみてください。

投稿者	お名前	投稿数
1	おどやん	970
2	燃える闘魂	889
3	ちわわ	657
4	あーやん	641
5	一発朗	620
6	yam	534
7	みすたあ青木	492
8	ジャギ	310
9	中田浩	303
10	ワニアン	300
11	ニコア	284
12	ぼりかいん	222
13	※	216
14	スティンガーX	213
15	横須賀の英雄	211
16	羅理恵	171
17	日本	157
18	ナイスマン	150
19	むくお	136
20	へらちょんぺ	129
21	まぐろ	128
22	いちろう	125
23	ダワゴ	122
24	ドンガー	114
25	trinity	97
26	おまる	95
27	へろへろ	94
28	8823	94
29	もとドラえもん	90
30	名無しのゴンベエ	89
31	もいもすD	89
32	こー	86
33	萌え蔵	83
34	森	82
35	足利尊	77
36	13	72
37	2号	65
38	みさえ	64
39	お茶	61
40	月餅	58
41	けんたくん	56
42	おつかれ	56
43	よっちゃん	51
44	マービン	50
45	しろみー	50
46	バット	48
47	HN さー	47
48	トロ	45
49	こんにゃく家	45
50	NEX	45
51	ポコニャン	43
52	毎日チェック	42
53	北北東の風	41
54	茶流	41
55	ほそさと	41
56	Y=U	41
57	ジェイボーン	40
58	ダメだね	36
59	まんにら	34
60	cloud	34
61	志摩	32
62	ちび	31
63	タンパク坊主	30
64	カジキ	30
65	アツイ	30
66	まさる	30
67	ひよこ閣下	30
68	ももたろう	29
69	あひる	29
70	トム2	28
71	ヒフミ	27
72	ニャン太	27
73	ぶらっく	27
74	402	27
75	ハニホーヘニハー	26
76	名前長すぎ大王	25
77	あ	25
78	津田沼生徒会長	23
79	帰ってきたダメだね	23
80	オレ様	23
81	みはる	23
82	びんらでん	23
83	雑草魂	21
84	御茶ノ水修士	21
85	らいちゅあん	21
86	さむらい	20
87	サトメ	19
88	ウォーリ	19
89	りゅうちゃん	19
90	HN さー	19
91	KUMI	19
92	宮 健一郎GT	17
93	あのお方	17
94	ムサ	16
95	マレー	16
96	キイロイトリ	16
97	TAKA	16
98	巨泉	15
99	関西人	15

100	なまステ	15
101	おじゃる丸	15
102	ワン貞治	14
103	ケロッグ	14
104	まつかた	14
105	ざっきー	14
106	KUMI	14
107	HIDE	14
108	もっしゃもしゃ	13
109	くうう	13
110	生徒会長	12
111	怪盗イタリアのうさぎ	12
112	前武	11
113	菜々子	11
114	キーボーX	11
115	ふぢた	11
116	ありくい	11
117	mm	11
118	夜の次元大介	10
119	ミャオ	10
120	デビル婦人	10
121	ツナ	10
122	はうあ！	10
123	B-1	10
124	津田沼修士	9
125	宮　健一郎GT	9
126	缶	9
127	スティンガーX	9
128	ぴろし、おまえもか	9
129	MS	9
130	se	9
131	量産型サラリーマン	8
132	ファンタジスタ	8
133	グリデシャ	8
134	ぽんた君	8
135	つがる	8
136	ちゅ	8
137	ちえぽん	8
138	かにかま	8
139	セクシィーヴォイス	7
140	ゲバゲバ	7
141	しんこう	7
142	TAKA	7
143	PC修行僧	7
144	二十路	6
145	大	6
146	太田　光	6
147	漁船	6
148	沖縄2号	6
149	ハナ	6
150	オッペケペ〜	6
151	ゆき	6
152	かのか	6
153	うるぐす	6
154	X	6
155	mori	6
156	流しそうめん	5
157	堀プロ	5
158	芋利	5
159	違いのわかるバカ	5
160	スジミート	5
161	もいもす	5
162	まっくん	5
163	ちのぶ	5
164	m	5
165	K	5
166	yukina	5
167	jin55	5
168	ima	5
169	HN　さ-	5
170	恵蔵	4
171	鈴木一広	4
172	某有名人	4
173	番人	4
174	清水哲夫	4
175	松井ジェット	4
176	桜鷲進王	4
177	兼好法師	4
178	宮健一郎	4
179	及丈隆志	4
180	ロッチ	4
181	ポチ	4
182	ボブ	4
183	ベン	4
184	パパラッチ	4
185	パスワード	4
186	ストバー大将	4
187	ガンドー	4
188	やきとり	4
189	まりっく	4
190	ひみつ	4
191	にいま	4
192	すなぎも	4
193	しとさ	4
194	あまおう	4
195	3号	4
196	kazupi旅客鉄道	4
197	N251i	4
198	90分	4
199	和田	3

200	優貴	3
201	中田	3
202	大地の狐	3
203	偽ニコア	3
204	ヲタク	3
205	ヤスー	3
206	ナンセンス田口	3
207	ダワゴ←	3
208	タイガーマスク	3
209	ジョン	3
210	コラてラル	3
211	キーボー	3
212	カル	3
213	カニバリズム	3
214	オカック	3
215	わたしも。	3
216	もんもーん	3
217	ぽぽ	3
218	へらちょんぺ2010	3
219	ふんふん	3
220	とんこつ	3
221	たらった	3
222	しろ	3
223	ことり	3
224	あろあ	3
225	A	3
226	1号	3
227	segawa	3
228	monmon	3
229	2号	3
230	驀進王	2
231	冷える闘魂	2
232	涙勿麻李	2
233	林	2
234	木村	2
235	茂吉	2
236	名前無し	2
237	名前短すぎ大王	2
238	平原町	2
239	白	2
240	匿名希望	2
241	朝敵	2
242	中田港	2
243	隊長	2
244	太	2
245	泉谷親父	2
246	酢	2
247	醤油	2
248	焼き肉のたれ	2
249	昭和五十七	2
250	蛇居案	2
251	掘りプロ	2
252	吉本新選組〜ピスタチオ〜	2
253	希	2
254	課長	2
255	黄金の玉袋	2
256	阿修羅戦空	2
257	レッドスター	2
258	レック	2
259	ヨン	2
260	モリ	2
261	ムッシュかまよて	2
262	ポピバ星人	2
263	ポケノン	2
264	ベリー	2
265	ヒロキ	2
266	ヒッコミ	2
267	ハドソン	2
268	ニャン	2
269	スティンガーx	2
270	サルマンハシミコフ	2
271	ケツあごしんえもん	2
272	キサラぐ人	2
273	キーボーX	2
274	ガチャピンのタマゴ	2
275	エセ外人	2
276	ウルウル	2
277	イマイケル	2
278	アルフレッド	2
279	るっこら	2
280	りょう	2
281	よし子	2
282	よいしょん	2
283	まれー	2
284	まさし	2
285	ひまらや	2
286	のり	2
287	ねぎ	2
288	だるー	2
289	すまきんぐ	2
290	しとさらむくお	2
291	こがちゃん	2
292	くみ	2
293	あいり	2
294	777ヒッター	2
295	yuki	2
296	tnak	2
297	tks	2
298	taku69	2
299	mk	2

300	cb400	2
301	YONEZO	2
302	SE	2
303	MONMON	2
304	ATS-P	2
305	AAA	2
306	127	2
307	烽火屋	1
308	卍丸	1
309	鈴木美智子	1
310	隣人	1
311	林田　剛	1
312	竜	1
313	梨	1
314	来	1
315	裕太	1
316	有限会社	1
317	木村幸造	1
318	木	1
319	明那＠ZONEに負けるな	1
320	名無しのベエコン	1
321	名前普通過ぎ大王	1
322	名前思いつかん	1
323	密林	1
324	岬	1
325	幕府軍	1
326	北村	1
327	片方の鼻	1
328	米騒動計画主犯者	1
329	富士急ハイジャック	1
330	筆ぐるめ	1
331	比嘉のぞむ	1
332	塙　慎太郎	1
333	梅田	1
334	萋	1
335	婆ファりん	1
336	熱燗	1
337	虹輝	1
338	ニコラスケイジ	1
339	特急神天国行き	1
340	頭炭酸	1
341	陶淵明	1
342	登場	1
343	渡邊　貴子	1
344	田舎っぺ	1
345	鉄火	1
346	津田沼修士M	1
347	中野	1
348	中屋	1
349	弾次郎	1
350	大用ひろし	1
351	大塚健二	1
352	大金星☆	1
353	退場	1
354	体力はスペランカー並	1
355	太政大臣	1
356	多種多	1
357	卒業生	1
358	相良民義	1
359	挿入	1
360	素	1
361	祖父母	1
362	洗い中	1
363	泉	1
364	石田９８％	1
365	石川のティカ	1
366	石井くんはポン	1
367	青春	1
368	青空大好き	1
369	水性(仮)	1
370	森林	1
371	森重樹一	1
372	新里りょうた	1
373	新庄さとこ	1
374	上州屋のヅラ社長	1
375	少々	1
376	小林	1
377	小森に過激に納豆ブ-	1
378	小材	1
379	将校	1
380	曙一郎	1
381	淑濂式	1
382	寿屋	1
383	受験生	1
384	酒天童子	1
385	酒好き	1
386	種馬太郎	1
387	姉歯	1
388	司法試験	1
389	山名氏	1
390	山田マン	1
391	山田	1
392	皿	1
393	菜々男	1
394	根室監査室長	1
395	今しずか	1
396	骨皮筋江門	1
397	向峠慎介	1
398	功	1
399	現役ドラえもん	1

400	現役どらちゃん	1
401	源ちゃん	1
402	源	1
403	犬	1
404	血まめサンド	1
405	兄ちゃん	1
406	兄じゃ	1
407	君のお隣り	1
408	牛久大仏	1
409	宮毛に散ろう	1
410	宮家に散ろう	1
411	吉本新鮮組〜ピスタチオ〜	1
412	吉本・吉本・吉本ぉ	1
413	吉田ヒロ	1
414	気アロー	1
415	岩鬼	1
416	海空	1
417	伽ロー	1
418	俺流	1
419	俺だよ俺	1
420	俺	1
421	沖縄２号	1
422	黄金旅程	1
423	王　大人	1
424	遠藤大	1
425	怨死堂	1
426	違いのわかるばか	1
427	ヴォル	1
428	ロマン輝くエステール	1
429	ローン	1
430	レンコン代魔王	1
431	レクファン(謎)	1
432	ラララ〜	1
433	モイモスD	1
434	メロコア	1
435	メル友、メル彼・・・	1
436	ミックーモウセ	1
437	ミカン成人	1
438	マンとヒヒ	1
439	マロニー	1
440	マリオミザリ	1
441	ママ	1
442	マツカタ	1
443	マッスル	1
444	マタギキング	1
445	マコリン	1
446	マコリス	1
447	マイケル	1
448	ポン吉	1
449	ポッポ	1
450	ポップコーン正二	1
451	ボビー	1
452	ボディーブレード	1
453	ボーズ	1
454	ペリカン便	1
455	ベトナム人	1
456	ブー	1
457	ブラドック大佐	1
458	フレディ	1
459	フルブム	1
460	フラジャイル	1
461	フィジカル	1
462	ピーコとおすぎ	1
463	ヒロシ	1
464	ヒゲ魔神	1
465	ヒゲ美人	1
466	パイン	1
467	バーナード	1
468	ハヒフーヘホハー	1
469	ノブ名賀	1
470	ヌウ、ィ、詰？もえるとうこん	1
471	二稔にっぽん	1
472	二十路	1
473	ニホンニーハニハー	1
474	ニチニチ	1
475	ニシン	1
476	ニコス	1
477	ニオア	1
478	ナベツネ	1
479	ドンガー（授業中に）	1
480	ドンガー（↓）	1
481	ドンガー　歩行者用	1
482	ドンガー　日向君の	1
483	ドリームシャワー	1
484	ドナルド	1
485	ドドリアさん	1
486	ドーナツ	1
487	トルシエ	1
488	トリビソンノ	1
489	トラ・ジョンボルタ	1
490	トムソーヤ	1
491	トミー	1
492	トキ	1
493	ディフィカルト	1
494	テニスボーイ	1
495	ティンガスー	1
496	ティン！	1
497	ッスティンガーX	1
498	チャップリン	1
499	チグリス高田	1

500	チガン	1
501	チェルすぃー	1
502	ダチョウ食い	1
503	タイヤー	1
504	タイガーマス苦	1
505	ソャシェ	1
506	ソムリエ。	1
507	セバスチャン	1
508	ズベン・L・ゲヌビ	1
509	スポーツ平和党	1
510	ストライカー佐々木	1
511	スティングーY	1
512	スッペニ	1
513	ジョン東松山	1
514	ジョン松山	1
515	ジョナサン	1
516	ジェイボーン(元ダワゴ	1
517	シヴァ	1
518	シロ	1
519	ザラキ	1
520	サラマノ	1
521	サバイバル	1
522	サッカーボール	1
523	サザエ	1
524	サイバイマン	1
525	ゴルゴ	1
526	ゴリ	1
527	ゴム男	1
528	コニア	1
529	コンソメパンチ	1
530	コヌシ蝦ホ・サ・ウ・E?	1
531	コニア	1
532	コガマン	1
533	ケン太	1
534	ケベセ	1
535	グローバル・ソブリン	1
536	グリッソム	1
537	グッピー	1
538	クリリン	1
539	ギャン	1
540	ギャグの天才	1
541	キング	1
542	ガンタンク	1
543	ガンガン	1
544	ガブ	1
545	ガッツ	1
546	ガーナブラック	1
547	カレーライス師匠	1
548	カルピン	1
549	カツヲ	1

550	カーフレンド	1
551	オヤジ	1
552	オムツ!!	1
553	オペッケペ〜	1
554	エル	1
555	エックスダセイ	1
556	エックスセダイ	1
557	エックス	1
558	ウラ	1
559	アンコ	1
560	アムロ	1
561	アドリアーノ	1
562	アタック24	1
563	アキレス腱	1
564	アイボン	1
565	わわち	1
566	わったん	1
567	よねさん	1
568	よっしー	1
569	ゆうき	1
570	やるきまんまん	1
571	やほー	1
572	もりすえ	1
573	もり	1
574	ももももも	1
575	もも	1
576	もとき王寺	1
577	もっとん	1
578	もっさー	1
579	もちのすけ	1
580	もしもし君	1
581	もきき	1
582	もえる闘魂	1
583	もいもすD	1
584	むりむり	1
585	むみ	1
586	むし	1
587	むーみん	1
588	むー	1
589	みょうが	1
590	みゅみゅう	1
591	みのもんた	1
592	みつびし	1
593	みつばちマーヤ	1
594	みそ	1
595	みししっぴ	1
596	みさがわくん	1
597	みぎわさん	1
598	みき	1
599	みいししっぴ	1

600	まんぴ〜	1
601	まおる	1
602	ぽりか	1
603	ぽっく	1
604	ぽぶ	1
605	ほらふき和尚	1
606	ほふまんV	1
607	べろも	1
608	べつにいーじゃん	1
609	へらちょんへ	1
610	へらちょ	1
611	へ	1
612	ぷう	1
613	ぶーちゃん	1
614	ぶるうたす	1
615	ぶいしー	1
616	ふぢた@男道	1
617	ふぉ	1
618	ふ	1
619	ぴよ	1
620	ひろし	1
621	ひょとっこ	1
622	ひさし	1
623	ぱーつく	1
624	はたいら	1
625	はぐき	1
626	のん	1
627	のぞむ	1
628	にゃにゃぴ〜	1
629	にゃ〜	1
630	にっぽん	1
631	にったく	1
632	なめこシステム	1
633	ななぴ	1
634	なつ	1
635	どんなもんだろー	1
636	どーも	1
637	でんちゅう	1
638	でたよ！	1
639	てん	1
640	つよぽん	1
641	ちんちろマン	1
642	ちゃっくんぽっぷ	1
643	ちがいのわかるばか	1
644	ちえぽん改め　ちー	1
645	ち	1
646	だばだばだー	1
647	だだーん	1
648	たらいラマ	1
649	たたた	1
650	たこ	1
651	たけうち	1
652	たかポン	1
653	たお	1
654	た	1
655	そんなのダメだよ	1
656	せんとさん	1
657	すモップ	1
658	すもももも	1
659	すてんごー	1
660	すっぴん	1
661	すっすすっす	1
662	すっきー	1
663	すじみーと	1
664	じぶ煮	1
665	しんしん	1
666	しゃ	1
667	しずこ	1
668	さぶ	1
669	ご飯100匹	1
670	ごもってるだけじゃん	1
671	こっもり	1
672	けん	1
673	ぐらす・ホッパー	1
674	くろちー	1
675	くり	1
676	きまきま	1
677	きーぼー	1
678	がんどー	1
679	がら	1
680	かっち	1
681	かたくり粉	1
682	かうんたっく	1
683	お料理バンバン	1
684	お疲れちゃん	1
685	おみゃる	1
686	おまる氏のお言葉	1
687	おひろ	1
688	おはようガーナ	1
689	おぬ	1
690	おちゃ	1
691	おかん	1
692	おいち	1
693	えびふらい	1
694	ええどどはははるるみみ	1
695	えい	1
696	えーちゃん	1
697	え、色まで？	1
698	うめる	1
699	うっとも	1

#	Name	Count
700	うっち	1
701	う	1
702	あんこ	1
703	あのもぐもぐ	1
704	あっちょんぶりけ	1
705	あだこんだ	1
706	あきと	1
707	あかぴー	1
708	あかさてと	1
709	あああｌｌｌ	1
710	あああ	1
711	あぁーあ	1
712	あ～、ラクダね	1
713	あ一暇人	1
714	あー	1
715	あ、もうエブナイ	1
716	あ、もう１２時・・・	1
717	ｓｅ	1
718	ｋ	1
719	ｊくさ	1
720	ｊｂｋ	1
721	ｈｈｈｈｈｈ	1
722	ｈ	1
723	ｃｂ４００	1
724	ｂｙ　奈良	1
725	ａｕｒｅｖｏｉｒ	1
726	Ｙ＝Ｕ	1
727	ＴＵＮＡ	1
728	ＮＥＸ	1
729	ＭＳ＠東北弁（らしい）	1
730	ＭＡＣＫ	1
731	ＬＥＩ	1
732	Ｋ嬢	1
733	ＫＡＴＡ	1
734	ＪＲ	1
735	ＨＮ　さー氏	1
736	ＢＯＺＥ	1
737	ＡＲＣ	1
738	４合	1
739	４号	1
740	４ｒｃｖ	1
741	２０３高地	1
742	＠	1
743	（＾＾）どーゆう顔やねん	1
744	！？	1
745	小	1
746	yyyymmdd	1
747	yuya	1
748	yoccyann	1
749	yamadaman	1
750	waka	1
751	tudanuma	1
752	theC/R	1
753	tensai	1
754	t@	1
755	sugasou	1
756	r356	1
757	mf	1
758	koki	1
759	ken	1
760	junk	1
761	hhwehq	1
762	h	1
763	ganndo-	1
764	clloud	1
765	by　奈良	1
766	beautiful なおはなが many	1
767	bad	1
768	alfesta	1
769	akito	1
770	ZOE	1
771	YO	1
772	Ｘメン＋α	1
773	X	1
774	Whatahell!!	1
775	Ｖシネマ	1
776	ＳＰ２号	1
777	Rookie	1
778	R>S	1
779	R	1
780	P	1
781	Ｎゲージ	1
782	Nakajima!Katsuosaid.	1
783	N	1
784	KUM	1
785	HYDE	1
786	HN さー	1
787	HM	1
788	DANDAN 心魅かれてく	1
789	A	1
790	３号	1
791	2323	1
792	2001	1
793	2	1
794	123	1
795	000mg配合）	1
796	!?	1
797	⑤	1

あとがき

　本書の原型となる言葉遊びを始めたのは、今から遡ること約 20 年、某高校バドミントン部の練習中のことです。部員数に対してコートの数が少なく、コートの順番待ちがしばしば発生していました。順番待ちの間、部活の同僚・ウッチー氏と「短い言葉で相手を笑わす」という遊びしていました。本書において「一発朗」名義で掲載されている私のネタは、大元をたどるとこの時代のものが含まれています。

　高校を卒業してウッチー氏と会えなくなり、言葉遊びはいったん忘れてしまいました。しばらくして、大学の授業でホームページ作成の課題が出されました。ホームページの内容を思案した結果、高校時代の言葉遊びを思い出しました。そして、自分が気に入った言葉を「今週のお言葉」とし、週 1 回のペースでホームページに掲載してゆきました。このホームページが、WEB サイト「一発朗」のプロトタイプです。尚、このホームページを閲覧していたのは、学内の親しい人ぐらいでした。

　学内のホームページを始めてから 1 年程たち、一般の方にも「お言葉」を投稿してもらえれば面白いなと思い始めました。しかし、大学からの公開には規制があるので、一般プロバイダのホームページ公開サービスを利用して、実現を目指すことにしました。バイトで稼いだお金で ISDN 回線の導入とプロバイダへの加入を行い、1998 年 1 月 1 日に WEB サイト「一発朗」(http://homepage2.nifty.com/naofuji/) を立ち上げました。最初は、大学のホームページをそのまま移植した「今週のお言葉」だけの内容でしたが、独学で学んだ CGI(Common Gateway Interface) を利用して、誰でも「お言葉」を投稿できるようにしました。しかし、WEB サイトはどこにも認知されていないので、投稿は全くありませんでした。

　当時、WEB サイトの認知度を上げるために最も効果的な方法は、YAHOO!JAPAN のカテゴリに登録することでした。そこで、「エンターテインメント > ユーモア、お笑い」というカテゴリへの登録申請を行いましたが、サイトの質が低かったため、あっさりと却下されました。諦めずに WEB サイトの質を上げてゆき、3 度目の正直で、ようやく希望のカテゴリに登録されました。それから、一般投稿の「お言葉」の数が急激に増加しました。

　投稿数が増えるにつれ、投稿・採点ルールやプログラムの不備が目立つようになり、そこを衝かれて、不適切なネタが数多く投稿されるようになりました。それらを管理者権限で削除した結果、逆に削除への批判や荒らし行為に発展してしまい、大変困った時期がありました。そんな折、中田浩氏 (投稿者番号 9) には、不適切ネタを削除するか否かを判断する時の相談相手になって頂き、大

変助けられました。また、メールや掲示板や暖かいメッセージを送って頂き、私を支えて下さった皆様にも感謝いたします。燃える闘魂氏（投稿者番号 2）と月餅氏（投稿者番号 40）に至っては、メールのやりとりがきっかけで、温泉や花見をご一緒してしまいました。さらには、私の結婚式へ心温まる電報を送って頂きました。頂戴した電報は、かけがえのない大事な宝物となっています。

　多くの方々の支えにより、WEB サイトを改善しながら 10 年以上維持することができました。その結果、編集者・濱崎誉史朗氏の目に留まり、本の出版にまで至ることができました。まさに感無量です。濱崎氏に関しては、徹底した調査はもちろんのこと、さまざまなアイデアを次から次へと提案して下さり、その情熱的な仕事ぶりに感動すら覚えました。濱崎氏のような編集者に出会えたことを、私は誇りに思います。

　最後に、タイトル「一発朗」は、ワープロソフト「一太郎」のパロディであることはお気づきのことと思います。しかし、なぜ「郎」ではなく「朗」なのでしょうか？　実は特に意味はなく、単純な誤変換です。気づかぬまま何年もやってしまったため、変えるに変えられずそのままになってしまいました。ああ、格好悪っ……

藤代尚文

一発朗

20文字以内のダジャレ・おやじギャグ・死語・流行語・時事ネタ・ブラックユーモア・パロディ・誤変換・誤植・誤読・誤聴・あて字・韻文・回文・アナグラム・リエゾン・撞着語・なぎなた読み・スプーナリズム・ベタ語・対義結合・一発ギャグ集

2010年9月1日初版第1刷発行

藤代尚文（ふじしろ・なおふみ）

http://homepage2.nifty.com/naofuji/
mail: ippaturo@nifty.com
千葉県生まれ。東京大学理学部物理学科卒。東京大学大学院理学系研究科物理学専攻博士課程修了。博士（理学）。専門は、宇宙物理学。現在、大学院時代の赤外線カメラの開発経験を生かし、民間企業で光学の仕事に従事。

編者	藤代尚文
編集 & 装幀	濱崎誉史朗
発行人	松田健二
発行所	株式会社 **社会評論社** 東京都文京区本郷 2-3-10 Tel 03-3814-3861 Fax. 03-3818-2808 http://www.shahyo.com
印刷 & 製本	株式会社技秀堂